ro
ro
ro

Wir haben riesige Pfeffermühlen und digitale Parmesanspender, aber wärmen uns abends eine Tiefkühlpizza im Ofen auf, während wir im TV dem neusten Koch-Star beim Brutzeln von «Ich hab da mal was vorbereitet» zugucken. Die Küchenszene steckt voller kleiner Widersprüche und schneller Moden, die mal exklusiv und mal schrottig sind. Robert Otten, selbst lange Jahre als Koch tätig, nimmt in seinem Streifzug vom Hawaiitoast bis zur Molekularküche all die kleinen und großen Absurditäten der so unglaublich präsenten Küchenwelle heiter-satirisch aufs Korn.

Robert Otten, geboren 1968 und in Mülheim an der Ruhr aufgewachsen, absolvierte in einem Spitzenrestaurant eine Ausbildung zum Koch und finanzierte sein Studium mit zahlreichen Küchenjobs. Heute arbeitet er als selbständige professionelle Einsatzkraft.

Robert Otten

AUCH ZUM MITNEHMEN

Eine deutsche Esskultur in 21 Gängen

ROWOHLT TASCHENBUCH VERLAG

* Kann geringe Spuren von Humor und Karikatur enthalten
** Hinweis für Allergiker: enthält Satire

Originalausgabe
Veröffentlicht im Rowohlt Taschenbuch Verlag,
Reinbek bei Hamburg, Mai 2009

Umschlaggestaltung ZERO Werbeagentur, München
(Umschlagfoto und Abbildungen im Innenteil: Robert Otten)
Satz aus der DTL Haarlemmer, InDesign,
bei Pinkuin Satz und Datentechnik, Berlin
Druck und Bindung Druckerei C. H. Beck, Nördlingen
Printed in Germany
ISBN 978 3 499 62514 5

MENÜ

VORSPEISE

Kleiner Gruß aus der Küche

SEIT CIRCA 1,5 Millionen Jahren gebraucht der Mensch das Feuer. Nicht immer in steilem Fortschritt, denkt man zum Beispiel an Raketenprogramme oder das Aufbacken von Tiefkühlpizza. Der Vormarsch von Tiefkühlpizza geht besonders in Deutschland geradezu mit Godzillaschritten voran. Ihr Verbrauch hat sich statistisch seit Anfang der neunziger Jahre etwa verzehnfacht. Erstaunlich ist, dass in ähnlicher Proportion seitdem auch die Auflagen von Kochbüchern und das Fernsehkochen explodiert sind. Ein wahrhaft olympisches Gebrutzel läuft auf allen Frequenzen. Die Frage wäre, ob da wirklich einer was nachkocht. Oder sitzt die Nation auf der Fernsehcouch mit Eistee und Dosenmais?

Auch Alfred Biolek, der Fürst allen Rundfunkkochens, hat schon so was läuten hören. Im Jahre 2005 antwortete er der Zeitschrift *Hörzu* auf die Frage «Wie erklären Sie sich den Boom der TV-Kochshows?»: «Ich vermute, das ist eine Art Ersatzbefriedigung, weil man sich zu Hause die Tiefkühlpizza auftaut und zuschaut, wie ein anderer etwas Tolles kocht.»

Dabei ist das bestimmt nicht gesund, immer Kochshow gucken und Junkfood schlucken. Neulich hieß es schon in einer Kindersendung: «Eine ausgewogene Ernährung ist genauso wichtig wie ein ausgewogenes Fernsehprogramm.»

Ist Deutschland auf dem Weg in den kulinarischen Drittweltstatus? Könnte sein. Ist aber alles halb so schlimm, denn jetzt gibt es *Auch zum Mitnehmen*! *Auch zum Mitnehmen* ist neuartig, denn es ist weder das Kochbuch noch die Skandalreportage. Vielleicht hat Alfred Biolek recht, doch solange die Lage nicht aussichtslos ist, ist sie auch noch nicht ernst. *Auch zum Mitnehmen* meint: Eine Nation, die nicht mehr kochen kann, ist nicht so arm dran wie eine, die nicht mehr über sich selbst lachen kann.

Obwohl, hier wird auch der eine oder andere ernste Takt angeschlagen werden: Während des katholischen Weltjugendtags 2005 in Köln sah man im Fernsehen, wie die herbeigereiste gläubige Jugend von den Veranstaltern eigens für das Event hergestellte lauwarme katholische Reisgerichte aus Plastikschalen vom Kölner Straßenpflaster aß. Hier hätte sich der frischgebackene deutsche Papst persönlich einschalten und den Millionen zurufen müssen: «Hey, Leute, unser Motto heißt doch *Wir sind gekommen, um ihn anzubeten*. Wir sind aber nicht gekommen, um Reis vom Straßenboden zu essen. Wir sind doch nicht in Sierra Leone!»

Tja, wie schön wär das, wenn wir auch für solides Essen ein paar volksnahe Vorbilder hätten. Anlässlich der letzten Fußballgroßereignisse kam es durch die Leistungen der deutschen Nationalelf zu einem landesweiten Massenphänomen, welches von den Medien «fröhlicher Patriotismus» genannt wurde. Ah, fröhlicher Patriotismus! Den wünsche ich auch dem Sauerkraut, der Erbsensuppe und der tapferen deutschen Hausfrau! Doch verhalten sich unsere Nationalkicker in der Richtung etwa vorbildlich? Pustekuchen. Vor jedem internationalen Turnier sitzen sie erst mal vier Wochen im abendlichen Werbefernsehen und schmieren sich Nutellastullen.

Ich glaube, man sieht hier schon: In *Auch zum Mitnehmen* wird mancher Prominenz frech am Krawattenknoten gezuppelt.

Sicher werden jetzt schon die Ersten freudig darauf warten, dass im Folgenden ein paar medienkochende Nervensägen tüchtig aufs Korn genommen werden, Johann Lafer meinetwegen. Vielleicht, vielleicht. Johann Lafer ist aber in Wahrheit ein wackerer Gesell. Seine Aussagen gegenüber dem *Spiegel* im Jahre 2005 erzwingen Respekt. Als er im Interview energisch für die Rückkehr des Aktivkochens in den privaten Haushalt eintrat, wurde er natürlich von den *Spiegel*-Journalisten gefragt, wie denn ein berufstätiger Mensch die Zeit finden solle, sich eine frische Hühnersuppe zu kochen. Da knickte Johann Lafer nicht ein und meinte, na ja, oder meinetwegen Spaghetti. Nein, er antwortete: «Wir müssen hier mal einen Punkt machen. Von nichts kommt nichts.» Gern möchte ich ihm dafür blutsbrüderlich die Hand schütteln!

Anderswo kommen dem Autor Tim Mälzer und elektrische Käsereiben vor die satirische Flinte gelaufen. Ich nehme an, Tim

Mälzer wird recht bald Star eines Kochmusicals sein, für welches in Hamburg oder Berlin ein Musical Dome mit 15 000 Plätzen in Form einer gigantischen Wokpfanne errichtet wird. Aber: Tim Mälzer hat eine echt spitzenmäßige Käsereibe! Gern hätte ich auch so eine. Sie löst eine solche Raspellust aus, dass man sofort die ganze Bundeswehr mit Paniermehl und Parmesan versorgen möchte.

Ist dieses Buch nur eins für Feinschmecker? Hm, eher nein.

Im öffentlichen Leben der BRD operiert seit gut dreißig Jahren eine Art Zentralrat der Feinschmecker, auf deren Konto erhebliche Mengen von Büchern gehen. In diesen Büchern steht in der Regel, dass wir unsere Esskultur Hitlers Eintopfsonntagen zu verdanken haben und dass man schon bei den Nachbarn im Elsass vorzügliche Restaurants finde. Ich meine: Erstens sind vernünftig gekochte Eintöpfe etwas Großartiges, und zweitens sollte es nicht Aufgabe der Feinschmeckerei sein, in Rostocker oder Dresdener Buchhandlungen Schriften auszulegen, welche Straßburger Restaurants empfehlen. Die berühmten Genießersheriffs möchten sich lieber an die Bevölkerung wenden und sagen: «Hey, Bevölkerung, wie wär's denn mal mit einem selbstgemachten Bio-Döner zu Hause?»

Ich widme *Auch zum Mitnehmen* dem unbeschwerten guten Essen, und ich finde, da kann ich es gleichzeitig dem Vater der Essays, dem großen Michel de Montaigne, widmen. Trotz peinigender Verdauungsleiden während seiner Bäderreise durch das Deutschland und Italien des 16. Jahrhunderts fand er hier und dort Platz für ein Späßchen, und während die Kutschrader durch seine gemarterten Eingeweide rumpelten, nutzte er trotzdem die Gelegenheit, die Küchen beidseits der Alpen vorzüglich zu genießen und schriftlich zu würdigen.

Besonders liebevoll auf den Nachttisch gelegt sei es obendrein Jürgen Dollase. Leuten, die am Autobahnzubringer an der Wurstbude rumstehen, sollte man vielleicht erklären, wer das ist. Also, Jürgen Dollase ist ein unter anderem in der *Frankfurter Allgemeinen Zeitung* tätiger Kritiker, der zu journalistischen Zwecken Streifzüge entlang der deutschen Gastronomie macht. Big Zampano auch in Spitzenkochvereinigungen! Ich finde aber, seine *FAZ*-Aufsätze würden mehr verdiente Beachtung erhalten, übte er seine Restaurantpatrouillen nicht in preußischer Schärfe wie die Politesse an der Parkuhr aus, sondern mehr mit dem träumerischen Augenaufschlag des Genusskindes Montaigne. Höchstdekorierte Sterneküchen beginnen nervös zu vibrieren bei Ankündigung eines Dollase-Besuches. Einst war im TV zu beobachten, wie er in der glorreichen Gaststätte Schwarzwaldstuben (drei Michelinsterne) ein aus dem Küchenolymp des Harald Wohlfarth stammendes Speisenjuwel mit der Gewissenhaftigkeit eines Gerichtsmediziners demontierte. Gattin und Hund Dollase sekundierten bei dem prosaischen Vorgang. Nach Abschluss seines Menüs rapportierte er sorgfältig dem Küchenchef, *was daran noch zu verbessern sei.*

Gern würde ich eines Tages Jürgen Dollase auf eine frühsommerliche Almwiese in den italienischen Alpen mitnehmen. Bei einem sonntäglichen Familienpicknick zwischen quietschenden Bambini und plappernden Großmütterchen würde ich ihn zu einem Stück Honigmelone und etwas Bergkäse einladen. In passender Minute würde ich ihn beiseiteziehen und ihm eine vietnamesische Weisheit zuflüstern: *a nen doi noi nen loi.* Das heißt, glaube ich: «Wer mit Speisen umzugehen versteht, versteht auch zu reden und zu leben.»

Ist es einem Koch gestattet, in einem Dokument präziser Betrachtungen der Küchenwelt halsbrecherische thematische Ausflüge über van Gogh, Motorradfahrer und chinesische Puppenspiele zu unternehmen? Auf jeden Fall! Die Köche haben neuerdings in allen Bereichen was zu vermelden. Starköchin Sarah Wiener saß kürzlich in einer Quizshow, in der es um die Jagdmethoden von Seehunden ging.

Der hier tätige Referent springt durch die Themen wie Günther Jauch in seiner Millionärsshow. Aber wenn ich bedenke, dass auch frische Krabben aus Husum zum Auspulen über zweitausend Kilometer durch die Niederlande, Spanien und Marokko verfrachtet werden, nur um bald darauf über transeuropäische Zickzackrouten fertig gepult wieder in Husum zu landen, weiß ich nicht, warum einer nicht im Zickzack erzählen sollte. Zutaten für Fruchtjoghurts kommen auch nach irgendwelchen Berechnungen aus zwanzig verschiedenen Quellen und haben tausend Meilen Odyssee hinter sich, wenn sie endlich zusammengerührt im Kühlregal liegen.

Ob die zahllosen Auslandsmeldungen in diesem Bericht überhaupt korrekt sind, ist völlig unsicher. Ich selbst besuche das Ausland nur noch zum Billigtanken. Ich erhalte Nachrichten von einem persönlichen Stab gutgelaunter Weltkorrespondenten, die so redselig sind wie Kameltreiber am Lagerfeuer, und was die erzählen, ist auch nicht immer der reine Bohnenkaffee.

Zwei, drei Texte sind schon vor Jahren entstanden und wirken ein bisschen wie *Zeitgeist 2000*. Man hat sie für diese Veröffentlichung gebotoxt, um ihnen ein jugendlich-frisches Aussehen zu geben.

Leider hat das Werbefernsehen in diesem Papier ein dickes Wörtchen mitzureden. Die Sache sieht aber folgendermaßen aus: Wer über das kulturelle Hier und Jetzt irgendetwas Substanzielles rauskriegen will, kommt an Frau Antje aus Holland und Happy Hippos nicht vorbei. Ich glaube, die Werbeagenturen sprechen Wahrheit, wenn sie ihr Schaffen als Kultur deklarieren. Ich bin fast sicher, Kultur ist mitnichten nur solches, was sich in Bayreuth oder sonntags in Gemäldegalerien abspielt, auch wenn's die Feuilletons gerne hätten. Kultur besteht bestimmt genauso aus Parkhäusern, Nasenspray und Wahlkampf wie aus dem, was von zerzausten Dirigenten oder bebrillten Videokünstlern auf die Beine gestellt wird. Sieht man sich heute einen Fernsehwerbespot aus den fünfziger Jahren an, steht auch Oswald und Gitta Normalbenziner in zehn Sekunden der komplette Glaubensinhalt des Adenauer'schen Wiederaufbaus vor Augen. Mit Ludwig Erhard, seinen dicken Zigarren und seinen Wirtschaftsprogrammen kann dagegen kaum einer mehr was anfangen.

Schnell noch ein paar Gratifikationen: Ich danke den Kleinbühnenmanagern in Bonn und Köln, die einen Nobody für einen Leseabend auf ihre Bühne steigen ließen. Ist immer ermutigend, der seltenen Einstellung zu begegnen, dass man nicht zuerst mal weltbekannt sein muss, um dann in einer Studentenkneipe was vorzulesen. Ich danke auch der unbekannten Hilfskraft, die immer die leckeren Künstlerbrötchen in der Kulturwerkstatt Remagen gemacht hat. Ich habe die Zwiebeln immer runtergeschmissen. Danke ebenso an Hans-Josef Luy, Klaus Ferres und deren Familien. Das sind gute Leute! Ferner sei Dank dem Eiscafé Vivaldi in Desenzano am Gardasee, Peter Kubelka, Peter Tschaikowsky, Peter Alexander, der Ewing-Familie und Cliff Barnes, Jim Henson und allen Muppets, dem Kanal Telemedial und natürlich Uncle WigglyWings! Nicht zu danken brauche ich Harry Potter und der Kelly Family, weil ich beim besten Willen nicht erkennen kann, was die mit diesem Buch zu tun haben.

Im Sinne des Schutzes indigener kultureller Minderheiten weise ich darauf hin, dass der berühmte Ayers Rock nahe dem australischen Alice Springs in der Aborigine-Sprache «ULURU» genannt wird.

Ich grüße ferner die Pizzeria Capri in Würzburg, die erste und älteste Pizzeria Deutschlands! O Mann, auf den nächsten Seiten wimmelt es geradezu von deutscher Essensgeschichte – Toast Hawaii, erste Currywurst, Miracoli-Nudeln –, aber irgendwie war mir die historische Pizzeria Capri immer hinten runtergefallen. Deshalb von hier aus: Ihr seid die Größten, sorry, scusi, auguri, ciao-ciao, cin cin!

DER PIZZASERVICE IST DER HAUSFRAU IHR TOD

Kochbücher und Fernsehkochen

IMMANUEL KANT fragt: Was ist Schönheit? Helge Schneider fragt in seiner Autobiographie: Was ist der Mensch? Warum erhebt er sich über den Wurm, die Schnecke? Ich frage auch alles Mögliche: Warum sieht die Dachform der Autobahnfilialen von McDonald's genauso aus wie der Dach-Hut der Imbisskette Pizza Hut? Warum ist die Füllung in Prinzenrolle so trocken? Worin besteht der Unterschied zwischen Hausfrauen und Powerfrauen?

Wenn mich die Fragezeichen umkreisen wie Mückenschwärme, gehe ich gern in die Buchhandlung. Ich treffe dort Menschen, die ebenfalls nach Antworten suchen. Gemeinsam mit ihnen sehe ich mir die beliebten Ratgeberbücher an.

Weil die Bürger heute viel zu viel mit Whale-Watching, Ayurveda und Neurodermitis beschäftigt sind, haben sie die anthropologischen Basics wie Essen, Trinken und Liebe weitgehend aus den Augen verloren. Im Gehirn des Allerweltsmenschen herrscht heutzutage ein Betrieb wie im Kopf von Stephen Hawking oder im Rechenzentrum eines Weltraumbahnhofs. Um das Normalwissen wieder reinzuholen, stellen sich die Ratlosen gern Ratgeberbücher ins Regal. Ratgeber gibt's mittlerweile auch für die simpelsten Daseinsverpflichtungen, man meint bald, die komplette Menschheit wäre im Begriff, sich in Blondinen zu verwandeln. Ich glaube, künftige Generationen werden mit diskretem Schmunzeln durch die Literaturarchive unserer Gegenwart schlendern, wenn sie sehen, was wir alles aus Büchern gelernt haben.

Großen Raumbedarf in den Buchhandlungen hat die Abteilung Liebes- und Sexratgeber. Gern erinnere ich mich da an den alten Hollywood-Klassiker *Wir sind keine Engel* mit Peter Ustinov, Humphrey Bogart und Aldo Ray. Darin gibt es eine schöne Sequenz: Der topmaskuline Smartie-Darsteller Aldo Ray führt ein erotisch höchst kitzliges Gespräch mit der noch unschuldigen, soeben zu voller weiblicher Sinnlichkeit heranknospenden Tochter des Hauses. Die Konversation schwirrt feinsinnig um die zentralen Dinge, die sich zwischen Männern und Frauen halt abspielen. Die Tochter errötet in einem fort. Als sie den in der Liebe mit allen Steinen gewetzten Aldo Ray schließlich fragt, *woher er denn das mit der Liebe alles so wisse*, blickt er wie die Jungfrau Maria und antwortet ihr: «… aus Büchern …»

In den Bestsellerlisten stand mal für ein Weilchen *Das Universum in der Nußschale* von Stephen Hawking sehr weit oben und wurde zum Sieger in der Kategorie «meistgekauftes nichtgelesenes Buch» erklärt.

Ähnlich begehrt wie Breviers zu Sex und Partnerschaft und kaum gelesen werden auch die massenhaft erworbenen Kochbücher. Ein Göttinger Schriftsteller schrieb schon vor circa fünfzehn Jahren, dass die deutsche Hausfrau, die einen Sauerbraten zubereiten kann, röchelnd auf dem Aussterbebett liege. Kürzlich haben Wissenschaftler der Universität Göttingen errechnet, dass die letzte selbstgemachte Rinderroulade in einem deutschen Haushalt im Jahre 2020 zubereitet werden wird. Trotzdem gibt es einen für mehrere Menschenleben reichenden Lektüreschatz an Kochbüchern. Nur kurz vor und nach Weihnachten gibt es keine, denn dann haben sie sich alle in Verlegenheitsgeschenke verwandelt.

Kurios ist der Kochbuchmarkt in mancherlei Hinsicht. In der Buchhandlung greifen die vom Schöpfer wohlwollend abgerundeten Frauen gerne zu den genussfreudigen Schlaraffenrezepten, während die dünneren Damen eher zu Diätanleitungen und Low-Fat-Publikationen tendieren. In Haushaltshilfen für Studenten befiehlt das Vorwort stets, erst mal den WG-Kühlschrank auszumisten und die vierzehn angebrochenen Nutella-Gläser zu beseitigen.

Seit ein paar Jahren treten rebellische New-Wave-Köche in literarische Erscheinung, die sich offenbar alle als Igor Strawinsky der Kochkunst verstehen. In ihren Fernsehsendungen erkennt man sie daran, dass sie bei der Ausübung ihres Berufs Baseballkappen mit dem Schirm *nach hinten* tragen. Mit Vorliebe kreieren sie kulinarische Establishment-Schocker à la Erdbeerpesto oder Makrelen-Makronen.

Im Gefolge der Salonschreck-Köche erschienen die Esoterik-Kochbücher: Kochen im Knast, Ethno-Kochen im Erdloch für gestresste Manager, Ferngaren durch Voodoostrahlen und für schonendes Niedrigtemperaturgaren am eigenen Körper. Die Neuerscheinung *Kochen in der Schwerelosigkeit – so schmeckt's auf der Raumstation* wird wohl nicht mehr lange auf sich warten lassen, ebenso wie die Rezeptsamlung des neuen US-Präsidenten mit dem Titel *Yes, we can kochen!*. Sicher wird in irgendeiner kleinen antifaschistischen Buchhandlung auch schon der Titel *Kochen gegen rechts* bereitliegen.

Nett finde ich auch die Rezeptsammlung für Geburtstagspartys mit hyperaktiven Kindern. Darin gibt es zum Beispiel Anleitungen für Brausewürfelrisotto, Esspapierflieger und Blow-up-Mohrenköpfe aus der Mikrowelle. Der Höhepunkt scheint mir das Tiramisu aus Kinder-Milchschnitte zu sein, ein gewagtes Rezept, in welchem Tradition und Moderne verschmelzen: Dreißig Milchschnitten aus der Verpackung reißen, waagerecht in eine Auflaufform legen und Nesquik obendrauf gepulvert.

Die dünnen Kochbücher stürzen am liebsten alle Regeln um, die die dicken Kochbücher aufgestellt haben. Es herrscht irgendwie immer ein Klassenkampf zwischen Dick und Dünn. Dazwischen liegen die Kochbücher fürs bürgerliche Lager. Neben Luxuswälzern von schillernden Profis, deren erstes Rezept direkt das Vierfache des Buchpreises kostet, gibt es Küchenliteratur von verschiedenen Prominenten, die man mit der Küche so eng assoziieren würde wie einen brasilianischen Fußballstar mit einer Mao-Bibel. Man entdeckt rheinische Frikadellenbrötchen von Hanns Dieter Hüsch, deutsche Traditionseintöpfe von Politikergattinnen und Pizza-Anleitungen von Pornostars.

Die Praxisnähe der Kochbücher wird oft betont durch kleine Merchandising-Gimmicks, die auf dem Einband kleben, zum Beispiel einen Spargelschäler, eine Spaghettiportionsschablone oder einen Kochlöffelhalter. Auf dem Kochbuch *Männerwirtschaft* klebte mal ein Gerät, das ein kombiniertes Dosenöffner-Wagenheber-Sushistäbchen darstellte.

Neuerdings bietet der Markt außerdem spezielle Kochbuchständer an, die man während des papierdiktierten Zubereitens neben dem Herd aufstellen kann. Nett fände ich, wenn auch mal ein spezieller Buchständer für Sexratgeber angeboten würde.

Hier und da erscheinen nostalgisch gestylte Rezeptsammlungen im Großmutter-Kladdenlayout auf kariertem Papier mit nachgemachten Fettflecken drauf. Gibt es vielleicht auch ein Anleitungsbüchlein fürs Liebesleben mit imitierten Flecken drauf?

Die Reklame präsentiert das Kochen schon seit längerem als Männerangelegenheit. Meistens jongliert ein hübscher Mittdreißiger mit zwei, drei Bratgeschirren, unterdessen relaxt im Hintergrund eine Frau aus der Abteilung Smart & Sexy und wartet, was da wohl aufgetischt wird. Die Tauglichkeitsprüfung zum Superlover beginnt überhaupt in der Küche. Der Elchtest im Zeitalter der Powerfrauen ist des Mannes Fähigkeit, aus einem total leeren Kühlschrank noch ein Gourmet-Menü zu zaubern. Der konservative Chauvi älteren Jahrgangs mag hier vielleicht ins Schlingern kommen. Dabei ist nicht viel Kunst vonnöten, eine Powerfrau über den Umweg des Esszimmers ins Schlafzimmer zu manövrieren. Im Vorwort des TV-Kochduell-Buchs hat Britta von Lojewski geschrieben, dass sie mal einen Koch gebeten habe, aus einer Dose Cola, einer Tüte Malzbonbons und einem Hühnerschenkel was Salontaugliches zuzubereiten. Der Prüfling komponierte eine gegrillte Hähnchenkeule in der Malzbonbonkruste an Colasauce, worauf Britta von Lojewski mit der Zunge nur so schnalzte.

Ein Boulevardblatt brachte vor einiger Zeit die Schlagzeile: «Die Powerfrauen entdecken das Kochen wieder!» Präsentiert wurde eine Auswahl von Kabarettistinnen und Fernsehkommissarinnen, die sich in ihrer knappen Freizeit an Crème brûlée, Kartoffelgratin und Gummibärchentorte für Alleinerziehende zu schaffen machen. Wenn ich mich bei den Kochbüchern aber so umsehe, habe ich eher den Eindruck, die Powerfrauen pfeifen aufs Kochen. Die besorgen sich lieber *Pannenhilfe beim Kochen und Backen*, den schnellen Helfer *Mogelküche* oder *Das Schlampen-Kochbuch.*

Das Schlampen-Kochbuch versteht sich als kulturexorzistische Anleitung für den explosiv-rasanten Frauenalltag auf der Überholspur, bei dem die warme Mahlzeit irgendwo auf der Notschiene entlangschleift. Die meisten Gerichte des *Schlampen-Kochbuchs* sind schon fertig, bevor man überhaupt die Rezepte gelesen hat. Ich glaube, wenn es keine Zeit für Kinder, Putzen und Küche bedeutet, ist Schlampe im dritten Jahrtausend bedeutungsgleich mit Powerfrau und kann als Ehrentitel gelten. Meint neulich ein amerikanisches Supermodel im Interview: «I'm a hard working bitch.» – «Ich bin eine Schlampe, die hart arbeitet.»

Großmutters Kochbuch verwandelt sich zusehends in ein Märchenbuch. Darin steht, glaube ich, folgender schöne Dialog:

«Großmutter, warum hast du so einen hochglanzverchromten High-Tech-Küchenrobot mit fünftausend Umdrehungen und fünfzehn Knet-, Rühr-, Raspel-, Schrot- und Entsaftungsfunktionen?»

«Damit ich meine frische Vollwerttrendküche aus tausendundeiner Zutat in null Komma nichts fertig habe, mein Kind.»

«Großmutter, warum hast du zehn NASA-Weltraummineralbeschichtete Spezialpfannen von Johann Lafer mit vierfachem Sandwichboden für Gemüse, Fleisch und Getreidegerichte, die in der Profi-Gourmet-Edition zusammen nur neunhundert Euro gekostet haben?»

«Damit ich das Rezept für indonesisches Garnelencurry mit Himalajaduftreis genauso perfekt aus dem Ärmel schüttel wie in meinem Thailandurlaub, mein Kind!»

«Großmutter, kannst du mir dann jetzt bitte Milchreis mit Zimt und Zucker kochen, wie es die Großmütter früher gemacht haben?»

«Milchreis ... was'n das? Muss was Neues sein – da muss ich mal im Internet nachschauen.»

Die aktuellen Kochbücher alle aneinandergereiht werden zwei-, dreimal um den Äquator reichen. Wissenshungrige kommender Jahrgänge werden irrtümlich daraus schließen, dass die Gebrauchskunst des Kochens für uns eine immense Bedeutung gehabt haben muss.

Wer sich in den Mechanismen urban-experimenteller Lebensmodelle bewegt, dem dürften zwei Dinge aufgefallen sein. Erstens: Die meisten Kochbücher findet man bei Mitbürgern, deren Backofen jene typischen vulkanischen Verkrustungen aufweist, die vom regelmäßigen Durchschieben von Tiefkühlpizza herrühren.

Zweitens: Auf die Neuerscheinung eines Kochbuchs kommen ungefähr zwölf Neueröffnungen von Pizza-Döner-Mexico-Asia-Bringdienststationen.

Gibt es zu einem Breitenphänomen einen Haufen Bücher, bedeutet dies vielmehr, dass es das Thema in der Praxis recht schwer hatte. Autofahren zum Beispiel ist totales bibliographisches Brachland. *Richtig Drängeln leicht gemacht* oder *Durch den Pariser Feierabendverkehr ohne Haschmich*, solche Bücher gibt es keine. Dabei ist Autofahren die zentrale Gebrauchskunst der Gegenwart. Der Autoverkehr funktioniert bis auf einige Ausnahmen wunderbar, jeder macht mit, alle wissen, wie's geht, also braucht man auch keine Bücher. Das Kochen im privaten Haushalt ist hingegen fürs Vaterland gefallen und selig entschlafen. Jeder Kochbuchdeckel wird zu einem kleinen Sargdeckel. Die Hausfrau ruht derweil bei Kerzenschimmer im kühlen Mausoleum der Gebrauchskünste. Um den großen Zeh geknotet trägt sie ein Zettelchen von der Obduktion, auf welchem steht: «Todesursache: Pizza-China-Döner-Taxi-International. Montags alle Salate ein Euro billiger!»

Die Gebrauchskunst Sexualität zog sich Mitte der achtziger Jahre in soziale Nischen zurück, als die privaten Fernsehsender und die Zeitschriften *Coupé* und *Praline* die Versorgung der Bevölkerung mit Sexualität weitgehend an sich nahmen. Das haushaltsnahe Kochen rutschte in die esoterische Folklore ab, als es im selben Zeitraum zur Domestizierung der Tiefkühlpizza kam. Ungefähr 1988 liefen im Fernsehen die Filme von Russ Meyer, dem Erfinder des Busenfilms. Als Nächstes kam RTL mit der *Tutti-Frutti-Show*, der Erfindung des Busenfernsehens. Unterbrochen wurden diese Übertragungen von Werbespots für *Ristorante* von Dr. Oetker, dem Erfinder der Tiefkühlpizza. Die Tiefkühlpizza war wohl ursprünglich als Nothilfe für Single-Männer gedacht, um bei einem charmanten Abend mit Rotwein und Carusoplatten anspruchsvollere Frauen zu nächtlichen Vergnügungen heranzuziehen. Irgendwie hat sich die Margherita aus dem Eisfach dann aber wie die Kaninchen in Australien völlig unkontrolliert vermehrt und erreichte bald im vertrauten Schallplattenkarton jeden Haushalt. Mitten hinein platzte noch die Einführung der Mikrowelle, die ja eigentlich die Mendel'sche Kreuzung aus Fernsehapparat und Backofen darstellt.

Heute sieht's ja ungefähr so aus: Man liegt feierabendlich auf dem Sofa, die *Simpsons* sind gerade vorbei, und man kann nicht immer nur Snickers essen. Dann wackelt man in die Küche und greift zum Flugblatt von *Rocket-Döner*. Man überlegt, ob man mal Nr. 244, *Maccheroni Al Jazeera*, bestellen soll, und guckt dann in den Drei-Sterne-Froster, ob sich im Packeis noch ein Produkt der Firma Wagner oder Salto ausgraben lässt.

In einer versunkenen Zeit, von der das Fernsehen hin und wieder berichtet, als die Buben noch Segelohren hatten, Kniestrümpfe und Lederhosen trugen und alles schwarzweiß war, kannte man sogenannte Hausfrauen. Diese standen mit wirren Haaren und Kittelschürze tagein, tagaus in der Küche vor meterhohen Bottichen voll Himbeermarmelade. In der Regel besaßen diese weiblichen Wunderwesen ein bis zwei solide Schriften zur Kochkunst. Es waren knappgefasste Handbücher von Leuten, die sich nichts vormachten, für Leserinnen, denen man nichts vormachen konnte. Sie enthielten wenig Fotos und keine Kalorienangaben. Im Vorwort standen allerlei unumstürzliche Weisheiten, zum Beispiel «Es ist noch kein Meister vom Himmel gefallen» oder «Für das folgende Rezept braucht man Fingerspitzengefühl und ein wenig Geduld».

Geduld ist den Leuten heute aber nicht dalli genug. *Von Anfang an genial* muss da draufstehen, wie bei Jamie Oliver. Der ist ein erfolgreicher Sonnyboy-Smutje aus Großbritannien, der vor ein paar Jahren als Lichtgestalt zu den in gastronomischem Nebel lebenden Briten herabgestiegen ist, um ihnen einige Fotobildbände über seine Jeansjackensammlung mit begleitenden Rezepten zu bringen. Seinen Landsleuten erklärte er kurzerhand, dass ab heute alles genial sei, was nicht mit *scrambled eggs* und *baked beans* zu tun hat. Wer einen Gemüseschäler erkennen kann, ist der Stephen Hawking der Kochkunst. Seinem Heimatland, aus dem kürzlich die Nachricht verlautete, dass erste Wohnsiedlungen komplett ohne Küchen realisiert werden, und der Prognose, dass auch seine Bücher in den Regalen verfilzen werden, begegnet Jamie Oliver mit britischer Höflichkeit: «Ich würde mich wirklich freuen, wenn Sie dieses Rezept einmal ausprobieren würden.»

Ein Jamie-Oliver-Kochbuch besteht zu circa 46 Prozent aus Fotos von Jamie Oliver, auf denen er posiert wie für das Plattencover einer Gitarrenrockband. Meistens steht er lower-middle-class-kompatibel mit Jeansjacke vor einem englischen Gemüsestand mit Radieschen oder wühlt zwischen Styroporkisten nach Meeresgetier. Die Botschaft aus der Jeansjacke soll lauten: «Hey, wir sind beim Kochen alle ganz easy drauf und haben alle in zehn Minuten Steinpilztagliatelle gezaubert!»

Mit dem Kochen verhält es sich aber wie mit der Liebe. Die Lässigkeit kommt mit faltenreicher Erfahrung, nachdem sich manches Schaltjahr um die Sonne gewickelt hat. Käme etwa jemand auf die Idee, ein Büchlein zur Liebeskunst zu drucken mit dem Titel *Von Anfang an genial*? Der Komponist Anton Bruckner wusste meisterhaft auf der Orgel zu phantasieren, doch nicht, ohne mühevoll ein halbes Menschenalter das Orgelspiel praktiziert und verinnerlicht zu haben.

Genial ist bei Jamie Oliver auf jeden Fall, dass er manches Kleingedruckte untergebracht hat, was die Einkaufskosten betrifft. Er teilt mit fast allen Kochbuchautoren die Eigenschaft, ganz selbstverständlich davon auszugehen, dass der Dinereinkauf für vier Personen mal eben das halbe Monatsgehalt einer Supermarktkassiererin verschlucken kann.

In Großbritannien wird Jamie Oliver «the Naked Chef» genannt, der nackte Koch, warum, weiß auch dort keiner. Die Theorie besagt, dass er ganz «naked», also ohne viel Schnickschnack kocht. Das bedeutet, dass er sich mit Normalo-Zutaten wie Tomaten, Brot oder Zwiebeln gar nicht lang aufhält, sondern ohne viel Schnickschnack direkt mit Kalbsfilet, Seeigeln und Artischocken einsteigt. Mit den kulinarischen Kronjuwelen wird in Jamie Olivers Kitchen herumgewirbelt wie bei Sotheby's mit den Cézanne-Gemälden. Erstaunlich sind seine Tipps. Man soll mit seinem Fischhändler sprechen, wie er die Rochenflügel zuschneiden soll. Zwar hat er eine reizende Gattin, eine Handvoll netter Kinder und einen Erfolg, der zu respektieren ist, ich weiß aber nicht, was das für ein Globus ist, auf dem Jamie Oliver herumspaziert. Wenn ich mich in gammeliger Jeansjacke und Blaue-Lagune-Frisur an der Frischfischtheke vom Kaufhof in die Warteschleife stelle und eine zentnerschwer geschminkte Miss Piggy nach Rochenflügeln frage und ob sie mir die zurechtschneiden könne, dann kann ich bis drei Uhr morgens warten, wenn die Putzkolonne anrückt.

Beliebtheitsmäßig unerreicht sind die Bücher des Fernseh-Talkmasters Alfred Biolek, des Königs aller Hobbyköche. Er hat dazu eine eigene Fernsehsendung mit Promigästen, eine Art Talkshow mit Kochnische. Eine Zeitlang habe ich oft *Alfredissimo* gesehen. Leider sind dort nie schicke Action-Kandidaten erschienen, meistens kamen so Typen aus der *Schwarzwaldklinik* oder von den *Drombuschs*. Falls noch Plätze frei sind, wären hier meine drei Top-Prominenten für *Alfredissimo*:

A) Darth Vader aus *Krieg der Sterne* backt «Arme Jedi-Ritter».
B) Abdullah Öcalan backt kurdisches Fladenbrot.
C) Monica Lewinsky kocht ihr berühmtes Rezept «Eier auf Präsidentenart».

Der Fokus von *Alfredissimo* liegt darauf, durch Interaktion mit den

Prominenten Unterhaltung zu erzeugen. Die Sendung ist aber vom Entertainment her mehr zu vergleichen mit der merkwürdigen Fernsehgymnastik der sechziger Jahre, bei der auch nie einer mitgemacht hat und die den alleinigen Zweck erfüllte, bei den Zuschauern Schmacht aufzubauen, dass die Sendung bald vorbei sein möge.

Nur einmal wurde es lustig. Heino war in Bioleks Küche zu Besuch und hatte Pfannkuchen gebacken. Heino und Bio waren sich nicht ganz einig über den Garzustand der Eierküchlein. Ich glaube, Heino meinte: «Schwarzbraun ist der Pfannkuchen, hollala.» Der Talkmasterkönig sah das anders und erwiderte: «Der Pfannkuchen ist noch ganz blass, holalala.» Heino hatte wohl auch am Herd alles durch seine dunkle Brille gesehen, deshalb waren seine Pfannkuchen etwas schneller fertig.

Nur vom dänischen Koch aus der Muppet-Show gibt es kein Kochbuch. Für mich war er der einzige aufrichtige Fernsehkoch, denn seine Rezepte kollabierten vor der Kamera nach maximal dreißig Sekunden. Von ihm hat man nie den Satz gehört: «Ich hab da schon mal was vorbereitet.» Im Leben nicht wäre er davon abgewichen, für sein berühmtes Rezept «Elch in Schokoladensauce» mit einem lebenden Elch zu beginnen. Wie die meisten aufrechten Charaktere hatte er im Fernsehen deshalb keine Schnitte.

Seit ein, zwei Jahren scheinen die Kochshows wieder nach dem alten Dalli-dalli-Konzept zu laufen. Zwei oder mehr Parteien kochen nach Stoppuhr um die Wette, und zum Abschluss finden alle alles köstlich. Ich weiß nicht, wer da jetzt moderiert, jedenfalls nicht Hans Rosenthal. Der müsste ja sonst beim finalen Probieren jedes Mal in die Luft springen und rufen: «Meine Damen und Herren, das war spitze!» Auch die gute alte Jury ist wieder da und verteilt Punkte wie damals die süße Mady Riehl: «Jaa, kreativ gearbeitet, aber der Seeteufel mit Olivenkruste war ein wenig zu trocken, den können wir nicht anerkennen, die Prise Salz war doppelt, Spitze sind fünf Sonderpunkte, macht insgesamt fünfzig Punkte.»

Ungefähr im selben Rhythmus, wie die Fußballbundestrainer

wechseln, lancieren die TV-Anstalten neue Fernsehköche, die direkt nach der ersten Sendung zum Kult erklärt werden. Erst kam Clemens Wilmenrod, dann Max Inzinger, dann Johann Lafer, dann Alfred Biolek, dann Jamie Oliver. Eine der letzten Leuchtraketen in der Fernsehküche war Tim Mälzer. Der darf sich die Hände an der Jeans abwischen und setzt auch sonst den unbürokratischen Akzent.

Vor vier, fünf Jahren werden sich die Fernsehbosse gesagt haben, also, Lafer und Schuhbeck, die Halbgötter in Weiß mit ihren Essigzerstäubern, die rocken nicht mehr, wir brauchen mal einen, der die Jugend abholt. Tim Mälzer sollte dann irgendwie den Streetworker-Koch verkörpern. Man möge dereinst auf meinem Grabe Cannabis und Schnittlauch anpflanzen, wenn ich mich irre, aber ich glaube, Tim Mälzers Chancen, das Kochen in die Küchen zurückzubringen, dürften auch nicht größer sein als die Überlebenschance einer Kaulquappe im Emscherkanal. Ich meine, in seinem Buch *Born to Cook* steht: «Ich will etwas bewirken – dass Kochen wieder normal wird.»

Hübsch fände ich auch, wenn zum Beispiel Teresa Orlowski mal einen Sexratgeber schreiben würde, in welchem steht: «Ich finde Ratgeberbücher beknackt. Ich möchte erreichen, dass Sex wieder normal wird.» Noch schöner wäre, wenn einer sagen würde: «Ich möchte, dass Stephen Hawking wieder ganz normal wird.» Noch viel, viel schöner fände ich, wenn sich Alfred Biolek, Heino, Teresa Orlowski, Jamie Oliver, Abdullah Öcalan, Stephen Hawking, Monica Lewinsky, Helge Schneider und Tim Mälzer mal im Heino-Café in Bad Münstereifel treffen würden. Dort sollte Britta von Lojewski zu ihnen sagen: «Liebe Kandidaten, machen Sie mir eine neue Füllung für Prinzenrolle-Keks und anschließend eine neue Dachform für McDonald's-Autobahnrestaurants! – Dalli, dalli!»

DEUTSCHLANDS ERSTER SPAGHETTI-AUTOMAT

Imbissroboter und Currywurst aus dem Kühlregal

IN EINEM MARGINALEN Winkel der *Bild*-Zeitung, der anderntags Meldungen der Kategorie «Pottwal gestrandet» oder «Siebenjähriger entführt Straßenkreuzer» enthält, las ich vor nicht allzu langer Zeit über die Erfindung des ersten Spaghettiautomaten. Von einem hessischen Erfinder wurde ein Apparat entwickelt, der mit Überdruck innerhalb von 90 Sekunden eine warme Portion Spaghetti mit Tomatensauce auftischen kann. Das Gerät stellt eine optische Kreuzung aus Volksempfängerradio und R2D2 aus *Krieg der Sterne* dar, und der Geschwindigkeitsrekord von Miracoli-Nudeln wird durch ihn um circa 18 Minuten unterboten. *Bild* kündigte an, das Gerät solle zukünftig an Bahnhöfen und Tankstellen Dienst tun.

Ich teile die Freude mit dem sympathisch lächelnden Tüftler, erwarte aber nicht gleich, dass seine Hände vom Glückwunschgeschüttel ganz taub werden. Die weltweite Feinschmeckerlobby wird die Daniel-Düsentrieb-Pasta ohnehin so herzlich begrüßen wie die junge DDR-Regierung den US-Präsidenten an der Berliner Mauer. Sollten die Italiener von der Meldung Wind bekommen, werden sie sich vermutlich 90 Sekunden Zeit nehmen, um zu lachen, und danach zum Tagesgeschehen zurückkehren.

Ein hastiger Nudelquickie am Hauptbahnhof zwischen Schließfächern und Passbildautomaten – ich weiß nicht recht. Gar nicht utopisch scheint mir, dass die Spaghettimaschine ihr Schicksal mit dem afrikanischen Okawango-Fluss teilen wird, indem sie unbeobachtet in der Geschichte versandet.

Italienische Teigwaren sind von Natur aus nicht die Freunde städtischer Unterwelt und hektischer Abfütterung. Nach übereilter Nudelmahlzeit reagiert der Magen meistens so ähnlich wie ein Disco-Türsteher, wenn man das falsche Label auf dem Jackett trägt. Er fängt an zu ächzen und zu schnappen und mag einen nicht einlassen. Grillbudenkunden sollen auf vertrautem Fuße mit dem sogenannten Pförtnerkrampf stehen, einer durch Schlingen verursachten Verklemmung der oberen Magenschleuse. Für die sicherste Methode, sich einen solchen zu Hause zu schenken, sprinte man in der abendlichen Fernsehwerbepause an den Kühlschrank und schaufele eine Handvoll vom Vortag übriggebliebener kalter Nudeln in sich hinein.

Die Firma Buitoni, glaube ich, hat mal vor einigen Jahren nach komplizierter Ingenieurarbeit einen Expressspaghettityp herausgegeben, der nur die Hälfte der üblichen Kochzeit verlangte. Die Dinger floppten. Der Verbraucher ließ die Buitonis darauf sitzen und kaufte weiterhin die Director's-Cut-Spaghetti mit voller Kochzeit.

Spaghetti machen es sich lieber gemütlich, wo die Herdfeuer knistern und die Abendvögel zwitschern. «Dove c'è Barilla c'è casa.» – «Wo Barilla ist, ist zu Hause», las ich neulich auf einer Nudelpackung.

Unser Bahnhofsleben ist eher berühmt als Schauplatz des spontanen Spachtelns und Würgens. Unter beachtlichem Krümeln, Husten und Aufstoßen praktizieren Passanten die Nahrungsaufnahme im Laufschritt, dessen hübsche anglizistische Umschreibung «Grazing» noch nicht in unseren Sprachschatz eingesickert ist. Ein metropolitanes Treiben rauscht mit Aktentaschen und Apfeltaschen über Korridore und Rolltreppen. Allerorten fällt das Auge auf schlingende Schnellesser, die sich durch faustgroße Grillzubereitungen durcharbeiten, wobei sie ausschauen wie die akrobatische Eierschlange aus dem Film *Die lustige Welt der Tiere*. Ein gewisser Speisenanteil fällt meist zu Boden, sodass die Fußpfade mit allerlei Zwiebelstreifen, Kürbiskernen oder Zaziki-Spritzern garniert werden.

Von Popjournalisten und Stadtmagazinen wird immer mal wieder augenzwinkernd verkündet, dass eine «Kunst des Döneressens» darin liege, so abzubeißen, dass nichts runterfällt. Kann das sein? Warum nimmt der Dönermann nicht einfach größere Tüten? Vielleicht, weil es auch eine Kunst des Verwöhnkonzepts «Masse statt

Güte» gibt? Ich meine, der Dönermann stopft seinen Fladen bis zum Scheitel hoch und sagt sich: «Mann, ich mach doch hier Döner und kein Ikebana … Also, wenn's schon nicht liebevoll ist, soll's immerhin reichlich aussehen. Das gehört so.»

Aus der McDonald's-Pommestüte machen sich auch immer fünf Fritten selbständig, und einen Fischmäc kann man drehen wie eine Wahrsagerkugel – beißt man auf der einen Seite rein, läuft die Remouladensauce auf der anderen Seite aufs Hemd. Mund sagt: «Au, fuck», aber Kopf denkt: «Yeah, war doch üppig!»

Bahnsteige und Untergrundpassagen bieten stets ein herzhaftes Netzwerk aus Börekgrills, Pizzazungen und Würstchenstationen, weil es die hier Vorübergehenden urplötzlich und magisch nach Gebackenem und Überknuspertem gelüstet. Bahnverkehrsmanager hört man deshalb öfters schnörkelige Sätze folgender Art verkünden: *«… und werden wir unsere Bahnzentren neben der Verkehrsfunktion mit neuen innovativen Dienstleistungen bereichern …»* Geradeaus soll das heißen: «Nach 30 Jahren konnten wir endlich die schmuddeligen Sexkinos wegrationalisieren. In Zusammenarbeit mit dem örtlichen Fleisch- und Wurstklüngel werden wir dafür die Ansiedlung von Hähnchenautos und Pfannkuchenhütten fördern, um unseren Bahnreisenden den Aufenthalt so kalorienreich wie möglich zu gestalten.» Vor einigen Jahren wurde auch der Kölner Hauptbahnhof von Kopf bis Fuß einer glas- und stahlintensiven Schönheitsoperation unterzogen, aus der er als monumentale Frikadellen- und Wursträucherei mit integriertem Schnickschnackverkauf wieder herauskam.

Ich glaube, die trostspendende Atkins-Diät der Bahnhöfe vermittelt uns mit ihrer Kombi aus Grillfleisch und Räucheraroma in unwirtlichen Transportkatakomben das Gefühl geborgener Wärme. Neulich las ich im *Spiegel* ein Interview mit einem amerikanischen Glücksforscher. Der meinte: «Fett, Salz, Zucker und Sex sind die größten Glücksbringer der Welt.» (Glücksforscher – interessanter Job. Wer mal morgens vor dem ersten Quieken des Radioweckers für fünf Minuten über seine Position im Universum meditiert, wird möglicherweise zu dem Schluss kommen, dass jeder von uns vom Tage seiner Geburt an irgendwie ein Glücksforscher ist.)

Die Deutsche Bahn AG steht total auf Brühwürstchen, denn die sind genauso flott, glatt und geräuschlos, wie Bahnchef Mehdorn sich eine Reise mit dem ICE vorstellt. Im Fernverkehr der Bahn gab es früher die Schmalspur-Bockwurstmobile. Sie waren eine arge Plage. Sie pflegten auch bei hochkonzentrierter Platzüberfüllung mit Kaffee, Hanuta und Bockwurst durch die Abteile zu scheppern. Der Führer des Scheppermobils beherrschte die Simultankunst, sein Gefährt nur von vorn bzw. hinten zu bedienen und den Reisenden mit sorglosester Miene eine Bockwust im Brötchen plus Senftütchen zu überwältigenden Schwarzmarktpreisen zu verkaufen. In den Kaffeebechern steckten merkwürdige gelochte Plastiklöffel, welche kolossale Ähnlichkeit mit den langgezogenen Ohrläppchen zentralafrikanischer Massai-Frauen hatten.

Im Aussterben begriffen scheinen gewitzte Senioren zu sein, die sich in jahrzehntelanger Bahnerfahrung vor Reiseantritt mit Eigenbauhäppchen versorgt haben. Ab und an teilt man mit ihnen noch das Abteil im Intercity Loreley zwischen Koblenz und Mainz, wo sie Tupperdosen mit Blutwurstsemmeln und hartgekochten Eiern knacken. Während draußen der berühmte Rheinfelsen an ihnen vorbeizischt, bröckeln sie die Eierschalen in die Aschenklappe.

Zu den aus Sozialismustagen geretteten Segnungen zählen ja unter anderem die unzerstörbaren Spreewaldgurken, Rotkäppchensekt und der allseits beliebte «grüne Pfeil». Unter den Tisch fiel beim großen Ostblock-Schlussverkauf leider die in vielen sowjetischen Fernzügen festinstallierte «Babuschka Samowar», von den Russen auch einfach Tee-Oma genannt. Die bombensicher immer im selben Abteil eingerichtete Tee-Oma hütete den zugeigenen Teekocher und manchmal die gute Laune ihrer Passagiere. Zur weiteren Verpflegung packten sich die Genossen Fahrgäste eine Dose Kaviar in die Manteltasche, und wer zwischen Berlin-Lichtenberg und Wladiwostok Heimweh oder Durst bekam, ging kurzerhand auf einen heißen Drink zu Babuschka Samowar. Ich finde es tröstlich, dass der techniknärrische Sozialismus zwar Hunde in den Weltraum geschossen und Selbstschussapparate an seine Herrschaftsgrenzen gebaut hat, doch beim Getränkepersonal der guten alten Rockzipfelpsychologie gehorchte.

Im Tee- und auch Nudelbereich lieben die Verbraucher ihre romantischen Mutterbilder. Beim Penny-Markt gab's mal ein super Single-Schnellgerichtprogramm namens *Mamma Pasta.* Mamma Pasta war bestimmt eine Seelenverwandte von Babuschka Samowar.

Kurzum, Wurstwagen im Intercity, Spaghettiautomaten im U-Bahn-Schacht, nein, so was vielleicht doch lieber nicht.

Also ab an die Tankstelle mit dem Nudelwunder. Ich fürchte aber, auch da geht's in die Windeln. An der Tanke weht ein rauer Reisewind, wer jiepert da schon nach Spaghetti? Vor einigen Jahren ließen die Mineralölkonzerne verlautbaren, dass die Tankstellen für den Verbraucher die Aufgabe übernehmen sollten, die früher die Tante-Emma-Läden erfüllten. Der Wunschtraum nach der silberhaarigen Aral-Bistro-Oma am Autobahnzubringer ist dann aber zusammengeknickt wie ein Regenschirm am Kap Hoorn. Man braucht wenig Phantasie, um sich den Unterschied zwischen Al Dente und Aral Dente auszumalen. Ein Feuermelder auf der Insel Spitzbergen dürfte mehr Besuch bekommen als der Nudelomat an der Tankstelle.

Die Tankstellenkassen sind ohnehin verbarrikadiert mit acht Quadratmetern Schokoriegeln, Busenheftchen und Fruchtgummis. In meinen Kindertagen passten die Tankwarte noch in kleine, halbrunde Glashäuschen; heute sind die Tankstellen so groß wie Tanzschulen, weil jeder Mars- und Snickersriegel pro Jahr einen neuen Spezialbruder in der Geschmacksrichtung Mandel, Zartbitter oder XXL an die Seite bekommt.

Die Naschereien fürs Auto funktionieren eigentlich alle nach dem guten alten Schema «Wikingerüberfall» – alles schnell mitnehmen und sofort weiterfahren. Auf der Autobahn sollte die Mahlzeit einhändig und besteckfrei zu bewältigen sein. Verpackungen lässt man aus dem Fenster flattern oder wirft sie der Beifahrerin auf den Schoß. Oberhalb von circa 150 Stundenkilometern wird es fahrtechnisch erforderlich, die Verpflegung freihändig, das heißt dauerlutscherartig einzusaugen. Diesem Erfordernis kommt die Produktpalette von BiFi entgegen, dem Marktführer der Salamibrötchen ohne Brötchen. BiFi -Salami ermöglicht dem Truckfahrer, gleichzeitig seine Arbeit zu verrichten, Kreuzworträtsel zu lösen, Musik zu hören und mittagzuessen.

Reisen sind fast immer Wurstereignisse, was darin begründet sein mag, dass die Reise ebenso wie die Wurst über mindestens einen Anfang und ein Ende verfügt. Wer kennt nicht das alte Reisesprichwort «Dem schnellen Kfz-Pilot schmeckt die Wurst auch ohne Brot»? Ich erinnere mich an eine Pippi-Langstrumpf-Episode, in der Pippi mit Thomas und Annika auf große Ballonfahrt geht. In der Vorbereitung werden ausführlich Brote geschmiert, und man hört Pippi Annika zurufen: «Denk dran, Annika, die Wurst muss immer dicker sein als das Brot!»

Doch wir sprachen von Nudelautomaten. Vor ein paar Jahren hörte man schon von einer Pizzamaschine, die innerhalb von fünf Minuten eine fertige Margherita auswirft. Auf welchem Patentamt ist die wohl einbalsamiert worden? Die Verbraucher runzeln immer die Stirn, wenn man ihnen was Warmes aus Roboterhänden andrehen möchte. Noch allseits bekannt dürfte der Film *Moderne Zeiten* sein, in dem Charlie Chaplin in eine brachiale Abfütterungsmaschine gerät, die ihn mit Maiskolben oder Hähnchen vergewaltigen will. Man kann heute weltweit die formidabelsten Gegenstände am Straßenrand aus einem Schlitz ziehen, Geld zum Beispiel oder Rosen, in Japan auch gebrauchte Mädchenschlüpfer. Neulich habe ich von einem belgischen Künstler gehört, der mit Hilfe eines selbstentwickelten Automaten sogar menschliches Exkrement herstellen kann! Auch schön. Sofort einig wird sich die Menschheit nur in einer ausgewachsenen Automatophobia, wenn's ums Leibeswohl geht.

Ignoranz gegenüber der Snackpsychologie führt immer mal wieder zu kommerziellen Platzpatronen, zum Beispiel der seit einiger Zeit mit jugendbetonter Werbung ins Feld geführten Currywurst aus dem Kühlregal.

Die Meinungsanimateure der Jugendszene verkünden seit gut zehn Jahren, dass die Currywurst «wieder da» sei, eine «Renaissance der Currywurst» wird gar gesichtet. Ist da was dran? Bei einer Silvestergala gab es neulich *Currywurst mit Blattgoldflocken.* Schicke Paarung, aber man bringt ja auch Paris Hilton zum Wiener Opernball. Außerdem, das Infotainmentgewerbe proklamiert ja im Dreivierteljahresrhythmus, dass eine vergessene modische Missgeburt «wieder da» sei, die Vokuhilafrisur zum Beispiel, das Palästinenserhalstuch oder der Zauberwürfel.

Die neue Wursthipness erkenne ich vor allem im Fernsehen. «Sterneköche» ziehen mit Currywurstanhängern quer durch die Republik, begleitet von VOX- und Pro-Sieben-Reportern, die nicht zögern, exklusive Rezepte schnurstracks ans Publikum weiterzugeben. (Spezialrezept Sauce: für den Ansatz eine Flasche Cola auf Sirupkonsistenz einkochen! Das schockt!)

Ich habe auch schon sieben oder acht Reportagen über Currywurst-superscharf-Fresswettkämpfe gesehen: An einem «superberühmten», sonst völlig unbekannten Wurststand versammeln sich circa hundert Chilifetischisten und ein Notarztauto. Ziel des Spiels ist es, die Mahlzeit durch stufenweise Zugabe apokalyptischer mexikanischer Pfeffersaucen total ungenießbar zu machen. In der Augen-zu-und-durch-Endausscheidung stehen immer zwei ölige Heavy-Metal-Freaks, eine thailändische Putzfrau und ein alter, dicker Hausmeister. Im Finale sinken die schweißgebadeten Favoriten japsend in den Alu-Hocker. Also, Speiserezepte, mit denen Open-Air-Sado-Maso-Contests veranstaltet werden, da frag ich nach der Tischkultur. Muss man Wettessen immer zum Kampfsport erklären?

Das Land wimmelt ja von bizarren Gastro-Events. Es gibt den Hamburger Smarties-Tag, den berühmten Würchwitzer Milbenkäsefrühschoppen, auch Altbierbowlenfestivals sind gut besucht.

Warum nicht mal was Glamouröses in Szene setzen? Wie wär's mit einem noblen Fernsehwettbewerb um das schönste Schokoladendessert? Samstagabend, Prime Time: die große ARD-Spendengala der Mousse au Chocolat, moderiert von Iris Berben und Maria Furtwängler! Das wär schon ein Gourmet-Format! Große Abendgarderobe, zwanzig Promischönheiten dürfen zwanzig verschiedene Schokoladenmousses verkosten, alles natürlich für S.O.S.-Kinderdörfer. Am Spendentelefon für Sie: Eckart Witzigmann! Kandidatinnen und Zubereitungen eine himmlischer als die andere! Veronica Ferres verkostet zu Klängen von André Rieu «weiße Curaçao-Zitronengras-Schokoladen-Mousse mit Kokoskaramell». Wir begrüßen auch unsere zugeschalteten Zuschauer in Frankreich und der Schweiz!

In Schickeriametropolen soll es auch Yuppie-Grills geben, wo Hochglanz-Currywurst mit Champagner serviert und dazu Kunstvernissagen organisiert werden. Mir scheinen das lokale Extravaganzen zu sein. In New York gibt es schon superteure Hamburger aus Kobe-Rindfleisch. Nun, wo viel Geld sitzt, gibt es fast immer einen Weg, es verrückt zu verticken. In New York oder London kommen halt jeden Abend die Broker aus ihren Banken auf die Straße geströmt und fragen sich: Hach, was machen wir denn heut Schönes mit dem vielen erbrokten Geld? Vor der Tür warten jedoch schon gewitzte Imbissunternehmer. Ein Kobe-Beef-Hamburger für 250 Dollar? Das ist spleenig, das ist neu. Die Broker lassen sich nicht lang bitten.

Ich glaube, ich kann den jungen Investment-Schnöseln nicht ganz abkaufen, dass sie tiefgründig geil auf Currywurst sind. Mag sein, dass sie gern für ein Stündchen augenzwinkernd mit Prolo-Attributen kokettieren. Vielleicht in Gedanken Opel Manta fahren statt Offroad-Porsche. Der Verbraucher springt mit Vergnügen kurzzeitig mal aus dem vertrauten Sozialgefüge. Hat eine thailändische Putzfrau Lust auf große Welt, lässt sie sich über ein Preisausschreiben für einen Tag mit der Stretchlimousine zur Schönheitsfarm bringen. Die wahren Reichen werden wissen, wie Reichsein sich anfühlt. Die treffen sich halt zur vom Innenarchitekten gestalteten Insider-Currywurst.

Schickimicki hin oder her, ich finde, man muss nicht immer mitrennen, wenn die Späßchenindustrie eine neue Kugel auf die Piste wirft. Ist die Currywurst wirklich so schwer angesagt? Als Kleinbürgerkind war sie eigentlich schon immer da. Herbert Grönemeyer hat ihr vor zwanzig Jahren sogar mal eine kumpelhafte Ballade geschrieben. Richtig weg war sie leider nie. Aber weiß einer, woher das Ding eigentlich stammt?

Im großen Buch der Volksmythen steht, dass die erste Currywurst von der sagenumsponnenen Herta Heuwer 1949 zur Welt gebracht worden sei, welche an einem zentralen Platz in Berlin einen Imbissstand bewirtschaftete. Die Geschichtsschreibung verlässt mich im Detail, doch wir können uns die Geburt der Currywurst ganz gut vorstellen. Eines Morgens warf Herta Heuwer aus ihrem Büdchen einen Blick nach draußen, und was sie dort sah, war nicht gerade der Garten Eden. Es war eher das Berlin von 1949. Trümmerpanorama, Berlin-Blockade haarscharf 1:0 gewonnen, leere Fensterhöhlen, sowjetische Zwickmühle, täglich ein neuer Sack voll Flüchtlinge. Dann warf sie einen Blick in ihren Vorratsschrank und sprach zu sich: «Fett, Salz, Zucker und die amerikanischen Schutzmächte sind die größten Glücksbringer der Welt.» Darauf briet sie sich ’ne Wurst, wälzte sie in Paprikapulver und begoss das Ganze mit dem sensationellen neuen US-Tomatenketchup.

Die Berliner werden geschnuppert haben, probiert haben, und schwuppdiwupp durch Zauberkraft vergaßen sie ein bisschen den Viermächtestatus und die Trümmer. Die Currywurst zog ins Land hinaus. Sie vermehrte sich, und überall, wo hilflose Bürger etwas Warmes zum Dranfesthalten suchten, erwartete sie fortan eine heiße Wurstbude. Und abermals wie durch Zauberkraft, anno 1989, genau 40 Jahre nach Herta Heuwer kam sie wieder. Als 17 Millionen DDR-Bürger über Nacht in die undefinierte Zukunft taumelten, breitete sich von Westen spontan eine Invasion von Pommesbuden aus, um dem allerersten inneren Vakuum ambulant vorzubeugen.

Ungefähr seit zehn Jahren hört man seitens der Leitmedien von Bestrebungen, die klassische Currywurst endlich in den Grundkanon deutschen Kulturguts aufzunehmen. Man wird zu dieser Frage von mir auch bei Exilandrohung oder galoppierender Altersdemenz nicht erleben, dass ich mein Kreuzchen bei «O. K.» machen werde.

Ich glaube, in dem Film *The Commitments* lässt ein Darsteller die Bemerkung fallen: «Jazz ist musikalische Wichserei.» Ich enthalte mich dazu weiteren Kommentars, doch finde ich es immer aufrecht, wenn einer mal schräge Meinungen in Ohren quakt, die auf Dauerkonsens eingestellt sind. Ich habe in meinem an verkraftbaren Erniedrigungen nicht armen Leben circa drei Currywürste gegessen und, da ich zwei Lebensjahrzehnte im Ruhrgebiet verbracht habe, an weiteren circa 22 000 Currywürsten riechen müssen, und ich sage jetzt und hier, sorry, im Namen des Volkes: Currywurst ist kulinarische Wichserei. Sie möge ruhig zweihundert Jahre alt werden, doch möge sie nicht Bestandteil des bürgerlichen Kochbuchs werden.

Der Ruf nach einer allgemeinen Habilitierung der in US-indisch-ungarisch-süß-saurem Gewürzsirup herumplätschernden Anonymus-Schrottwurst scheint mir dem supermysteriösen deutschen Volkstemperament zu entspringen, bestimmte nationaltypische Gruseligkeiten ab einer bestimmten Präsenzdauer denkmalpflegerisch zu glorifizieren, siehe auch DDR oder Wolfgang Petry. Wenn bei aktuellen Umfragen unter türkischen Mitbürgern als typisch deutsches Essen an erster Stelle Currywurst/Pommes genannt wird, sollte man nicht antworten: «Ach, wie niedlich!» Man sollte stramm erwidern: «Tja, Integration beidseitig ins Wasser gefallen, Leitkultur völlig morsch, Einbürgerungstermin auf unbekannte Zeit verschoben, gehen Sie nicht über Los, ziehen Sie nicht 4000 Euro ein!»

Doch nun haben wir das Currywursterlebnis als schnellen Singlehappen aus dem Supermarkt und fühlen uns nicht wohl dabei. Was ist es, das da zu fehlen scheint? Ist irgendwas Wahres und Gutes in der Currywurst? Steckt in ihr ein unerkannter Soulfaktor? Ich möchte mich an dieser Stelle für zwei Minuten zum Anwalt dieser ansonsten kläglichen Zwischenmahlzeit erklären.

Oftmals zieht es doch die Menschen zur Grill-Station um die Ecke, wenn ein biographisch einschneidendes Erlebnis vorausgegangen ist, ein Fußballspiel, ein Ehekrach oder die Geburt eines Kindes. In Berlin-Wilmersdorf soll es eine Currywurstbude namens «Neuanfang» geben. In einer Bonner Ausfallstraße gab es auch mal eine namens «Fritten-Bank». Natürlich hat sie irgendwann schlappgemacht, denn wer möchte schon als beistand- und hilfesuchender Mensch an eine Pommestheke gehen, bei der man an Shareholder-Value, Panzerglas und Massenentlassungen denken muss?

Dass Heinrich Böll die Wurstbuden als «neue Orte der Menschlichkeit» bezeichnete, wird auch der ARD nicht entgangen sein. Als deren Fernsehproduzenten vor Jahrzehnten eine Vorabendserie zum Thema Imbissbude entwarfen, meinten sie, hm, wir bräuchten etwas Human Touch für den Titel. Nennen wir das Ding lieber nicht *Drei Würstchen vom Grill* sondern *Drei Damen vom Grill.*

Sicherlich gibt's nicht viele seriöse Grillbudenkapitäne im Land, die sich ihrer nationalen Seelsorgeaufgabe nicht bewusst wären. Läuft nicht irgendwo im TV diese Reality-Comedy-Doku, wo einer immer im Bademantel zu seiner Imbissbude an der Ecke tigert und seinen Wirt geradezu wie einen Beichtvater zutextet?

In Agglomerationen der Trash-Kultur, zum Beispiel im Ruhrgebiet, können abendliche Pommesexkursionen zur leibhaftigen Wallfahrt geraten. Ich weiß das noch aus meiner Jugend. Gegen 18 Uhr streiften sich die Bürger Badeschluffen und Fleece-Jacke über und pilgerten um die Ecke zu «Bei Else». Dort bestellte man «einmal Currywurst mit extra Zwiebeln, große Pommes Bahnschranke und eine Fanta Limette», was bei genauem Hinhorchen schon wie ein kleines *Ave Maria* klang.

Nun setzt das liturgische Walten des Bratpersonals ein, von dem die anwesenden Gläubigen immer völlig hypnotisiert werden. Wie bei der Zeitlupenaufnahme des berühmten Wembley-Tores im Spiel

Deutschland–England von 1962 wird kundenseits jede kleinste Bewegung haargenau verfolgt, während sich der Metallkorb in die Altölwanne senkt, der Bratling gewendet und die Formfleischwalze geschoren wird. Am Ende fließen das Wasser im Munde und der Balsam in der Seele zusammen. Mensch und Mahlzeit werden eins. «Die große Currywurst bin ich!», wird gerufen, wenn der Bratknecht die Pappe über die Theke reicht.

Die Kühlregal-Currywurst ist da irgendwie ein emotionaler Krückstock. Das Gefühl, nach dem Supermarkteinkauf im Ein-Zimmer-Apartment die Tüten auf den Küchentisch zu knallen und sich einen Meica CurryKing in den Teilchenbeschleuniger zu werfen, wird seelisch nicht erbaulicher sein, als an einem Novembermorgen um 4 Uhr die Korridore auf dem Arbeitsamt Frankfurt/Oder zu wischen. Wer auf die Idee käme, Spaghetti- oder Currywurstautomaten in den Verkehrszentren aufzustellen, der könnte auch unsere katholischen Bischöfe fragen, was sie denn von Beichtautomaten hielten.

Ach, und noch was: Im Rahmen der Maschinisierung der Frittenwelt hat auch nie einer von Arbeitsplätzen gesprochen. Sollte es in einer Fernsehtalkrunde mal zu einer Diskussion über die Sozialverträglichkeit von Spaghetti- und Wurstautomaten kommen, sollte man alternativ die Idee von Currywurst-Begleitagenturen bereithalten. Hans-Olaf Henkel würde sonntagabends in der ARD sitzen und vorschlagen, Arbeitslose, Frührentner, Ein-Euro-Jobber oder auch der enttäuschte Erfinder des Spaghettiautomaten könnten in Zeitungen ihre Begleitung für sentimentale Alleinhungrige zu dringenden Currywurstterminen anbieten. «Jobmotor Currywurst» – für diese hübsche Schlagzeile hätte die *Bild*-Zeitung sicherlich noch eine ruhige Ecke frei.

Postskriptum: Nach der Niederschrift dieses Artikels begann ich, Stimmen zu hören. Die Stimmen brabbelten recht durcheinander, doch hörte ich folgende kritische Worte heraus: «Mein lieber Verfasser, Spaghetti und Maccaroni waren in Neapel schon vor dreihundert Jahren ein beliebtes Straßen-Fast-Food. Die liebenswerten Straßenjungen Neapels, welche Lazzaroni gerufen wurden, standen grüppchenweise auf der Straße und fädelten besteckfrei aus Steinschüsseln ihre Nudeln aus der Hand in den Mund. Es gibt zahlreiche hübsche historische Bilder über die pastaessenden Lazzaroni.» Das ist alles total wahr, liebe Stimmen, möchte ich entgegnen. Ich glaube aber, mich nicht darin zu irren, dass diese Burschen die Straße geradezu als ihr Wohnzimmer betrachten durften. Und im Hintergrund dieser Abbildungen steht auch stets ein netter Maccaronikoch. Von U-Bahnen oder Rolltreppen ist da nix zu erkennen. Ich vermute sogar, dass eine neapolitanische Straßenszene aus dem Jahre 1700 mehr Wohnzimmeratmosphäre besaß als manche deutsche Designerwohnung des Jahres 2000.

DER ITALIENISCHE PFEFFERMÜHLEN-ESKAPISMUS

Caterina Valente und Spaghetti Napoli, Luciano Pavarotti und Balsamico

BRIEFBESCHWERER mit Kaiser-Franz-Joseph-Porträt, holzgeschnitzte Elefantenfamilien, wilhelminische Beinprothesen, Äbbelwoibembel aus dem Kannenbäckerland. Über allen Trödelmärkten schwebt doch die Frage: Herrje, wer mag all den Klimbim noch brauchen? Die unverwüstlichen Trödelmütterlein, die sonntags auf den Supermarktparkplätzen ihre klammen Finger um heiße Teetassen schlingen, machen ja erst mal überall, wo sie ihre Tapeziertische aufklappen, ihre eigene Bad-Taste-Party. Unwillkürlich fällt einem der Ausruf der berühmten Architekten Bruno Taut und Adolf Loos ein: «Auf den Müllhaufen mit dem Plunder!» Man kann doch nicht ewig alles konservieren. Aber dann meldet sich eine Stimme: Augenblick mal, wo man Steinbembel aus dem Westerwald beseitigt, da beseitigt man nachher vielleicht auch Menschen. Sollte man nicht ein Minütchen innehalten, bevor man den ungeliebten Kitsch mit vollem Karacho der Wertstoffsammlung zuführt? Vielleicht hat dieser Plunder uns etwas mitzuteilen?

Im Krimskrams zwischen Kristallschwänen und Cindy-&-Bert-Platten finden sich ja meistens auch zeittypische Gruppenspeisezubereitungssets der sechziger und siebziger Jahre. Man weiß zwar mit all den Hawaiitoastern, heißen Steinen und Fonduekesseln nichts Praktisches mehr anzufangen, aber der Trödelmarkt hat als Freilichtmuseum und Nostalgo-Schule seinen geistigen Nährwert. Wir werfen mal kurz die Zeitmaschine im Rückwärtsgang an und treten auf die Bremse, wenn am Straßenrand Elvis Presley, Nikita Chruschtschow und Caterina Valente zu sehen sind, so Mitte der fünfziger Jahre.

In der Konsumchronik der Bundesrepublik gehört ein gehaltvolles Kapitel unserer Italiensehnsucht zur Zeit des Wirtschaftswunders. Das Fernsehen illustriert diese Epoche gelegentlich mit heiteren Wochenschaurückblicken. Man zeigt kurze Schwarzweißfilmchen, in denen sich Konvois von VW-Käfern mit zerklüfteten Dachgepäckträgern und Isetta-Kabinenroller die Serpentinen am

Gardasee hinaufschlängeln. Schneeweiße Passagiere in Bügelfaltenkostümen, nadelspitzen Schuhen und mit Audrey-Hepburn-Sonnenbrillen steigen an Panoramapunkten aus und fotografieren mit klitzekleinen Agfa-Kameras die demokratisch verdiente Sonnenkulisse.

Eine metallische Kommentatorstimme schnarrt: «Jaa, das ist unsere junge Bundesrepublik! Deutschland ist Fußball-Weltmeister geworden, die Bürger reisen sorglos über die Grenzen! Dank der D-Mark-Reform und unseren alliierten Nachbarn gibt es endlich wieder AEG-Kühlschränke, Bohnenkaffee, schönes Wetter, Caprifischer und Vollbeschäftigung.»

Für den großen Stimmungsumschwung und damit das hyperrealistische Make-up der Unterhaltungsstars Caterina Valente oder Vico Torriani nicht im deutschen Regen auseinanderlief, herrschte nach dem Zweiten Weltkrieg überhaupt erst mal ununterbrochen schönes Wetter. Ich glaube, das stabile Hochdruckgebiet der Adenauer-Ära endete erst mit der berühmten Hamburger Sturmflut 1962.

Sonntagmittags zwängte man sich mit gewaltigen Petticoaträcken für eine Spritztour in ein winziges Goggomobil. Falls irgendwo noch Platz war, kamen noch eine Packung Trumpf-Pralinen, eine Flasche Eierlikör und ein tragbarer Plattenspieler ins Gepäck. Nachdem man mit seinem hübschen Liselotte-Pulver-Lookalike im Grünen angekommen war, fütterte man sie mit Pralinen, mixte ihr einen Cocktail und ließ aus dem Plattenspieler die Vertonungen von Heinrich-Heine-Gedichten trällern, etwa «Florentinische Nächte», «Arrivederci Roma» oder «Komm ein bißchen mit nach Italien».

Erstaunlicherweise hat sich trotz ständiger Landpartien und permanenter Eierliköre nie jemand bekleckert, denn durch alle Poren und Ritzen ging der Sauberkeitsfimmel der fünfziger Jahre. Für das Steuern von Automobilen streifte man sich perforierte Lederhandschuhe über. Um all die Salzstangenkrümel und die übergeschwappten Martinireste von den Nierentischen wegzukriegen, griff man zu exzessiven Mengen scharfer Haushaltsreiniger.

Das Vorbild der klirrenden Reinheit war Amerika. In einem Hollywoodfilm von 1948 kommt Clark Gable als Offizier von der deutschen Kriegsfront zurück, und wie er wieder zu Hause in seinem Wohnzimmer steht, sagt er zur Gemahlin: «So sauber, hier ist alles so sauber!» Ein paar Jahre darauf kommt Marlene Dietrich aus den USA nach Deutschland zurück, der ihr Putztick über den Atlantik vorausgeeilt war. Scherzhaft pflegte sie sich in den Staaten selbst die «Ajax-Königin» zu nennen. Das war der deutschen Hausfrau natürlich nicht entgangen, und die heimischen Waschmittelhersteller erlebten einen kometenhaften Aufstieg. Man beobachtet heute auf dem Trödelmarkt, dass alte Werbeplakate aus den Fünfzigern fast immer von den Hygienegiganten Henkel, Sunlicht und Erdal stammen.

Heinz Erhardt dürfte der Mann sein, der diese Zeitspanne wie kein anderer inkorporiert. Ein Film mit ihm heißt sogar *Mein Mann, das Wirtschaftswunder.* Körperhygienisch war er allerdings eher der Außenseiter. Stets kannte man ihn leicht verschwitzt. Immer mal wieder hat er sein Taschentuch herausfischen müssen, um sich die durch anderthalb Jahrzehnte anhaltenden Sonnenschein bedingten Kondensperlen von der Schläfe zu tupfen. In dieser wolkenlosen Wohlstandszeit herrschte eine allgemeine Aufschwungs- und Aufbruchstimmung. Alles sollte dick und reichlich sein. In die Torten spritzte man gute Buttercreme und in die hubraumstarken Autos reichlich Benzin. Man glaubte an die Freuden der Industrialisierung und die Welt der Vereinfachung. Eines Tages verschmolzen das deutsche Wirtschaftsmirakel und Spaghetti Napoli zu Spaghetti Miracoli, der küchenfertigen Synthese aus Urlaub, Massenwohlstand und Mechanisierung. (Zwei Gruppen haben die Entwicklung von Dosenravioli und Miracoli damals scheinbar nicht mitbekommen. Erstens die Italiener, weil sie damit beschäftigt waren, in den wiederaufgebauten deutschen Großstädten Eisdielen zu eröffnen. Zweitens die armen Sowjetzonenbürger. Die durften aus Italien lediglich klangvolle Vornamen für ihre Kinder importieren. Noch lebende DDR-Zeugen berichten, dass italienische Küchenmode im

Ulbrichtstaat in *Pasta bolognese alla Kombinat* gipfelte, das heißt Spaghetti mit heißem Ketchup und Fleischwurstwürfeln. Dieses Rezept soll sich in Ex-DDR-Pionierheimen bis weit in die neunziger Jahre gehalten haben.)

So ging das vielleicht fünfzehn, zwanzig Jahre, bis ungefähr zu Willy Brandt. In den siebziger Jahren rutscht Italien plötzlich in der Reise-Hitliste herunter wie ein Saugnapf an der Badezimmerkachel. In Italien, wird jetzt gemunkelt, stünden auf der Speisekarte neuerdings Pizza Mafiosa und Pasta alla Camorra. Besonders schonungslose Wildwestfilme laufen unter der Bezeichnung «Spaghettiwestern». Das Magazin *Der Spiegel* bringt ungefähr 1974 ein hübsches Titelbild zum Thema Mafia, welches einen Teller Spaghetti mit Pistole garniert abbildet. Eine italienische Zeitung veröffentlicht darauf die Retourkutsche: eine Titelseite über Deutschland, welche einen Teller Sauerkraut mit einem Polizeiknüppel als Bratwurst abbildet.

Ersatzweise wird Spanien das hippe Urlaubsziel. Man hatte scheinbar hinter den Alpen alles ausreichend beschnuppert und guckt jetzt mal, was jenseits der Pyrenäen so angesagt ist. Cindy und Bert kommen mit einem Spanienschlager nach dem anderen in die Hitparade. Wer dazugehören will, trinkt jetzt Sangria statt Chianti. Zu guter Letzt bläst der liebe Gott noch Heinz Erhardt die Lichter aus.

Mitte der Siebziger gibt es einen ganz kurzen Mexiko-Boom. (Hossa!) Von Costa Cordalis und Nana Mouskouri wird noch eine kleine Griechenland-Offensive gestartet, aber der Zug war wohl schon abgefahren.

Von gastrosensorischer Seite sind die Siebziger eher eine Dekade des Stillstands. Figuren des öffentlichen Lebens, die sich zur gehobenen Esskultur bekennen, werden von intellektuellen Magazinen schnurstracks als «Fresspäpste» tituliert. Man frühstückt aus orangefarbigen Plastikeierbechern und bevorzugt technoide Sirupgetränke der Marken «Tritop» oder «Dreh und Trink». Überall gibt es nur fertiggemahlenen Pfeffer zu kaufen. Die Autobahnen sind leer, denn es herrscht Energiekrise. Unsere Eltern sagten dazu: «Die Saudis haben den Pfefferhahn zugedreht», und kauften Fahrräder. Manch einer erinnert sich vielleicht noch an die pfefferfreien Sonntage, als nur Familien mit geraden Anfangsbuchstaben Pfefferkörner mahlen durften. Heute kann man auf Trödelmärkten Flokatiteppiche, grasgrüne Radiowecker und diaboloförmige Fernsehständer von ITT-Schaub-Lorenz im unglaublichsten Siebziger-Jahre-Stil kaufen. Die Pfeffermühlen aber waren das Stiefkind der Designer der APO-Zeit.

Doch es kommt noch dicker! 1978 verkündet der Club of Rome die Grenzen des Wachstums. Dazu kommt ein Buch auf den Markt, das besagt, dass es so nun nicht weiterginge. Die Sowjetunion versucht zwar 1979 im letzten Augenblick noch, den Beginn der achtziger Jahre durch einen Einmarsch in Afghanistan zu verhindern, doch das neue Jahrzehnt bricht pünktlich an mit Apfelessig-Diät und «The Wall» von Pink Floyd.

Was ist noch von Italien übrig? Man kocht jetzt Vollkornspaghetti. Statt Caterina Valente singen alle von Spaghetti Carbonara und einer Coca-Cola. Die Grünen machen «Bambule». Das gute Risotto wird auf einmal aus Hirse gekocht und Hirsotto genannt. Unsere italienischen Eiscafés kommen plötzlich auf die absurde Idee, Müsli aufs Eis zu schütten, und nennen das «Fitnessbecher». Punk statt Parmaschinken, No Future, Christiane F., Klaus Lage, Günter Wallraff, Zauberwürfel, Purple Schulz.

In der Rückschau erscheinen die achtziger Jahre eigentlich wie ein zehn Jahre dauernder evangelischer Kirchentag. Ihre symbolische Speise dürfte das Knäckebrot sein, das im Verzehr eine calvinistische Akustik von Laubsägearbeit und Enthaltsamkeit entfaltet.

Irgendwann, ungefähr Ende der achtziger Jahre, schlägt endlich das Jahr 1990. Im Sommer ist Fußballweltmeisterschaft in Italien. Vor dem Finale in Rom schmettert Luciano Pavarotti in den römischen Caracalla-Termen das wunderbare «O sole mio». Dann Endspiel Deutschland–Argentinien. Andi Brehme, Elfmeter – Tor! Wir sind Weltmeister. Franz Beckenbauer lässt sich noch in Rom vom Papst zum Kaiser krönen. Plötzlich sehen wir wieder blühende Landschaften. Im Herbst legt Helmut Kohl noch eins drauf. Wiedervereinigung! Der Bundeskanzler meint: «Wir wollen die Wende in den Köpfen» oder so was Ähnliches. Lothar Matthäus stürmt und die gegnerische Abwehr fällt um, der Göttertenor aus Modena öffnet die Kehle und die Frauen fallen um. Heinz Erhardt konnte ihm die Schweißtropfen auf der Stirne und sein Taschentuch vererben.

Luciano Pavarotti hat mal in einem Interview geäußert, er hätte mit Giuseppe Verdi gemeinsam, dass sie beide nach Parmesankäse dufteten. Auch flüsterte man über ihn, wenn er nicht genug Spaghetti bekäme, könne er das hohe C nicht mehr erreichen.

Die Stimmung ist jetzt völlig Dolce Vita. Über Nacht kann man bei Aldi Olivenöl und Balsamico kaufen. Steffi Graf wird auf der Tennisbühne die legitime Nachfolgerin von Caterina Valente auf der Musikbühne. Berühmt wird Steffi Graf mit Barilla-Werbung und ihrer Forderung: «Keine Pasta ohne Sauce.» Die Stadt Modena schenkt der Welt außer Pavarotti noch den Aceto Balsamico, der ziemlich bald anfängt, die deutschen Haushalte auf den Kopf zu stellen. Man möge sich hier an die drei großen deutschen Wohnrevolutionen erinnern:

Mancher weiß vielleicht noch, dass es durch alle christlichen Jahrhunderte bis circa 1933 in fast jeder deutschen Wohnstube den sogenannten Herrgottswinkel gab. An diesem Platz hing das hauseigene Kruzifix oder ein kleiner geweihter Hausaltar. Dann kamen die Nazis mit ihrer ganzheitlichen Wohnidee und haben gesagt, so, der Jesus hier kommt weg, da nageln wir jetzt ein Bild vom Führer hin. Der Herrgottswinkel wurde abgeräumt, und für die nächsten zwölf Jahre hing an dessen Stelle eine Ikone von Adolf Hitler.

Nach dem Krieg kamen die alliierten Besatzer und meinten, also, der Hitler kommt jetzt weg, da kommt ab heute ein Fernsehgerät hin! In den Nachkriegsküchen hatte man als zusätzliches Zeichen der Westorientierung und für allgemeine Würzzwecke einen festen Platz für je eine Maggi- und eine Ketchupflasche. Doch eines Tages dämmerte die zweite italienische Periode mit Pavarotti, Barilla und

Balsamico, und da geschah's: Die vertraute Keulenflasche von Maggi's Würze und Heinz Ketchup wurden ihres Amtes enthoben und an ihrer Stelle Balsamico-Essig und Olivenöl aufgestellt.

Olivenöl und Balsamessig dürften ein prima Paradestück für den Trickle-down-Effekt sein, das heißt das Abgleiten eines Konsumprodukts aus exklusiveren Snobzirkeln zu den sozial hinterherhinkenden Kolonnen. Am besten erklärt sich das mit dem Schwarzweiß-Fotoposter der frühstückenden Bauarbeiter auf dem Wolkenkratzergerüst. Zuerst tauchte es Mitte der neunziger Jahre in exklusiven Sofawohnstudios oder in jungen, frechen Zahnarztpraxen auf. Kurze Zeit später hing es über dem WG-Frühstückstisch von Anglistik- oder Philosophiestudentinnen. Ungefähr im Jahr 2000 habe ich es bei Plus fertig gerahmt im Sonderangebot zwischen elektrischen Zahnbürsten und Trekking-Hosen entdeckt. Und kürzlich erst habe ich die schwindelfreien, kaffeetrinkenden Bauarbeiter in einem afrikanischen «Weltweit-billiger-telefonieren-Laden» wiedergesehen.

Olivenöl und Balsamessig – die zwei stehen inzwischen auch in jeder Sozialwohnung. Wer dokumentieren möchte, dass er von McDonald's-Futter nichts hält, der hat den Guten aus Modena und das Kaltgepresste auf der Anrichte. (Anmerkung: Das Ketchup scheint zurzeit ein Comeback durch die Hintertür in Gestalt von eklig-plastikösem Crema di Balsamico zu versuchen. Schickimicki-Gaststätten haben sich momentan völlig von rundem Speisegeschirr verabschiedet und richten winzige Lauchkörbchen auf riesigem Rechteckporzellan an. Die großen Freiräume werden exzessiv mit Crema di Balsamico vollgespritzt, wodurch sie stark an die Gemälde Jackson Pollocks erinnern.)

Die Proletarisierung des Balsamico-Essigs verursachte in der Upper Class eine nostalgische Flucht ins Reich des Senfs. Senfstände auf dem Weihnachtsmarkt arbeiten mittlerweile in der Preislage von Goldschmieden. Jedes Wochenende werden Reisebusgruppen mit finanzstarken Landhausfrauen zu historischen Senfmühlen gebracht, wo sie sich persönliche Senfkreationen in den Geschmacksrichtungen Trüffel, Lavendel oder Champagner zurechtrühren lassen. Andere Zweige der oberen Gehaltsklassen verlegen sich auf Edel-Olivenöle aus der Provence, die nur noch tropfenweise eingenommen oder dem Badewasser hinzugefügt werden.

Vor circa 15 Jahren zeigte man die ersten kochverwandten Lifestyle-Fernsehsendungen, in denen knorrige Winzer und charmante Landhausdamen südländische Rezepte ausprobierten. In diesen Produktionen verständigte man sich über ein beschwingtes Kauderwelsch aus den Beschwörungsformeln Pannacotta, Terrakotta, Amalfi, al dente, Balsamico usw. Die Moderatoren bedienten dabei gern geräumige Pfeffermühlen. Das Wachstum der Pfeffermühlen hat seitdem Spielberg'sche Monsterdimensionen erreicht. Hätte der Bundesfinanzminister in den neunziger Jahren zusätzlich zu Autos und Immobilien die Größe der Pfeffermühlen besteuert, wären dem Staatshaushalt wohltuende Summen zugeführt worden.

Mittlerweile gibt es weißen, schwarzen und roten Balsamico, und die Pfeffermühlen haben überall das Kaliber von NVA-Panzerfäusten. Ich wäre gar nicht überrascht, wenn in Berliner oder Münchener Szenerestaurants sogar schon Pfeffermühlen mit Pferdefuhrwerken an den Gästetisch gefahren würden. Eine entscheidende Rolle spielt auch immer das Mahlwerk, das von renommierten Herstellern sein sollte, am besten Zassenhaus oder Peugeot.

In hochwertigen Haushaltsgeschäften kann man High-End-Mühlen in Mondlandefährenoptik bestaunen, die Digitalanzeigen für grünen, roten und schwarzen Pfeffer haben und an der Unterseite Licht ausstrahlen wie die Raumschiffe in dem Film *Independence Day*. Sie werden gern bei Hochzeiten verschenkt, und wenn die Batterien erledigt sind, bleibt der Apparat eine Weile auf der Anrichte stehen.

Eine Zeitlang heftig propagiert und dann für einen Platz in den unausgepackten Umzugskartons im Keller bestimmt wurde ebenfalls das Wiegemesser. Die Euphorie für das Wiegemesser stammt, glaube ich, aus der Zeit, als auch die Zauberparole «al dente» nach Deutschland einwanderte, ohne dass der deutsche Zoll überprüft hätte, was das eigentlich sein soll und wofür man das brauchen kann.

«Al dente» übersetzt man hierzulande am liebsten mit «nach Art des Zahns» und deutet dies so, dass die Teigwaren verzehrfertig sind, wenn sich innerhalben ein noch roher Kern befinde, auf dem man mit entsprechender Sorgfalt die Backenzähne spielen lässt.

Überraschenderweise ist al dente in Italien – ähnlich wie das Feng-Shui in der chinesischen Kultur – eigentlich kaum bekannt und ungebräuchlich. Bei uns hat der Slogan allerdings wie der Alkohol unter den nordamerikanischen Ureinwohnern signifikante Verwirrung gestiftet. Seit circa 1990 hat sich eine selbstbewusste Interessengemeinschaft aus Feinkostkunden und Teelichtpizzeriabesuchern gebildet, die aus der Take-it-easy-Philosophie der Mittelmeerküche eine schwarz-rot-goldene Zwangsjacke gestrickt hat. Alles muss *perfekt italienisch* sein. Ich habe mal eine Weinprobe besucht, auf der Gavi-di-Gavi-Flaschen wie erfrorene Bergsteiger mit Schaumstoffumschlägen und Thermometern versehen und von Hand auf Punkttemperatur gerubbelt werden mussten. Zur Entkorkung wurden Physiknobelpreiskorkenzieher zu einem Stückpreis von 270 Euro herangeschafft. Toskana-Urlauberinnen brachten Grillfische, die in Ganzkörpermeersalzmasken mit Rosmarin- und Salbeizweigen gewickelt waren, die in etruskischen Terrakottatiegeln verschlossen fünf Vollmonde auf der Fensterbank ruhen mussten.

Medizinstudent Tobias-Hendrik hat für sein abendliches Tête-à-Tête die WG-Küche in ein Kerzenlichtseparee verwandelt und möchte von seiner Angebeteten gern den Satz hören: «Ach, Tobias-Hendrik-Ramazotti, ich mag dich …!» Er baut sich also vor dem sprudelnden Nudeltopf auf, und plötzlich entfährt ihm der Ausruf: «Hoho, al dente …!» Obwohl sie gerade die Biegsamkeit von Ohrenstäbchen erreicht haben, werden die Spaghetti umgestürzt und angerichtet. Wenn die junge Dame dann verunsichert auf ihrer Mahlzeit kaut wie Jimi Hendrix auf seiner Gitarre, wird ihr mit apostolischem Zeigefinger verkündet, jetzt seien sie genau richtig.

Vor ungefähr zwanzig Jahren hat die NASA mal eine Voyager-Sonde zu Forschungsmissionen hinaus ins Weltall geschickt. Die Sonde ist unter anderem auf die Begegnung mit außerirdischen Intelligenzen vorbereitet und hat zu diesem Zweck Datenträger über die Erdlinge an Bord, die von herausragendem, ewiggültigem Ausdruck für das zivilisatorische Erbgut der Menschheit sind, unter anderem eine Zeichnung von Leonardo da Vinci und den Ausschnitt einer Beethoven-Sinfonie. Ich weiß nicht, wo die Raumsonde gerade herumfliegt, aber ich möchte ihr gern noch eine wichtige Information mit auf den Weg geben: «Al dente» heißt «durchgegart».

Ich hätte auch nichts dagegen, wenn Christo und Jeanne-Claude demnächst mal den Ayers Rock in der australischen Wüste mit Lasagneplatten verkleideten. Die Firma Barilla könnte den Kunstspaß sponsern und dort einen zwei Kilometer langen Schriftzug anbringen, welcher lautet: «Wir sind die Könige der Nudeln, und unsere Untertanen koche man zart. Sie haben nicht die Konsistenz von Spätzle, doch bereite man sie opulent und geschmeidig.»

Al dente hin oder her, glorreich und schön ist das Postulat, den Parmesankäse immer frisch gerieben zu essen. Wer im Heimatland des königlichen Käses mit merkwürdigen sägemehlartigen Ersatzprodukten erwischt wird, der darf zwei Jahre mit Fußfesseln in den Zartbitterschokoladebergwerken im sizilianischen Hinterland abschuften.

Von Rostock bis Rosenheim hat man die Message längst verinnerlicht und reibt immer frisch. Schon Heinrich Heine hat irgendwo geschrieben: «Vorgestern träumte mir, ich befände mich in Italien und sei ein bunter Harlekin und läge recht faulenzerisch unter einer Trauerweide. Die herabhängenden Zweige waren aber lauter Makkaroni, die mir lang und lieblich bis ins Maul hineinfielen; zwischen diesem Laubwerk von Makkaroni flossen, statt Sonnenstrahlen, lauter gelbe Butterströme, und endlich fiel von oben herab ein weißer Regen von geriebenem Parmesankäse.»

Als ein der Pfeffermühle produktzyklisch folgendes Instrument erschien die Parmesankäsesofortreibe, die es mit Handkurbel oder als elektrische Offroadversion gibt. Man steckt einen Brocken Hartkäse oben hinein, elektrisches Knirschen ertönt, und unten raus kommt Heinrich Heine.

Ich hatte persönlich öfters Gelegenheit, das Land, wo Pavarotti und Verdi herkommen, zu besuchen, und muss sagen, dass die akademischen Spielereien mit Pfeffer und Käse dort fast unbekannt sind. Auf der italienischen Tafel ruht für gewöhnlich ein kleines Glasschälchen, in welchem bereits geriebener, doch frischer Parmesan und eine kleine Dosierkelle stecken. Die Öffnungsklappe des Schälchens schließt nicht luftdicht. Ich vermute stark, dass die Italiener mit einer Käseerfahrung so groß wie jene der Ägypter im Pyramidenbau früh erkannt haben, dass man dem feingeflockten Hartkäse sein Atempäuschen gewähren möge. Wer mal die Ohren spitzt, während ein qualitätvoller Parmesan verrieben wird, kann aus goldener Krume ein erleichtertes Ächzen entweichen hören. Der Käse bedankt sich, dass man ihm die Freiheit und den Sauerstoff geschenkt hat. Seine Majestät der König der Käse wünschen nun, ein wenig zu ruhen und sich mit seinen wichtigsten Ministern, der Zeit und der Luft, zu treffen, damit er seine herrschaftlichen Aufgaben über dem Nudelgericht vollendet wahrnehmen kann. Hierzu bettet man ihn umsichtig in die Formaggiera, wie die Glasschälchen genannt werden, und wartet. Gewartet wird ungefähr so lange, wie man in Neapel an einer Haltestelle warten muss, bis mal wieder ein Bus vorbeikommt.

Ich erkläre daher das Hauruck-Raspeln kostbaren Hartkäses über groben taiwanesischen Plastikschreddern zum genussphysiologische Burn-out. Wenn ich eine Sofortreibe in der Hand eines freudigen Essers erblicke, möchte ich immer mit dem Schuh aufs Pult hauen wie der zornige Chruschtschow bei den Vereinten Nationen. Leutchen, die die Scherzartikel mit eingeweihter Kennermiene herumschwenken, darf man ruhig Ahoj-Brause in den Montepulciano gießen.

Die lieben Italiener sehen sich das ganze deutsche Rattern, Mahlen, Kaltpressen und Schäumen mit fröhlicher Gelassenheit an. Wenn ausländische Mächte an ihrer Landesküche herumbasteln, stehen sie immer mit großen Augen daneben, wie ein kleines Kind beim Tierarzt, wenn sein Meerschweinchen operiert wird. Trotzdem fehlt es ihnen nie an marktfördernden Ideen, die in deutschen Haushalten stets ein fröhliches Wettrüsten auslösen. Marmormörser aus Carrara zum Pestoselberstampfen waren mal schwer angesagt. Seit circa 1995 haben sie sich jedoch in die Kellerregale verzogen, wo sie die Freuden des Ruhestands genießen dürfen. Momentan sind Espressomaschinen angesehen wie Geländeautos. Wichtig auf alle Fälle: Schaumdüsen müssen viele dran sein. Auch die «crema» auf der Oberfläche genießt beträchtliches Ansehen in der städtischen Hautevolee.

Ein noch auf der Kippe zum Trickle-down stehender Trend ist der Essigzerstäuber. Selbst im Drogeriebereich gibt es schon Schaumbäder mit Caffè-Latte-Aroma, Mascarpone-Gesichtsmasken und Ricotta-Regenerations-Lotionen, doch die Balsamico-Sprayer tun sich schwer.

Wirkt das manierierte «pchsch-pchsch» ins bunte Rohkostblattwerk zu schnell geckenhaft? Ich saß mal bei Bekannten an der Dinertafel, wo der Rucola angesprayt wurde. Die Gäste zogen das Kinn ein und guckten, als hätten sie John Wayne in einem Western gesehen, wie er mit abgespreiztem kleinem Finger seinen Whisky trinkt.

Ich glaube, den Küchenartikeln wohnt immer ein wenig der Zeitgeist inne. Während der Hitlerdiktatur soll manche deutsche Hausfrau eine Kuchenform mit eingestanztem Hakenkreuz benutzt haben, um daheim einen schönen linientreuen Gugelhupf zu backen. Das Fondueessen in den sechziger Jahren war gewiss eine Reaktion auf die Politik der Supermächte. Während des Kalten Krieges war die globalpolitische Situation ja öfters kurz vor dem Überkochen, bisweilen spritzten militärische Provokationen durch die Luft. In der Kubakrise 1961/62 wollten die vorwitzigen Sowjets bei Fidel Castro eine Atomraketenverleihstation eröffnen und pokerten ein bisschen mit der Geduld von Präsident Kennedy. Zu Hause pokerte man halt mit seinen Fonduestäbchen im Ölkocher. Wer fremde Stäbchen okkupierte oder seines im Fremdterritorium positionierte, konnte bei Tisch sogar eine kleine Krise auslösen! Waren die Fleischstückchen die Atomsprengköpfe des kleinen Mannes?

Die siebziger Jahre symbolisieren die friedliche Nutzung der Kernenergie. Sie findet bei Tische ihre Entsprechung im Hawaiitoaster, des Kleinbürgers nuklearer Brennkammer. Uranstäbe funktionieren ja verdächtig ähnlich wie Schinkentoast mit Scheibletten – schnell rein und hurtig wieder raus! Passt man zehn Sekunden nicht auf, hat man seine Schinken-Käse-Kernschmelze. Toast verbrannt – Störfall im Feierabend-AKW!

In zwanzig Jahren wird man sicherlich auf den Trödelmärkten Pfeffermühlen, Käsereiben und Espressomaschinen im Jahrtausendwendedesign entdecken und sich fragen: Was hat das zu bedeuten? Welche Soziologie trägt der Küchenschnickschnack unserer Epoche mit sich herum?

Ich glaube, die XXXL-Pfeffermühle in der postmodernen Küche ist der Zwillingsbruder des Geländewagens in der Großstadt, ein Alibi-Zivilisations-Jenseits. Ihr Besitzer sagt sich vermutlich: Tja, ich lebe zwar in einer Welt aus Tiefgaragen und Gelkugelschreibern, aber eigentlich bin ich ja ein Naturbürschchen, das versehentlich aus dem schottischen Hochland kommt, wo die Rindviecher dicke Hufe und die Autos dicke Reifen haben. Man sagt auch: Ja, mein Körper besteht zwar zu 85 Prozent aus Döner-Taxi und Chipsletten, doch meine Pfeffermühle ist das Basic-Tool für gesundes Leben im mediterranen Landhaus.

Das überdimensionierte Mahlwerkzeug scheint mir eine philosophische Fliegenklatsche zu sein. Die Pfeffermühle wird zum Statthalter der Frischküche in einem Universum von Pfanni. Am allerliebsten wird noch immer versucht, die Gegensätze zu verheiraten. Wer war das noch, ach ja, Kurt Tucholsky, der meinte irgendwo: «Ja das hätt'ste gern, vorne die Ostsee und hinten die Friedrichstraße.» Und heute? Da hätt'ste gern vorn die Südsee und hinten das Internet, vorne Balsamico-Essig und hinten Hamburger.

Zum Geländewagen mit Navigationsgerät auf dem Großstadtasphalt gehört auch die Barbour-Jacke des Büromenschen. Die batteriebetriebene Parmesankäsereibe wirkt auf mich ein bisschen wie die Barbour-Jacke. Es dürfte sich bei ihr um den Seitenzweig eines weltanschaulichen Irrgartens handeln. Wer montagmorgens im Aufzug stecken bleibt, dem ist auch eine Barbour-Jacke nicht von Nutzen. Die elektrische Käsereibe ist eine intellektuelle Sandbank, auf der man liegen bleibt, wenn die leichte italienische Lebensart zu schwer genommen wird. Ich verstehe auch nicht, wofür man in Zentraleuropa Navigationssysteme braucht. Schon am Frankfurter Flughafen ist der Weg nach Basel ausgeschildert.

In zehn Jahren wird man vielleicht grünen Balsamico und Parmesankäsezerstäuber haben. In dreißig Jahren wird der letzte Schrei eventuell die Pfeffermühle mit Navigationssystem sein. Jede Seppelhose wird damit was Genießbares fabrizieren können. Zum Abschluss flötet eine süße Frauenstimme aus dem Computer: «Ihr Gericht ist nun al dente. Sie haben ihr Ziel erreicht – guten Appetit.»

KEBAB AMÉRICAIN

Döner-Ali goes Popkultur

ALS MITTE DER neunziger Jahre die letzten Krümel des real existierenden Ostblocks aufgekehrt waren, entstand im Westen ein Feindbildvakuum. Franz Josef Strauß war schon eine Weile tot, und Saddam Hussein war erst mal eine Weile ruhiggestellt. So mancher wusste nicht, wohin mit seinem Glauben. Ich auch nicht. Zwei Schriften eröffneten neue Wege. Im *Kampf der Kulturen* von Professor Samuel Huntington wurde prophezeit, dass islamische Wirrköpfe bald neue Gräben der Feindseligkeit über den Globus ziehen würden. Die Autoren der popphilosophischen Schrift *Die Tugend der Orientierungslosigkeit*, Johannes Goebel und Christoph Clermont, propagierten ein fröhliches «Anything goes». Alles werde sich mit allem ganz zwanglos vermischen. Als sozialkulinarischen Beweis erkannten die Autoren die Gemüsepfanne, den kleinsten gemeinsamen Nenner tausend verschiedener Lebensstile.

Soweit ich sehe, hat die Gemüsepfanne seither nicht groß Geschichte geschrieben. Man begegnet ihr gelegentlich um die Mittagszeit in Großkantinen unter dem stiefmütterlichen Kürzel «Essen eins, vegetarisch». Die Konfliktszenarien zwischen Islam und westlicher Halbkugel werden dagegen in allen Medien täglich heiß aufgebrüht. Betrachte ich unsere morgenländischen Einwanderer, sehe ich allerdings kaum Anlass zu Kopfzerbrechen. Im kirchlichen Sektor sind sie mehrheitlich im Übergang zur Religion eines ungestörten Konsums. Unsere jungen Wüstenprinzen glauben wie die Einheimischen an die Segnungen durch Mobiltelefone, Adidas-Garderobe, After-Shave-Balsame und Hip-Hop-Gesänge. Ihre tägliche Nahrung liegt weitab jeder Gemüsepfanne in einer weich-schaumigen Pufferzone ost-westlicher Begegnung. Eine feuchtdampfende Toastbrottasche mit Leberkäse und Joghurt spielt die Hauptrolle. Kulturoptimisten sehen in ihr die harmonische Verschmelzung aller völkischen Gegensätze. Als Symbol und Hostie der neuen Political Correctness spiegelt sich in dem Muselmanensandwich das spirituelle Totalfundament der letzten zwei Jahrzehnte – unser Döner.

Wie in der Morgenröte des Erdenmenschen der Homo sapiens den Neandertaler in die evolutionäre Sackgasse geschickt hat, hat vor circa fünfzehn Jahren der Dönerkebab den Kampf der Imbisskulturen gegen Schaschlik und Gyros gewonnen.

Robbie Williams meinte neulich gegenüber einer Jugendillustrierten: «Döner schmeckt besser als Gyros.»

Ist Gyros unpoppig geworden? Kann man diskutieren. In der Taverne Knossos sitzt man auch im dritten Jahrtausend noch allein auf einem Drehhocker und glotzt monoton auf eine Venus von Milo aus Plastik. Döner ist intelligenter, anpassungsfähiger und hat mehr Durchsetzungskraft. Er siegte im biologischen Prozess von Trial and Error, indem er alle persönlichen Merkmale ablegte. Recht ähnlich dem Döner-Durchbruch scheint mir der internationale Erfolg der deutschen Krimiserie *Derrick*, die ja in über zwanzig Ländern gesendet wird. Im *Derrick*-Krimi bleibt ebenfalls alles total koffeinfrei und berechenbar, also können auch Chinesen und Rumänen unbedenklich mit dieser Serie konfrontiert werden. «Harry, hol doch schon mal den Wagen!» – damit können sich alle Regime und Hautfarben irgendwie identifizieren.

Als nach der ersten Kolonisationswelle mit Änderungsschneidereien und Reisebüros die Türken ihre Imbissoffensive eröffneten, zeigten sie sich von Anfang an adaptionsfreudig. Der Griechen-Gyros blieb lieber griechisch-orthodox. Am Dreiklang Zaziki, Knoblauch, Krautsalat wurde nicht gerüttelt. Die Großrenaissance der Mittelmeerküche scheint überhaupt an den Griechen vorbeigelaufen zu sein. Kennt noch einer was Hippes aus Griechenland? Vicky Leandros gehört schon fast ins Haus der deutschen Geschichte. Fetakäse entspringt den Eutern Allgäuer Kühe, und Costa Cordalis tritt mehr als das griechische Pendant zu Jürgen Drews in Erscheinung.

Sollte jemand irgendwann Lust verspüren, eine Dönerchronik zu verfassen, möge er nach den Ursprüngen in der ehemaligen Politenklave West-Berlin forschen. Die Weißbrotwindel mit Raspelfleisch profitierte in ihren Anfängen vom ungestörten Dasein in der biologischen Nische Berlin-Kreuzberg. Damals, im frühen Kreuzberger Osmanenreich der siebziger Jahre, galt Döner noch als *der* Geheimtipp. Manch Altvorderer aus der Hausbesetzergeneration mag sich nebulös erinnern, dass Döner mal wie eine Symphonie aus Lamm mit Kohlstreifen, Kreuzkümmel, Paprika, Piment, Muskat, Knoblauch, Chili, Zwiebeln und Joghurt geschmeckt hat.

Auf dem mühseligen Marsch zum Fast-Food-Gipfel mussten die Männer und Frauen unter der Halbmondfahne erst mal gegen die westlichen Vorurteile ankämpfen. Hilfe erschien ihnen hierbei in den achtziger Jahren in Gestalt des Skandaljournalisten Günter Wallraff. Er schmuggelte sich als Türke Ali in ein McDonald's-Restaurant ein, vermittelte zwischen den Kulturen, holte viel Schlamm aus der Kundentoilette und ein klares 1 : 0 für die Türkei heraus. McDonald's wurde damals schwer angeschlagen. Aber auch der Newcomer aus Anatolien musste nochmal neuen Schwung holen. Beharrlich wurde in den Neunzigern auf jeder Schülerparty die nebulöse Saga eines erschreckend sumpfigen lokalen Türkengrills erzählt, den keiner so genau kennen wollte, in dessen Joghurtsauce seien genetisch hochwertige männliche Körperausscheidungen gefunden worden, die der Koch dort absichtlich hinterlassen habe.

Im Laufe der Jahre begannen aber auch die traditionellsten Dönergrills nicht nur die sagenumwobenen Körperflüssigkeiten wegzulassen, sondern ebenso die anderen charakteristischen Zutaten. Eines Tages kam der Mainstream beim Dönermann vorbei. Es war dieselbe alles Hervorstechende und Originäre runterbügelnde Massengeschmackswalze, die aus dem Punk der Sex Pistols die Ärzte und «Hosen» gemacht und Helge Schneider in Privat-TV-Blödelshows gezogen hat.

Der Mainstream hatte also abendlichen Saufhunger und wollte später in der Diskothek noch ein kesses Gerät aufreißen. Deshalb meinte er zum Döner-Ali: «Bitte keinen Knoblauch, ohne Zwiebel, auch nicht so viel Gewürz usw.» Das nachfolgende Aufstoßen sollte bitte flirt- und partytauglich bleiben. Das ermüdete natürlich unsere anatolischen Pioniere auf Dauer, und bei der Tasse Tee nach Feierabend erlernten sie die geheime Kunst des Weglassens.

Nach dem Knoblauch verabschiedete sich der Kreuzkümmel. Das abendländische Publikum wollte bemerkt haben, dass er nicht nur den Duft des Orients verkörpert, sondern auch den Körper orientalisch beduftet. Die Fleischkonsistenz verschob sich vom faserigen in den knorpeligen Bereich. Circa 1990 wurde die Holland-Tomate und anstelle des Tandems Rotkohl-Weißkohl der kalifornische Eisbergsalat übernommen. Der bleibt nach Kundenwunsch 100 Prozent aromenfrei und auch nach stundenlanger Erwärmung schön knackig. Und wo man gerade bei Amerika war, holte man sich die aus New Yorker 24-Stunden-Fast-Food-Läden bekannte blinkende Neonbeschriftung «WE'RE OPEN!».

Aus Kostendämpfungsgründen ging man schweigend dazu über, das Fladenbrot nicht mehr zu toasten, sondern nur noch in die Mikrowelle zu schmeißen, aus der es kurzzeitig dampfend, mittelfristig aber gummiähnlich wieder hervorkam. (Für Travel-Freunde: Wer in einer türkischen Touristenhochburg Döner bestellt, wird ihn eher in französischem Baguettebrot serviert bekommen. Der hiesige Bauschaumfladen ist dort fast unbekannt.) Die Joghurtsauce wurde um ihre Kräuter erleichtert und das Lamm von politisch westenreiner Pute abgelöst. Durch diese Einsparungen konnten ungelernte Hilfskräfte aus Nordafrika und Kurdistan angestellt werden und zahllose Westtürken den Ford Transit ihrer Pionierjahre gegen einen passablen Gebrauchtmercedes eintauschen.

Auf dem Höhepunkt seiner Karriere wurde der Döner schließlich für Berlin das, was die Pizza für New York bedeutet. Der alten Erbsen-Paule wurde zum Dönermullah. Sogar das Berliner Holocaustmahnmal wurde nach den Dönerdesignregeln gestaltet. Man durfte so lange daran herumreduzieren, bis es absolut hundertprozentig nichts mehr auszusagen hatte.

In Berlin-Kreuzberg und allen anderen multikulturellen Vierteln der Großstädte schossen in den neunziger Jahren pro Jahr jeweils zwanzig neue Grills mit exakt dem gleichen Angebot aus dem Boden. Am Ausgang des Berliner U-Bahnhofs Kottbuser Tor sollen mal gleichzeitig 17 Dönergrills gestanden haben, wodurch die gastronomische Landschaft nicht unbedingt spannender wurde. Ähnlich wie sich bei jungen Mädchen, die über einen längeren Zeitraum engste Gemeinschaft miteinander pflegen, der Monatszyklus angleicht, werden bei dicht aufeinanderhockenden Dönerbuden nach einer Weile alle Rezepturen gleich.

Die Pressfleischstulle mit Migrationshintergrund ist inzwischen ein toleranter Global Player, der sich mit allen gut versteht. In Österreich schmeckt Döner a bissel nach Semmelknödeln, in Deutschland mehr nach Wurstbrot und in England ein bisschen mehr nach gar nichts. In dem kleinen luxemburgischen Grenzstädtchen Echternach floriert ein Kebab-Haus, in welchem neue Gäste vom Wirt je nach ihrer Hauttönung probehalber auf Deutsch, Niederländisch, Türkisch, Französisch oder im Regionaldialekt begrüßt werden. Am Grill werkelt ein kleiner Portugiese, während die Wände mit röhrenden Hirschen unter Tiroler Berggipfeln dekoriert sind. Der Fernseher über der Theke verströmt verdauungsfreundliche Programme globalen Zuschnitts aus vollbusigen Showmasterinnen und explodierenden Hubschraubern. Aus der Stereoanlage plätschert Kirmestechno, dazu trinkt man mexikanisches Bier. Die französische Speisekarte bietet unter anderem einen Kebab Américain an, für den ein Fladenbrot mit Pommes frites gefüllt wird.

In Deutschland haben die kleinen Ankara-, Marmara- und Bosporus-Grills die Vielfalt eines amerikanischen Themenparks angenommen und heißen jetzt Dönerexpress, Dönerplanet, Dönerhouse und Dönercastle. Im Ruhrgebiet sind auch schon McDöners gesichtet worden. Im Ausschank sprudelt der Softdrink Ülker-Cola, die im Heimatland Atatürks gebraute Herausforderung an Coke und Pepsi. Persönliche Gespräche des Autors mit orientalischen Immigranten ergaben übrigens, dass diese mit dem deutschen Weihnachtsfest nicht viel anfangen können, Abwandlungen spätherbstlichen Kürbisbrauchtums der USA jedoch regen Zuspruch finden. Ende Oktober wird einem ausgehöhlten Kürbis ein Kopftuch übergezogen, und dann werden auf der Straße Süßigkeiten in Plastiktüten gesammelt («Hülüwün-Fest»).

Börger Ramadan – Türkische Wochen bei McDonald's: Doppelter RiesenMcMekka mit Halbmondpommes und Ali's Chefsalat mit Pamukkaledressing. Wär das nicht witzig? Nein, das wär überhaupt nicht witzig. Es würde auch dem verwöhntesten Junk-Food-Dickerchen lediglich die Einsicht dämmern, dass der Unterschied zwischen Döner und Hamburger so groß ist wie zwischen den Kesslerzwillingen oder einem linken und einem rechten Turnschuh.

In absehbarer Zeit wird Pro7 oder Sat.1 eine *Fünfzig-Jahre-Döner-Jubiläumsshow* ausstrahlen. Vielleicht erwartet jemand, dass dort aus anatolischen Felsenbacköfen geholte verhutzelte Großmütterchen vom altislamischen Urdöner plaudern. Glaub ich aber nicht. Moderiert wird die Show bestimmt wie sonst auch von Wigald Boning, Sonya Kraus und einer Auswahl deutschtürkischer Comedykünstler. Jürgen von der Lippe und Django Asül werden ihre 15 Sekunden bekommen und von ihrem ersten Kebab berichten. Es wird zu einer Preisverleihung kommen. Als im Jahre 1964 der einmillionste Gastarbeiter in Deutschland, der Portugiese Armado Rodrigues, auf dem Bahnhof Köln-Deutz ankam, schenkte ihm das Gastgeberland zur Begrüßung ein nagelneues Zündapp-Moped. Vielleicht könnte man ja dem zweimillionsten türkischen Dönergriller in Deutschland einen schönen neuen BMW-Geländewagen schenken.

Döner in the 21st century scheint mir weniger ein Protagonist islamisch-christlicher Verbrüderung als ein glasiges Element der Popkultur wie Shakira, die Architektur des Potsdamer Platzes, der Dalai Lama oder Tätowierungen. Doch schon ist mancherorts von der Dönerkrise die Rede! Viele Türken haben umgesattelt und haben sich ins Telefongeschäft mit Afrika vertieft. Wie sieht die Welt nach dem Döner aus?

Das 900-Millionen-Völkchen der Inder drängt derzeit mit dem Shawarma auf den Markt, eine Art Weihnachtsdöner mit Nelken und Zimt. Vielleicht werden wir in zehn Jahren Dönerinder auf den

Christkindlmärkten begrüßen können. Vieles ist denkbar. Der Dönermann fragt unterdessen immer noch: «Mit alles?» Es wird sich alles mit alles zwanglos vermischen.

AUS ESSEN MIT ERNST WIRD ESSEN MIT SPASS

Vom frühen McDonald's bis Slow Food

NEULICH strahlte McDonald's einen schönen Werbespot aus, ich glaube, er ging ungefähr so: Ein jugendlicher Pfiffikus springt ins Bild und nimmt sich vor, mal nachzuprüfen, wo die McDonald's-Produkte eigentlich herkommen. Daraufhin wirbelt er durch einen ungefähr zehnsekündigen Zeitraffer aus Plastikschläuchen und Kartons, über Treppen, Fließbänder, Gabelstapler und Waagen, durch Lagerhallen, Tunnels und Labore, und – bums – landet er im Restaurant. Da ist er plötzlich ganz beruhigt, weil er ja jetzt weiß, wo es herkommt.

McDonald's ist werbestrategisch schon länger damit zugange, die Herkunftsgüte seiner Speisen herauszustreichen. Man druckt Ernährungstabellen und engagiert pubertäre Schirmmützenheinis als Qualitätsscouts, die es befriedigend finden, dass ihr Essen aus Tunnels und Laboren kommt. Solche Manöver nehme ich gut unter die Lupe. Ich finde, man sollte immer besonders genau hinschauen, wenn die Ernährungskonzerne alles Mögliche «streng kontrollieren». Was soundso streng kontrolliert wird, muss noch lange nicht super sein. Auch ein Atombombentest stammt aus Freilandanbau, wird von Top-Wissenschaftlern strengstens überwacht und verwendet natürliche Rohstoffe.

Ich fände es dagegen mal spannend, einen McDonald's-Kundschaft-Scout ins Leben zu rufen, der nachprüft, wo die McDonald's-Gäste eigentlich herkommen. Private Feldforschungen in meiner Umgebung erbrachten, dass circa 80 Prozent der McDonald's-Kunden nicht den Eindruck vermitteln, als würde sie die Herkunft ihrer Nahrung irgendwie interessieren. Der Innen- sowie Außenbereich von McDonald's bzw. Burger King wird in der Regel belagert von allerlei mischkulturellem Jungvolk, dem man mit Hilfe von Spielekonsolen, Dauerlutschern und Luftpolsterturnschuhen abgewöhnt hat, Fragen an ihre Umgebung zu stellen.

Fern sei es mir, in diesen Zeilen mit dem satirischen Teppichklopfer auf die Hamburgerkonzerne loszugehen. Die haben schon genug journalistische Haue abbekommen. Von sämtlichen journalistischen Dienstgraden zwischen Wolfram Siebeck und Schülerzeitung wurden zudem die Geschmacksunterscheide zwischen beiden Junk-Food-Jumbos ausreichend abgesteckt. Nach meiner Erfahrung unterscheidet sich neben der Kundschaft auch der Produktgeschmack beider Unternehmen nicht signifikant. Jemand, der vom Mundgefühl her eine Apfelsine von einer Zigarette unterscheiden kann, muss sich keinen Kopf darum machen, ob er lieber zum Burger oder zum Whopper greift.

Unterschiedlich ist wohl die Gestaltung der quietschbunten Kinderrutschröhren, mit denen sie die Außenbereiche ihrer Driveins garnieren. Die McDonald's-Variante ähnelt am ehesten einem gigantischen Fleischwolf, während die Konkurrenzrutsche mehr an eine Ritterburg gemahnt. Auf diesen Spielzeugen lassen sich sonderbarerweise nie Kinder beobachten. Es gibt ja Hobbyfotografen, die ihren ganzen Ehrgeiz in Fotografien seltener Ereignisse legen. Sie knipsen Kakteen, die nur alle zehn Jahre blühen, Mütter, die Sechslinge zur Welt gebracht haben, oder dreifache Regenbogen. Diese Fotografen bitte ich, mal den unglaublichen Schnappschuss von spielenden Kindern auf einer McDonald's-Rutsche zu versuchen.

Schön finde ich, dass McDonald's jetzt Ledergarnituren einbaut, weil Innenstadt-Kaffeetrinken offenbar ohne Lounge-Atmo nicht mehr funktioniert. Immer noch Pappeimer, aber jetzt mit Couchgarnitur. Früher sahen die Filialen ja aus wie Kantine im Schwer-Erziehbaren-Heim. Noch toller ist, dass die Ambitionen, den ganzen Weltmarkt mit laborgenau baugleichen Hamburgern zu pflastern, vielerorts an den Nationalzungen abgeprallt sind. In einigen französischsprachigen Ländern hat der Volkswille McDonald's so weit in die Knie gezwungen, dass Sonderklopse wie der Mystic Chicken Burger oder der Petit Moutarde gebraten werden.

(Wermutstropfen: Leider warten auch dieses Jahr wieder viele vergeblich auf adventliche McChristmas-Wochen. Wann kommen sie endlich – Rudis-Rentierburger, 100 Prozent saftiges Rentier mit

Zwiebel und Backpflaume, Bratapfeltaschen mit Marzipan und, na klar, die knusprigen Santa-Claus-Nuggets aus paniertem Mozzarella [nur solange der Vorrat reicht]?)

Unsere Teenies jedenfalls, die offenbar schon im Mutterleib eine Baseballkappe trugen, brauchen keine Nährwerttabellen und Gütesiegel. Sie zuzeln ihren Milchshake mit Pommes, und dank Mobiltelefon und MTV-Bildschirm merken sie auch weiter nichts davon. Essen mit Spaß macht mehr Spaß als Essen mit gutem Gewissen.

War das nicht auch McDonald's, die als Erste das Essen mit Spaß verkündeten, so ungefähr vor dreißig Jahren? Wir können mal den Dimmerschalter der Erinnerung eine Idee heller drehen. So um 1980 gab es ein Buch oder eine TV-Serie mit dem Titel *Es muß nicht immer Kaviar sein.* Das passte voll ins Programm, denn damals lagen die ersten kleinen McDonald's-Filialen frisch gewickelt in den Fußgängerzonen und versprachen «Essen mit Spaß». Manch progressiver Allerweltskamerad schlich mit feuchtem Gaumen ein Weilchen um den neuen Laden herum, aber fast jeder drückte irgendwann wie von Zauberhand die Tür mit dem goldenen «M». Drinnen war alles anders als in der Frittenbude ums Eck. Hoppla, hoppla, dachte man, Theke picobello, Uniformen, kein Besteck, dafür gratis Strohhalme, so viel man will! Geil und neuartig! Andererseits, nicht jeder wusste «Essen mit Spaß» sofort zu entschlüsseln. Man bestellte eine Auswahl warmer Schaumkartons und zerquetschte einige Ketchuptüten, deren Inhalt man an quadratischen Plastiktischchen vermampfte. Millionen Bundesbürger spürten zum ersten Mal das Glücksgefühl aus der Geschmackskombination Weißbrot/Rindfleisch/Ketchup/Coca-Cola/saure Gurke. Viele Kritiker glaubten damals, es stecke ein Geheimnis hinter der Rezeptur. Vermutlich war man überrascht, dass man hier etwas Herzhaftes, was nicht Suppe war, ohne Kauen zu sich nehmen konnte.

Wie auch immer, nach circa siebenminütiger Heißhungermahlzeit fragte der Gast sich: «Was tu ich hier?», und fütterte Kartons und zerdrückte Ketchuptüten in eine Müllklappe mit einem aufgemalten Clown und der Aufschrift «Danke». Man spazierte hinaus und brauchte nicht mal «Tschüs» zu sagen. Erst nach zwei, drei Monaten ging man wieder hin, um die faszinierende Erfahrung zu wiederholen. Nach einiger Zeit besuchte man wieder etwas andere Restaurants, worauf sich McDonald's den Slogan «Das etwas andere Restaurant» zulegte. Auf der Suche nach Alternativen zum Essen mit Spaß entdeckten einige Hamburgerkritiker dabei unter anderem das Essen mit Ernst.

Als erklärter Gegenstrom zu den Hamburgerimperien entstand die Slow-Food-Bewegung, deren Symbol eine kleine Schnecke darstellt. Der Verein ist auch Herausgeber eines besinnlichen Periodikums, des Slow-Food-Magazins, in welchem zum Beispiel Familien aus ganz Europa beim Abendessen vor dem Fernsehen abgebildet werden. Irgendwo hab ich gelesen, dass die Gründung von Slow Food eine Trotzreaktion auf das erste McDonald's-Restaurant in Rom war, das sich vorwitzig direkt neben der berühmten Spanischen Treppe niederließ. Diese Entwürdigung des italienischen Nationalstolzes war nicht geringer als die des Roten Platzes in Moskau durch die Flugzeuglandung Mathias Rusts.

Ich selbst habe vor einiger Zeit eine öffentliche Verkaufsveranstaltung von Slow Food besucht, die mitten auf dem Bonner Münsterplatz gelandet war. Im Zeichen der Schnecke wurden regionale und biologische Spezialitäten zu Probe und Verkauf angeboten. Wo anderntags frohgemute Schüler der über den Marktplatz wehenden Milchbrötchenfahne von McDonald's zueilen, war überraschend ein geräusch- und farbloses Rendezvous von graugrünen Marktständen und graugrünen Menschen arrangiert worden. Die Produkte aus Weinberg, Feld und Stall gaben sich unaufdringlich geruchsneutral, und viele außergewöhnlich gekleidete, durchgeistigte Persönlichkeiten unbestimmbaren Alters, die mit Sicherheit der Sozialsphäre «innenstadtnahe Altbaubewohner» zuzurechnen waren, hatten sich auf Holzpritschen niedergelassen. An einem Stand piekte man aus essbaren Papierschalen Kleintierportionen sehr grünen und gesunden Wildkräutersortiments. Ich muss zugeben, für den Preis von einem Probierschälchen Kresse, Wegerich, Brennnessel, Guter Heinrich und Gartenmelde in Essig und Öl hätte man bestimmt zwei Big Mäcs bekommen. Erdige Gummistiefelpioniere mit ZZ-Top-Bart und eingeweihter Miene informierten über den von Bio-Wiesen in Mecklenburg-Vorpommern geernteten Slow-Food-Offroad-Botanik-Cocktail.

Das einzige mir persönlich bekannte Exemplar eines Hardcore-Slow-Food-Anhängers war ein Student im 26. Semester mit zwei Zahnreihen in Bernsteintönen und einem Kühlschrank, dessen Inneres eine Art Rallyepiste aus Erdnussbutter, Tofukäse und Orangendirektsaft war. Bei gemeinsamen Diners diskutierte man über Lebensmittelskandale. Seine Bibliothek umfasste die vollständige Sammlung von Ernährungsratgebern meist nachtaktiver Skandaljournalisten, die immer auf der Suche nach Hühnerei im Fisch, Fisch im Hühnerei oder Kindern mit seltenen Krankheiten sind. Nach derartiger Lektüre mag man erst mal tagelang kaum etwas essen, und die Autorenporträts auf dem Umschlag sehen auch aus, als hätten die Männer zwei Wochen lang nur Brottrunk-Infusionen bekommen.

Neulich habe ich einem Fernsehkoch bei der Vollendung eines vegetarischen Schnellgerichts zugesehen. Das Rezept wurde abschließend von einer sehr seriösen Ernährungsberaterin kommentiert, deren Gesichtsfarbe auf verborgene Verdauungsleiden schließen ließ, wie man sie sonst nur an reichen Erbtanten gerne beobachtet. Ihren Kopf umflatterte struppiges Haar, und ihre Handgelenke klapperten wie Studentenfahrräder.

Ist außer mir noch jemandem aufgefallen, dass vorbildliche Genießernaturen in Deutschland von den Zielgruppen offensichtlich erst richtig ernst genommen werden, wenn man an ihrem Äußeren die Zeichen eines längeren Leidensweges ablesen kann? Bei Werbeplakaten für Zigarillos erscheint mir das effizient. Anthrazitfarbenen Großstadtcowboys, deren Haut und Haar glänzen wie ein Fabrikschornstein in Mittelengland, traut man bestimmt volle Kompetenz in der Wahl des Rauchguts zu. Die Genussfachleute für Essen und Trinken zeichnen sich aber ebenfalls meist durch ein kränkliches Äußeres aus. Warum? Ist es vielleicht das Van-Gogh-Syndrom, das ungeschriebene Gesetz, das besagt, dass besonders intensives Dasein erst ab einer Stufe intensiven Leidens erreicht werden kann? Wäre der Kunst van Goghs derselbe Ruhm zuteil geworden, wenn er sich nicht in äußerster Lebensanstrengung eines Ohres entledigt hätte und sein Publikum das nicht als Beweis existenzieller Konvulsionen verstanden hätte?

Marie von Ebner-Eschenbach, also die, deren Weisheiten immer auf Abreißkalendern zitiert werden, hat mal was gesagt in der Art von «Es kann niemand wie ein Gott schreiben, der nicht wie ein Hund gelitten hat». Welch ein Unfug. Hat die nie Goethe oder Mark Twain gelesen?

Wenn der McDonald's-Clown aufdringlich grinst, nehmen die Slow-Food-Freunde erst mal Abstand vom Gelächter. Lachen erscheint ihnen vielleicht gesund, wenn ein bisschen davon im Halse stecken bleibt, weshalb es intellektuell akzeptiert wird, über die hilflosen Figuren Loriots oder Mr. Bean zu lachen, Tom und Jerry oder die Klimbim-Familie aber als Unterschicht-Humor klassifiziert werden.

Ich war einmal zugegen, wie sich zwei Slow-Food-Gentlemen zu einer Flasche Rioja eine Aufnahme des Liedermachers Ulrich Roski anhörten, welche hieß *Wenn den Kantinenkoch der Weltschmerz packt*. Als der Käse aufgetragen wurde, legte man eine satirische Schallplatte namens *Leberkäs' Hawaii* von Gerhard Polt auf. Auch da blieb mancher Lacher im Halse stecken. Ich wurde bei weiteren Sitzungen nicht mehr gesehen, weil die künstlerische Wein- und Käsebegleitung mir nicht behagen wollte.

Ich finde, die süßeste Käsepräsentation bringt Frau Antje aus Holland, die unkomplizierteste Frau der Welt. Sie lächelt ohne scharfen Hintersinn, und man kann ihr sogar schreiben. (Sie wohnt im Niederländischen Büro für Milcherzeugnisse in Aachen. Oder schreiben Sie einfach Frau Antje/Aachen. Das reicht!) Wer ist aber Frontmann der konsolidierten frankophilen Käsegourmets? Nicht das hübsche Gouda-Playmate, sondern Nachrichtenmann Ulrich Wickert. Der blickt immer sehr gravitätisch in die Landschaft, und seine Hauttönung ähnelt dem Überzug französischer Edelpilzkäse. Ich weiß nicht, warum man als Bonvivant mit Supergaumen verpflichtet ist, beständig stirnrunzelnd durchs Leben zu tigern.

Die Werbevertreter des ungesunden Tütenfutters sind in der Summe ein Klub der Lustigen. Der Bärenmarke-Bär tapert mit seiner Milchkanne zwischen Allgäuer Kuhfladen herum, und im Maggi-Kochstudio gibt es immer fröhlich agierende Mäuschen, die sich ungezwungen dem Genuss spontaner Chemiezaubereien hingeben. Nicht selten ist im Maggi-Kochstudio Gekicher zu hören.

Erinnert sich noch jemand an die Miracoli-Familie? Die waren vorbildliche Traditionskonsumenten eines Meisterwerkes der Sättigungsindustrie. Miracolis Hauptzielgruppe ist seit x Generationen die integere Familienrunde. Wenn im Fernsehspot der Abendessensruf der Miracoli-Mama aus dem blütenumrankten Küchenfenster in den Garten erscholl, versammelte sich die Familie pünktlich, vollzählig und in sonniger Laune zum traditionellen Spaghetti-mit-Filmblut-Evergreen.

Oder die «Heiße Tasse» von Unox? Das war auch ein ominöses Pülverchen. «Heiße Tasse» wurde werbestrategisch immer mit extra viel Liebe von gütigen Hausfrauen für ihre jeweiligen Männer serviert. Die liebenden Mittvierzigerinnen warteten abends in Strickcardigans und Landhäusern auf ihre durchgefrorenen Männer, welche an herbstlich-heimeligen Novembertagen vom verregneten Hundespaziergang heimkamen und eine heiße Suppe begehrten. Binnen zwei Minuten hatte die Hausdame eine Waldpilzcremesuppe mit Schnittlauch gezaubert. Ach, was fröstelt es mich bei dem Gedanken, wie es dem Manne wohl im Ehebett ergehen wird, wenn des Weibes ganze Zuneigung in eine Tasse 120-Sekunden-Trockenpilzaufguss fließen. Trotz alledem hatte die Unox-Frau die Liebe irgendwie durch den Magen geschickt.

Auch das Rama-Mädchen ist eine süße Marketingmaus. Ein gutmütiges Geschöpf, welches das Wappentier eines industriellen

Pflanzenfetts verkörpert. Wie eine liebe Fee erscheint sie überall, wo man sich für ein ausgedehntes Frühstück im Freien trifft.

Also, persönlich würde ich lieber das Rama-Mädchen auf einen lauschigen Waldspaziergang begleiten als zum Beispiel Ulrich Wickert. Der sitzt bestimmt bei schönem Wetter zu Hause und stöbert in der Hochkulturlektüre *Wein und Krieg*, einer Dokumentation über den Einmarsch der Nazis im Bordelais. Danach ergreift er einen Kelch mit Wein, in welchem bekanntlich die Wahrheit steckt. Der Wein möchte Ulrich Wickert etwas zuflüstern über fröhliche Menschen im Sonnenschein. Er flüstert: «Ulrich, siehst du das Bild, wenn das Rama-Mädchen sich mit Frau Antje zum fröhlichen Spielen auf der Wiese niederlässt, der Bärenmarke-Bär nach den Hummeln läuft und die Belegschaft des Maggi-Kochstudios Blindekuh spielt?» Aber Ulrich Wickert hält das Weinglas unter die Nase, an den Gaumen und dann ans Ohr. Dumpfes Gluckern flüstert ihm den Titel seines Buches: *Der Ehrliche ist der Dumme.* Untertitel: *Die Welt ist schlecht.*

Der Starkoch Heinz Winkler erschien mal in einer Weinanzeige, in der er den Connaisseuren mit panzersperrenartigem Lächeln gestand: «Ich möchte jeden Tag neue Kreationen schaffen. Es ist dieses ewige Nicht-zufrieden-Sein.» Ja, will man denn so was? Ewig nicht zufrieden sein? Der empfindsame Mensch wird eingeschüchtert die Straßenseite wechseln, wenn ein unzufriedener Heinz Winkler entgegenkommt.

Je nach Tageszeit umweht auch Alfred Biolek nach einem Leben voll kulinarischer Leidenschaft eine grünviolette Transparenz, wie man sie mit teilnahmsvoller Sorge vor dreißig Jahren schon bei Hans Rosenthal beobachtete.

Rätselhaft, dass man von grünem Essen ganz grau im Gesicht wird und das unschuldige Schlemmen nicht bei Ulrich Wickert zu Hause ist, sondern als Heinzelmännchen aus den Häusern Maggi und Knorr herausgekrabbelt kommt. Doch was will man machen, solche Gedanken sind sperrig, und das Gehirn lässt sich ja lieber mit Brei füttern.

Ein französischer Anti-Globalisierungs-Künstler hat mal in Frankreich die Baustelle einer McDonald's-Filiale verwüstet. Das nenne ich mutig und schwungvoll, aber wär das nicht schöner, wenn die Parteien sich ein wenig die Hände reichten? Wenn alle am Lagerfeuer mit der Friedenspfeife zusammensitzen, ist die Welt das Gegenteil von schlecht. Das Städtchen Zons am Niederrhein ist zum Beispiel ein Ort großer Völkerverständigung. In Zons existieren Kölsch *und* Altbier friedlich nebeneinander, jene zwei verfeindeten Getränke, deren Trinker sonst keine Gelegenheit auslassen, sich gegenseitig ins Bier zu husten.

Lustig wäre, wenn die flotten Bienen der Industrienahrung mal die Convivien der Slow-Food-Bewegung zu einem netten Betriebsausflug einlüden, wo sie bei einem von Alfred Biolek ausgewählten Gläschen Mosel-Saar-Ruwer darüber diskutierten, ob man auch kichern darf, wenn teuerster Franzosenkäse verkostet wird. Die Bunnys aus dem Maggi-Kochstudio bringen Stimmung mit, die Slowfoodys sind für Käsespießchen und Wildkräutersalat zuständig.

Die Slow-Food-Schnecke selbst müsste vom McDonald's-Werbezeichner mal ein Paar sexy Augen bekommen und insgesamt lebenslustiger daherkommen. Im Internetauftritt sollte die Schnecke süß lächeln wie Frau Antje und ihren Körper verknoten können, geradeso wie der Suppenlöffel in der Tütenpulverwerbung.

Auch große Celebrities sollten der Jugend auf den Pfad der Tugend helfen. Man bräuchte einen Prominenten, der leicht das Urvertrauen der Kleinsten gewinnt, Gert Fröbe zum Beispiel. Der könnte brummen: «Kinndor, nehmd euch in Ocht vor Glowns und esst nüscht so viel das Gelumpse vom Hämbörgor.» Ein Problem an Gert Fröbe ist natürlich, dass er schon tot ist, aber Rainer Calmund wäre auch prima: «Also Pänz, isch ess ja für mein Leben jern Jemöös, dat könnt ihr ruhisch ooch mal probieren, un dä Driss vom Pizza-Jrill, dat is ja nit jood für eusch!»

Im Fernsehen werden die Prominenten ja jetzt öfters in Ritterburgen oder Dschungelcamps und die Jugendlichen in Erziehungscamps gesteckt. Super fände ich, wenn Ulrich Wickert, Heinz Winkler und Alfred Biolek mal gemeinsam mit ein paar Schülern auf einen Bio-Bauernhof in Mecklenburg gehen würden. Die Sendung würde heißen *Die Marx-Brothers im Öko-Camp* oder so. Die Insassen des Ökö-Camps müssten raus in den Gemüsegarten und Möhren stechen, worauf die kleinen Zuschauer sagen würden: «Ah, jetzt weiß ich, wo's herkommt!» Moderiert wird das Ganze vom Bärenmarke-Bär und einer von rustikaler Gesundheit strotzenden Ernährungsberaterin, die zum Abschied sagen: «Kochen ohne Maggi und Lachen ohne Clown, wir sind die zwei von Slow Food und lustig anzuschaun.»

HAPPY HOUR MIT BROCCOLI IN CURRYRAHM

Studentische Küche und Vegetarier

IN BANGKOK soll es einen auf deutsche Kundschaft spezialisierten Puff namens *Alt-Heidelberg* geben. Ich schätze, die Taufpaten der Vergnügungsstätte hatten dabei die gleichnamige schöne Studentenoperette im Sinn. Ob die Gründer des berühmten Istanbuler Hippietreffs *The Pudding Shop* bei der Namensgebung auch Pudding im Kopf hatten, weiß ich gerade nicht.

Ich weiß aber: Wirte von Studentenkneipen lieben auf alle Fälle exaltierte Namen für ihre Trinktreffs. In meiner Uni-Stadt hießen sie unter anderem *Spleen, Pathos* oder *Billabong*. Es waren aber weder Spleen noch Pathos dort anzutreffen. Drinnen saßen stehend Leute, schweigend ins Gespräch vertieft. Als aufregend empfand ich dagegen meinen ersten Uni-Statistikkurs. Er fand in der Errechnung des spektakulären «Produktmomentkorrelationskoeffizienten mit Regressionsanalyse» seinen dramatischen Höhepunkt. Der Zungenbrecherkoeffizient besagt: Wenn die eine Sache so liegt, liegt die andere Sache genau umgekehrt. Wendet man das Verfahren mal nicht auf Bordellnamen in Südostasien, sondern auf Studentenkneipen und ihren Inhalt an, kommt raus: Je ausgeflippter ein Kneipenname, desto konformer sein Publikum. Ich glaube, es war Oscar Wilde, der mal in einer akademischen Bierschwemme das Bonmot geäußert hat: «Langeweile ist die einzige Substanz, die in konzentrierter Form noch öder schmeckt.»

Woran mag's liegen? Vielleicht zieht es den Studenten nach der Tagesmaloche in Schmökern und Staub naturgemäß an Plätze, wo ein bisschen mehr versprochen wird? Ein bisschen Pathos und Spleen meinetwegen? Das Problem ist aber, wo Hallodri draufsteht, ist nicht immer Hallodri drin.

Ein Weltkulminationspunkt studentischer Kneipenkultur ist die belgische Stadt Leuwen, welche eine fünfhundertjährige Uni sowie eine der wunderbarsten Altstadtarchitekturen in fünfhundert Kilometern Umkreis besitzt. Ein dem Bildungswesen gegenüber wohlwollender Stadtrat hatte eines Tages verkündet: Wir überlassen ab heute den netten jungen Leuten für ihre schönsten Lebensjahre diese hübsche Altstadt als Biotop. Seitdem haben die internationalen Studis die Zeit genutzt, um dem Gassengewirr der Leuwener Altstadt die Radikalprägung einer ausnahmslosen Bier- und Imbisswirtschaft überzuziehen.

Angeblich soll es allein an einem menschlichen Fuß circa 10 000 Schweißdrüsen geben. Ich schätze, nur die Kneipendichte in Leuwen ist noch höher. Wer einen Radiergummi oder ein Oberhemd kaufen will, muss dreißig Kilometer nach Brüssel fahren. Der Bummel entlang Leuwener Altstadttüren folgt einem Rhythmus der Gastgewerbe Bier–Döner–Pizza–Bier–Döner–Spaghetti–Bier–Bier–Döner–Pizza–Bier–Bier–Spaghetti–Pizza–Spaghetti–Bier. Die Leuwener Szeneläden heißen übrigens genauso wie die meisten ihrer weltweiten Branchenverwandten.

Wer sich in Leuwen, Perugia, Barcelona oder Lund auf eine ausgedehnte Sauftour macht, wird kraft weltweiter Reglements immer eine Kaschemme unter der Bezeichnung Pawlow, Hanoi oder Yellow Submarine finden. Die globalen Backpacker rennen sofort in alle Läden mit ausgeticktem Namen. Nach zwei, drei Monaten stellen sie fest, dass sie dort auch bloß ihresgleichen antreffen, und dann geht's in eine neue angesagte Bodega. Merkwürdig, dass man noch von keiner jungen Start-up-Agentur gehört hat, die nur schräge Kneipennamen verkauft. Ein cleverer Studiwirt würde nie pleitegehen, wenn er seinem Stall nur alle halbe Jahre einen neuen irren Namen verpassen würde. Sollte jemand Lust haben, eine solche Agentur zu gründen, hier gratis meine ersten Entwürfe:

- Einbruch zwecklos
- Kongo-Kinshasa
- Shredder
- Lila Pause
- Aua
- Gurke Sieben
- Kein Parkplatz
- Wohnwand Elvira

«Ey, wie sieht's aus, gehen wir heut Abend ins Wohnwand Elvira? Da is Happy Hour.» – «Nee, du, ich geh heut in den Shredder!»

Ein Symptom für bald den Bach hinuntergehende Studentenkneipen sind übrigens Happy-Hour-Termine mit Bier für die Hälfte. Da kann man sparen, und das tun die Studis am allerliebsten.

Sparen an gastronomischer Versorgung bedeutet für den Studenten auch, in die Mensa zu gehen. Als Koch respektiere ich die Feldköche in der Mensa. Sie kriegen für eins fünfzig etwas auf die Beine, das warm ist und kein Sodbrennen verursacht. In meiner Mensa gab es des Öfteren Aktionswochen, zum Beispiel eine Woche Schweizer Küche. Einmal bekam die Mensa eine preiswerte Lkw-Ladung Rosmarinzweige, und es wurde eine entsprechende Aktionswoche gestartet. In jedem Eintopfgericht wurde ein ganzes Adventsgesteck Rosmarin untergebracht. Aufgrund des ideologischen Spagats ihrer Gäste sind die Uni-Küchen seit zwanzig Jahren zum Slalomkurs zwischen Ökonahrung und Funküche gezwungen, also Montag Dinkelpuffer mit Sanddorntofu, Dienstag Ravioli in Tomatensauce. Vor vierzig Jahren kamen die revoltierenden 68er in Muttis Küche gestürmt und riefen: «Trau keinem Rezept über 30 Minuten!» APO und SDS warfen auf den Sit-ins Muttis Sonntagsbraten über Bord: «Die alten Kochverfahren – der Muff von tausend Jahren!» Die neue Hochschulküche dürfte schließlich aus der alternativen und der vegetarischen Küche hervorgegangen sein wie die Linkspartei aus der SED oder der Maoismus aus Karl Marx, im Ganzen halt massenkompatibler und spaßbetonter.

Leider müssen sich die Mensaköche noch immer viel Gemaule anhören. Entgegen weitverbreiteter Meinung scheinen mir diejenigen, die über das Mensaessen am lautesten motzen, nicht die privaten Feinschmecker zu sein. Vielmehr ist es so, dass die Zu-Hause-Pulversuppe-Kandidaten an die Mensa höhere Erwartungen haben als an ihre eigene Survival-Küche und deshalb motzen. Eingeweihte wissen, was sie erwartet.

Da der Student zur Ferienzeit gern mit dem Fahrrad Australien umrundet und danach durch Patagonien backpackt, fehlt ihm daheim oft die Energie, den Kochlöffel zu schwingen. Damit es ihm zu Hause an nichts mangeln möge, haben die hilfsbereiten Laboranten von Maggi und Knorr ihm zuliebe alle Nationalgerichte der Erde auf Beutelgröße geschrumpft. Man kann sie am «gelben Regal» im Supermarkt abholen.

Für die internationalen Delikatessen Bami-Goreng, provenzalisches Ratatouille oder Chili con Carne braucht man nur noch 500 Gramm Hackfleisch. Wladimir Iljitsch Lenin hat gesagt: «Sowjetmacht ist Sozialismus plus Elektrifizierung.» Der Wohnheimstudent sagt: «Abendessen ist Maggi Fix plus ein Pfund Hackfleisch.»

Das gelbe Regal scheint mir ein großes Wunder der Schöpfung zu sein. In den kleinen Pulvertütchen steckt ein ganzes buntes Zauberland von Geschmackssensationen, das durch einen Schuss heißen Wassers buchstäblich erblüht wie eine Salzwüste nach dem Regen. Dreht man die Beutelchen auf die Rückseite, liest man jedoch stets das gleiche Kleingedruckte: «Zutaten: Salz, Geschmacksverstärker Mononatriumglutamat, pflanzliches Fett, gehärtet, Hefeextrakt ...» Ich vermute, die Komponenten bauen so ähnlich wie eine Autowerkstattrechnung hochkompliziert aufeinander auf, bis sich ein herzhaftes Gesamtbild ergibt. Das Fett wird vielleicht zum Geschmacksträger des Salzes, das seinerseits vom Geschmacksverstärker unterstützt wird. Zusammen mit etwas Hefeextrakt entsteht im Mund ein nebulöses rundes Gefühl.

Eine neuere Errungenschaft ist Maltodextrin. Es sorgt laut Fachkreisen für das sogenannte *mouth-feeling*. Der Esser hat mit Maltodextrin den Eindruck, neben Salz und Aroma noch etwas Nährstoff zu ertasten, obwohl gar nichts da ist. Die Zunge fühlt diffuse Substanz, das Gemüt sagt: «Mmmh ... ja!» Politiker verwenden gerne rhetorisches Maltodextrin. Das geht so: Ein Journalist hält einem Ministerpräsidenten ein Mikrophon vor den Latz und fragt was Wichtiges. Der Politschädel tritt vor und sprudelt Worte wie «... zukunftsfähig ... Eckpunkte ... Implementierung ... Agenda ...». Da hat der Wähler ein nebulöses rundes Gefühl und denkt: «Mmh ... ja, es bewegt sich was im Lande», obwohl gar nichts da ist.

Der Horizont der studentischen Frischküche ist leicht zu überblicken. Er umfasst die vegetarische Spanne von Vollkornspaghetti mit Walnusspesto bis zu Feta-Salat mit traditionell ungeschälten Gurken. Seit die Zeitschrift *Titanic* das Poster von «Zonen-Gabi mit ihrer ersten Banane» herausgab, auf dem eine dümmliche junge Frau eine geschälte Gurke in der Hand hält, wird das Gurkenschälen unter jungen Leuten als Idiotie verlacht. Leichtere Küchenübungen der Bildungselite sind Müsli mit Kefir und die aus der Mensa bekannten Fertigbratlinge.

Obwohl sich in privaten Studi-Küchen oftmals hochtechnisierte Werkzeuge der Gourmetindustrie wie Trüffelhobel und handkurbelbetriebene Apfelschäler finden, sind die Geschmacksnerven eher abgeschliffen. Oft fühlt man tiefenpsychologisches Heimweh nach Mamas Auflaufgerichten, welche stets mit geschmolzenem Gouda gekrönt wurden. Die überbackene Käseschicht liegt über der Junge-Erwachsenen-Küche fast schon wie eine symbolische Bettdecke. Die liebende Mutter erscheint in Gestalt von geschmolzenem Käse, der das ferne Kind zudeckt, welches nun in einer fremden Stadt der Selbständigkeit zustrebt. Wo nach Geborgenheit und Vertrautem in neuer Umgebung gesucht wird, scheinen Gouda-Scheibletten nicht weit zu sein. Auch die Speisekarten von Studentenkneipen führen gern Aufläufe in Gestalt von kleinen Gemüsehäufchen Elend, zum Beispiel den vegetarischen Dauerbrenner *Broccoli in Curryrahmsauce*. Am Sonntagvormittag, wenn der Restaurantkoch fürs Brunch seinen Kühlschrank-Wochenrückblick macht, erscheint zuverlässig irgendein offenes Massengrab mit Käse überbacken im festlichen Gewand eines Auflaufs. Der erleichtert den Vorratsschrank und entlockt den jungen Schlemmern zuverlässig das wohlige «Mmmmmh!».

Die vegetarische Bewegung umwölkt irrtümlicherweise immer noch das Image der frühen Öko-Jahre. Damals, in den Achtzigern, glaubte man ja, dass der liebe Gott Umweltkatastrophen wie Tschernobyl und Waldsterben über die Menschheit geschickt habe. Man könne jedoch Buße tun, indem man auf Fleisch verzichte, Weihnachtsplätzchen mit Haferflocken backe oder Brottrunk tränke. In Wahrheit sind aktuelle Vegetarier arrivierte Power People, mir fallen spontan Madonna und Lisa Simpson ein.

Der Alltagsvegetarismus ist natürlich ein totaler ideologischer Treibsand aus Veganern, Teilzeitbuddhisten und Schweinesympathisanten, da blickt keiner mehr durch. Die einen verzichten auf das Huhn aus dem Hühner-KZ und löffeln stattdessen eine Dose Krabben, die in einem antibiotischen Tauchbad in Südostasien das Licht der Welt erblickt haben. Andere backen Sellerieschnitzel mit Dosenbohnen als Beilage.

Sich als Vegetarier zu bezeichnen ist gegenüber den fragend guckenden Fleischessern schon ein Seiltanz. Leider ist es auch immer eine Solidarerklärung. Man steckt sofort in irgendeiner Schublade. Die Fleischlosesser könnten ja sagen: «Ich ernähre mich vegetarisch.» Das wär ein lockeres Statement, genauso harmlos wie: «Ich kann schlecht rückwärts einparken.» Oder: «Ich löse gern Kreuzworträtsel.» Tun sie aber nicht. Sie sagen: «Sorry, ich bin *Vegetarier.*» Auf das Stichwort meldet sich die stets wachsame Marktforschung mit ihren großen Ohren: «Ah, da sucht jemand nach Identifikation, Andersartigkeit, Wir-Gefühl. Lasst uns ihnen Produkte geben!»

Die Menschen sind doch alle auf der Suche nach Schnäppchen zur Abrundung ihrer Persönlichkeit. Fleisch oder kein Fleisch, arm oder reich, die Wirtschaft lässt niemandem Wünsche offen. Wenn man zum Beispiel als frischgebackener New Yorker Milliardär ein Luxusapartment in der Nachbarschaft von Donald Trump gekauft hat, kommt alsbald ein netter Sanitärausstatter vorbei und meint: «Bitte schön, hier wäre ein Badezimmer aus äthiopischem Granit mit Platin-Armaturen, das wär doch was für Sie!» Da sagt der junge Milliardär: «O ja, das ist genau meine Idee von reich in New York! Ein Butler für Bagels, ein Butler für Donuts, ein Butler für Muffins, eine Ehefrau mit Lippen wie ein Schlauchboot und ein Badezimmer aus äthiopischem Granit!»

Auch für die Vegetarier sorgt man gern. Die Fertigfutteringenieure haben ihnen einen Riesenkatalog fleischloser Sondernahrung aus vakuumierten Tofuscheiben und trübseligen braunen Getreideklötzen entwickelt. Sie schmecken leider allesamt, als hätten chinesische Produktpiraten versucht, ein Schwein zu kopieren.

Ich frage mich, warum man überhaupt mit Veggie-Gyros und Tofufrikassee so tut, als würde man an der fleischlichen Tafel mitessen? Auf der Seite der Tiere stehen, aber kopiertes Schnitzel bestellen? Wer gegen die Todesstrafe ist, schickt die armen Delinquenten doch auch nicht nur zum Probesitzen auf den elektrischen Stuhl. Den Pflanzenfressern steht eine grenzenlose Speisekarte traditioneller Köstlichkeiten zur Auswahl. Ich sage nur: Montag Linsensuppe, Dienstag Käseknödel, Mittwoch Pfifferlingsrisotto … Tja, aber ein Vegetarier im dritten Jahrtausend ist auch kein Bauernsohn von vorgestern. Er will fürs Abendessen keine zwei Stunden am Herd rotieren. Er ist ein junger Großstädter, der ein flottes Ein-Mann-Tellerchen benötigt. Da rennt er zum Bioladen und kauft schwammiges Veggie-Fertig-Frikassee «Biryani».

Vor hundert Jahren, in Zeiten bäuerlicher Selbstversorgung, war eigentlich fast ganz Europa fünf, sechs Tage pro Woche vegetarisch drauf. Die scheußlichen Fabrikfarmen waren den Bauern unbekannt. Die Butter war für sonntags und der Haferbrei für alltags. Nur wenn große Hochzeit oder Party angesagt war, musste vom Hof bei Huf- oder Federvieh ein Köpfchen rollen. Auf die Idee, mit Getreide ein Schwein perfekt nachzuahmen, kam nie einer. Eher schon darauf, mit Getreide ein perfektes Schwein zu erhalten.

Nehmen wir mal das kostbare, biologisch aufgezogene schwäbisch-hällische Landschwein, ein echter Top-Knüller unter den essbaren Vierbeinern. So ähnlich wie bei Jesus liegt seine einzige Bestimmung darin, sein Leben für die Nachwelt hinzugeben. Seine irdische Existenz dient dem glorreichen Ziel, aus dem Jenseits Gutes zu bewirken. Mit Recht fühlt sich das Bioschwein seiner Würde entkleidet, wenn es der Schweinesympathisant auf der Schlachtbank zurückweist. Oder der Fischfang. Auf Sizilien werden dem Thunfisch komplette Volksfeste gewidmet, nicht jedoch bevor der Fischersmann seines Amtes erfolgreich gewaltet hat. Heute schwimmt die japanische Sushiarmada bis ins Mittelmeer und schnappt sich so viel Thunfisch, dass für die Sizilianer nur noch ein paar Flossen übrigbleiben. Sollen die Einwohner Palermos deshalb zum Vegetarismus konvertieren?

Und erst mal Frankreich! Dort erfahren Enten und Hühner eine nationale Sorgfalt und Ehrenbezeugung, wie man sie anderswo Kriegsveteranen erweist. Das berühmte französische Bressehuhn verbringt, wie jedermann leider überhaupt nicht weiß, sein weltliches Dasein in einer Art Streichelzoo-Paradies (10 qm Boden pro Hühnerperson), bevor es zum alleinigen Ruhme der Grande Nation seinen Hals unters Schafott stellt. Unter der priesterlichen Hand des Metzgers wird die gefiederte Aristokratie exekutiert und posthum mit einem staatlich überwachten Trikoloreorden geschmückt. Ein phantastischer watschelnder Adelsstand, dessen glorreiches Leben erst im Backofen die Krönung erfährt.

Ich finde vegetarische Ambitionen gerecht. Man kann vielleicht was erreichen. In der schrecklichen Ökofriedensbewegung sagten alle: «Stell dir vor, es ist Krieg und keiner geht hin!» Jetzt lacht man drüber. Heute muss man indessen immer noch sagen: «Stell dir vor, man verkauft KZ-Hühnchen und keiner geht hin!» Trotz alledem: Die Fleischabstinenzler könnten ruhig mal zwischendurch eine Bio-Blutwurst knabbern, um zu erfahren, wie das ist. Die Reformhaus-Tofu-Bremsklötze sollten sie nicht am Valentinstag mit Kerzenschein und Grammophonbegleitung ihrem Herzensschwarm vorsetzen, sondern lieber am Buß- und Bettag mit einer Flasche Brottrunk bei ihrem Vermieter vorbeibringen.

Nur um zu wissen, wie es sich anfühlt, kann man auch mal um zwei Uhr morgens im Gewerbegebiet über eine rote Ampel brettern, das schützt vor Hormonstau und macht gelassener. Sehr viel gelassener als der Radikalvegetarier ist auch meist der Teilzeitvegetarier. Noch netter ist natürlich der Absurdvegetarier, zum Beispiel Pianist Vladimir Horowitz. Der hat mal gesagt: «Ich esse kein Fleisch, nur Fisch und etwas Geflügel.»

DAS EMPTY-FRIDGE-SYNDROM

Frauen und Kühlschränke

VIELE BAUSTEINE des Weltsystems kapiert man erst, wenn Jahrzehnte vergangen und die Korallenbänke der Geschichte darübergewuchert sind. Wenn im aktuellen Fernsehen Szenen aus der Steinzeit nachgestellt werden, sind die zuständigen Urmenschen immer grunzende, verfilzte Bastarde mit Läusen und Lehm im Bart, wie Karikaturen von 68er Studenten. Ist das fair? Irgendein Forscher wird vielleicht bald darauf stoßen, dass unsere Neandertaler in Wahrheit distinguierter und waschfreudiger waren. In der Schweinerei hat sich noch nie einer lange wohl gefühlt, und am ehesten über Kämme und Weichspüler führt der Weg bergauf in die Zivilisation. Gern sieht sich ja der Gegenwartsmensch als Kühlerfigur entwicklungstechnischen Vorwärtsbrausens, kaum ahnend, dass er selbst schon binnen zweier Jahrzehnte zum Objekt nostalgischen Schmunzelns entrückt ist.

Beim Tag des offenen Denkmals habe ich neulich in einer Ritterburg einen gewaltigen Kleiderschrank bewundert. Das verschnörkelte Ungetüm diente offiziell für Bettwäsche, doch fand sich später darin auch ein Labyrinth von Geheimfächern, in denen das Burgfräulein die Korrespondenz zahlreicher Lover verwalten konnte. Ich vermute, der Hersteller des Feudalmöbels hieß Bauknecht, denn Bauknecht weiß, was Frauen wünschen.

Auch eine Illustrierte offenbart den von ihr konservierten Zeitgeist erst nach zwanzig, dreißig Jahren. Durchblättert man ein *Spiegel*-Magazin von 1975, erkennt man bald, dass die Meldungen, die die informationshungrigen Massen vor dreißig Jahren in Atem hielten, nicht von globaler Tragweite waren. Insbesondere die düsengetriebene Weltpolitik tritt seit dreißig Jahren seelenruhig auf der Stelle. Zwar waren die Politiker in den Seventies noch mit Krawatten und dickwandigen Brillen bewaffnet, aber sie haben sich haargenau wie heute damit abgemüht, der bürgerlichen Ordnung einen Weg durch Rentenlücken, bärtige Bombenbastler und Benzinpreise zu schlagen.

Das Fesselnde in einem Nachrichten-Oldtimerexemplar sind immer die Anzeigen. Plötzlich weiß man, was vor dreißig Jahren wirklich durch die Köpfe geisterte. Aus der Werbung eines *Spiegel*-Heftes anno 1975 lässt sich beispielsweise ermitteln, dass bei der außerhäusigen Freizeitgestaltung Cordstoffe, Schlauchboote und Biere von Pilsener Brauart beliebt waren. Von eminenter Anziehungskraft waren in den Siebzigern auch Heimorgeln und Saunakästen. Ein ganzes Zeitalter, das uns aus Geschichtsbüchern mit Atomkraftwerken und Raketenprojekten entgegentritt, von denen heute kein Mensch mehr spricht, war scheinbar eine friedvolle bürgerliche Episode des Heimorgelns und Schwitzens in finnischen Kelleranlagen. Elektrohausgeräte sind überhaupt Zeitzeugen, die über ihre Besitzer am schönsten zu plaudern wissen. Vor dreißig Jahren, als meine Eltern in der Sauna saßen, wurde mir mal in der *Sesamstraße* von Grobi und Kermit der Unterschied zwischen «voll» und «leer» erklärt. Ich weiß nicht mehr, womit sie das damals demonstriert haben, aber heute hätten sie dafür sicher einen Anrufbeantworter und einen Kühlschrank.

Die Sache scheint nämlich so zu liegen: Der Anrufbeantworter sollte meistens voll sein, der Kühlschrank dagegen leer. In meiner Studentenzeit versuchte ich oft, den anthropologischen Reifegrad meiner lieben WG-Nachbarinnen anhand ihres Kühlschrankinhalts zu ermessen. Die frühen Semester liebten opulent-süße Füllungen als Reminiszenz ans kuschelige Elternhaus, halt Kinderschokolade, Erdnussbutter und Sahnejoghurts. Nach einigen Jahren war der Kult um die Kindheit mit *Sesamstraße* etc. vorbei. Der Einfluss von Fachblättern wie *Allegra* und *Cosmopolitan* machte sich bemerkbar. Das Gelände hinter der Kühlschranktür wurde gesundbegrünt. Anstelle der Erstsemesterdickmacher war eine Kreuzung aus Apotheke und Gewächshaus entstanden. Neben Darmbakterienjoghurts versammelte sich eine ganze tropische Kakteenflora zur Kühlschrankinnendekoration aus Papayas, Litschis, Kumquats, Rambutans und Karambolas. Manchmal gammelten sie zusammen mit einer halben Tüte welken Basilikums zwei Wochen unbehelligt vor sich hin. Wenn die Schuhe der Mädchen spitzer, das Haar blasser und die Lover entnervter wurden, erkannte man, dass die Nachbarinnen nun die Eierschale durchbrachen, um ins Stadium der modernen Frau zu treten. Die Mädchen hüpften von einer Party zur andern und eröffneten dort jedes Gespräch mit den Worten: «Hach, ich bin gerade total im Prüfungsstress ...!» Zuletzt glich der Blick in den Kühlschrank dem in ein ausgeräumtes Pharaonengrab. Da lag noch eine einzelne Zitrone oder ein vergessener Honig-Körner-Riegel.

In meinem Lieblingsradiosender SWR4, der sozusagen eine akustische Hüpfburg für die über Sechzigjährigen darstellt, wird oft ein Lied gespielt mit dem Titel «Schöne Mädchen haben große Handtaschen». Die Korrektheit dieser Beobachtung entzieht sich meinem Urteil, aber ein Lied mit dem Titel «Moderne Frauen haben leere Kühlschränke» dürfte im Fadenkreuz der Wahrheitssuche ein ziemlicher Blattschuss sein. Ich habe mal einen Fernsehkrimi gesehen, in welchem die ermittelnde attraktive Kommissarin abends in ihre umgebaute Fabrikloft-Singlewohnung kam und erst mal zwanzig Minuten ihren Anrufbeantworter abhörte. Die Mutter war natürlich drauf, drei bis fünf Verehrer, zwei beste Freundinnen, der Mörder, die GEZ und jemand von einem Preisausschreiben. Währenddessen ließ die Kommissarin Badewasser ein und guckte in ihren amerikanischen Heavy-Duty-Kühlschrank, aus dem ihr aber nur ein modriges Vakuum entgegenlachte. Ich dachte bei mir, Frau Kommissar, der Fall ist klar: Wir haben hier das Profil einer Frau, die anstelle ihrer trübsinnigen vier Wände lieber ihre Arbeitsstätte und die Vergnügungsboulevards eines urbanen Großraums bewirtschaftet. Kommt man bei der Kommissarin zu Besuch, sagt sie sicher: «Ach, ich habe nur Chips da.» Um die Ecke sagt sie: «Tja, ich bin vielleicht Single und mein Butterkühler ist leer, aber dafür ist mein Dasein zum Platzen voll. Ich bin hier, ich bin dort, aber zum Einkaufen – puh, keine Zeit.»

Wann fing das eigentlich an, cool zu werden, ständig auf busy zu machen? Nach den schluffigen Siebzigern, als die Leute wieder aus den Saunaanlagen und aus Goa zurückkamen? Marius Müller-

Westernhagen hatte in den frühen Achtzigern mal ein gutes Lied mit dem Titel «Ich hab keine Zeit». Aber wann fingen die Frauen an, die Kühlschränke zu bestreiken? Man erforsche dazu vielleicht die spätfeministische Schwunderscheinung, die als «verpeilte Frau» populär wurde. Zur Erläuterung dieses Phänomens sei hier ein Extra-Dossier eingeschoben.

Wir schreiben, sagen wir, das Jahr 1990. Damals sagten die Frauen: «Also gut, Ladys. Zwanzig Jahre Frauenpower sind rum, zwei Jahrzehnte hochverdiente und dringend notwendige Befreiung! Wir haben was erreicht. Wir tragen Schulterpolster, die durch keine Türe mehr passen, und wir können jetzt alle *Alexis Carrington-Colby* heißen. Wir haben bewiesen, dass wir in sämtliche Männerberufe hineinpassen und uns dort genauso klotzig und ignorant aufführen können wie die Herren, die vorher dort gesessen haben. Aber war's das schon? Wo war eigentlich der Spaßfaktor bei *Women's Lib*?» Frau tüftelte ein wenig hin und her und besann sich auf geschlechtsspezifische Möglichkeiten. Frau verabschiedete sich erst mal vom Leitbild der biestigen Karrierebürste. Anfang der Neunziger erschienen dann die ersten verpeilten Frauen bzw. ihre Jugendvariante, das Girlie (Minirock plus Kampfstiefel).

Die verpeilte Frau ist wieder feminin, doch von enormer Durchschlagskraft. Sie liebt es, mittels scheinbar systemloser Desorganisation in den allzu reibungslosen Alltag ein paar nette Schikanen einzubauen. Die ideale verpeilte Frau hat selbstredend einen Job und 47 Paar Schuhe, aber keinen Zweitschlüssel für ihre Wohnung. Sie hat optional drei bis vier Männer am Start und eine E-Mail-Freundin in Kambodscha, aber keinen passenden Badewannenstöpsel. Sie hinterlässt in der ganz normalen Lebenslandschaft gern eine scharfe Schneise aus Missgeschicken, Beinahekatastrophen und ratlosen Männern. Die Männer liegen ihr aber trotzdem alle zu Füßen. Sie kann honigsüß werden, wenn sie was will, zum Beispiel samstags zu IKEA fahren, aber wenn sie was nicht will, dann sollte Mann Schutzhelm tragen. Es dürfte nach diesem Kurzsteckbrief jedoch klar sein, dass der Unterschied zwischen einer Femme fatale und einer verpeilten Frau in etwa derselbe ist wie zwischen James Bond und Mr. Bean. Verpeilte Frauen lieben das Lebensmischmasch aus Armani und McKinsey, Flipflop und Laptop. Sie vertreiben sich die Freizeit, indem sie mit frischrasierten Beinen in der Wohnung herumflanieren und mit dem Handy das irgendwo vergrabene Festnetztelefon anrufen, oder umgekehrt. Die verpeilte Frau kann sich selbst ernähren, doch sie kocht nicht, denn das wäre ja noch schöner. Sie hat auch nie was da. Sie kann allerdings je nach Wetterlage warmherzige Zuneigung entwickeln, wenn ein Mann für sie was zu kochen imstande ist.

In einem Single-Fragebogen für Männer las ich mal die Frage: «Was muss immer in Ihrem Kühlschrank sein?» Hier heißt es: Männer, aufgepasst. Bei Kühlschrankfragen haben die Damen eine partnerpsychologische Schlinge ausgelegt. Die Antworten darauf sollten am besten identisch sein mit der Antwort auf: «Was gibt es bei Ihnen zum Sonntagsfrühstück im Bett?» Um von Frauen begehrt zu werden, schreibe man ins Antwortfeld ein paar kulinarische Womanizer à la «Prosecco, Scampi, frische Mango» oder Ähnliches. Mit abtörnenden Antworten wie «Cervelatwurst, Faxe-Bier und Pumpernickel» kann man im Club der Single-Träume gleich wieder tschüs sagen.

Ich kannte mal einen Medizinstudenten, der in seinem Kühlschrank stets nur eine Packung Präservative und mehrere Dosen Taurin-Koffein-Limonade aufbewahrte. Sein unscheinbares Getränkelager wusste er ins expressive Medium hedonistischen Diskothekendaseins zu verwandeln.

Indes werfen die Frauen ein argwöhnisches Auge auf leere Männerkühlschränke. Wenn man mit der Traumfrau morgens um drei aus dem Dancefloor-Kessel in die Wohnung stolpert und nur noch Pedigree-Pal und eine Flasche Whisky vorrätig hat, ist das Image des verständnisvollen Versorgers ruck, zuck verscherzt.

Jetzt kann man natürlich zu der Kühlschrankfrau sagen: «Dann mach doch das Gleiche wie mit den Atomkraftwerken, die auch nichtsnutzig vor sich hin brummen – schalt doch ab!» Da antwortet sie jedoch, nein, das ginge nicht, nächste Woche käme die Susi vorbei, die möchte ihre Schildkröte im Gemüsefach überwintern lassen. Und außerdem, wenn das Lämpchen im Kühlschrank nicht mehr anginge und in der Küche nichts mehr schnurre, das sei ja so, wie wenn das Lämpchen auf dem Anrufbeantworter nicht blinke. Das sei ja wie allein im Pharaonengrab. Überhaupt wird morgen mit der Jutta und der Tini zusammen das neue Rezept aus der *Allegra* gekocht, Jambalaya Calabrese oder so, dafür werden erst mal grüner Spargel, Minze, Lachs und Fettuccine besorgt.

Woher kommt eigentlich die Mode des ledigen Kühlschranks? Aus Amerika, von wo die meisten Wellen rüberschwappen?

Eher nein. In den USA sind die Fridges meistens knüppelvoll. Leere Vorratsschränke erinnern Amerikaner bloß an Rezession und Bürgerkrieg. Die sozialen Mitteilungen stecken auch nicht innen drin, sondern außen drauf. Wenn ein Amerikaner nach Hause kommt und wissen will, wo die Gattin oder die Pimpfe geblieben sind, liest er zuerst die Notizen auf der Kühlschranktür. Da steht zum Beispiel: «Hi, Mom 'n' Dad, ich bin mit Wally und seinem neuen Auto zum Fummeln an den Waldrand gefahren. So long, Kuss, Kimberley.» Solche Zettelchen sitzen mit Magnetplatten auf Türen, hinter denen wagenradgroße Pizzen, ahornsirupgetränkte Pfannkuchenstapel, Limonadenkanister und krachsüße Schoko-Erdnuss-Muffins gebunkert werden. Die Magnetschildchen sind inzwischen auch zu uns rübergekommen. Es gibt sogar welche zum Sätzeselberbasteln, Kühlschrank-Poesie heißt das. Spezielle Bausätze, welche Kühlschrank-Sex-Talk heißen, sind nur für Erwachsene. Die Welle scheint aber irgendwo in Souvenirläden steckengeblieben zu sein, ohne dass sie je geschäumt hätte.

Schuld am trendigen Frischgüter-Nihilismus dürften vielmehr die Rollenmodelle aus dem Fernsehen haben. Ein schlimmes Frauenrollen-Antimodell war eine Zeitlang die Frau aus der Yogurette-Werbung. Nachts, wenn brave Bürger schlafen, schleicht sie an den Kühlschrank und nascht heimlich Süßigkeiten. Schlecht fürs dynamische Fitness-Image. Die Gegenspielerin der Yogurette-Frau war die Jacobs-Kaffee-Krönung-Light-Frau. Die Krönung-Light-Frau führte eine phantastische Life-in-one-Day-Existenz. In einer pfefferminzfarbenen Großstadt wurde sie durch einen Alltag aus Erfolgsjob, Edelitaliener, Opernbesuch und schicken Männern weitergereicht und schlürfte pausenlos Kaffee. Der Krönung-Light-Frau würde ich gern mal in den Kühlschrank schauen. Ich vermute, da ist außer Kondensmagermilch nicht viel zu entdecken. Bestimmt bekommt sie auch Heißhunger nachts um drei. Sie hat vielleicht ein paar Reiswaffeln vorrätig. Frauen mit Bürojobs, die ständig von Heißhungerattacken überfallen werden, lagern doch meistens Reiswaffeln aus dem Reformhaus. Die Puffreisplatten wurden vor circa zwanzig Jahren von Styroporingenieuren speziell für Frauen mit achterbahnartigen Essgewohnheiten entwickelt. Sie ermöglichen es, praktisch vierundzwanzig Stunden täglich zu knabbern, ohne sich Brennstoffe zuzuführen.

Ich bin mir fast sicher, Jieperattacken und Reiswaffeln, zwölf Stunden Kaffee und nachts Schokolade, früher hatten die Leute so was nicht. Es muss Zeiten gegeben haben, da war der Alltag ein prima Selbstläufer. Irgendeiner warf einen ins Leben, man lernte Laufen, Essen, Einkaufen, Arbeiten, Heiraten, und irgendwann war Feierabend. Der Tag teilte sich in Uhrzeiten, zu denen gespeist wurde, und welche, die der Verdauung gehörten. Heute wird pausenlos irgendwo Latte Macchiato geschlürft und an irgendwas geknabbert. In den Tagesgewohnheiten herrscht eine Ordnung wie in einer Teenagerbude.

Ich schätze, bald wird ein französischer Nervenarzt ein erfolgreiches Buch über das *Empty-fridge-Syndrom* schreiben. Die betroffenen Personen, wird es heißen, seien an einer Spielart der Autoaggression erkrankt. Sie vernachlässigen absichtsvoll und pathologisch ihren Kühlschrank und bedürfen dringender psychologischer Betreuung. Möglicherweise wird der Autor eine Klinik in der Schweiz eröffnen, wo sich nach kurzer Zeit erhebliche Zahlen attraktiver Mittzwanzigerinnen auf seiner Praxiscouch versammeln.

Alternativ zu kostspieligen Klinikaufenthalten schlage ich einen UNO-Weltgedenktag vor. Der Kalender quillt ja ohnehin über von UNO-Welthilfstagen, die bedrohten Randgruppen gewidmet sind. Vielleicht wäre es hilfreich, den *Welthungertag* und den *Tag des offenen Denkmals* zusammenzulegen zum *Weltkühlschranktag*.

Man könnte das Problem auch in die Hände der Fernsehseelsorger geben. Immer häufiger sieht man ja die TV-Anstalten in die Rolle des Lebenshilfespenders schlüpfen, teils mit originellem Ergebnis. Zu den Sozialabsturzfamilien, in denen sich ein Söhnchen aufführt wie King Kong, kommt ein Privatsender mit einer abgebrühten Erzieherin. Die rät den Eltern: «Hör'n Sie mal, Ihr Kind sieht zu viel Fernsehen, stellen Sie das mal ab.» Bei Leuten, die wohnen wie die Hunnen und Tataren, kommt heimlich ein fröhliches Umbauteam angerückt, schmeißt die ganzen Kaffeetassen in den Container, streicht die Wohnung dunkelrot und hängt die Wände voll mit Landhaus-Trödel. Wenn die Bewohner schließlich nach Hause kommen, gehen sie vor Begeisterung in die Knie und fangen an zu weinen. Auch dröge Männer mit Sandalen und Tennissocken werden von spontanen Lifestyle-Tantis in chice Boutiquen geschleift, aus denen sie mit taillierten Oberhemden und polierten Zuhälterschuhen wieder herauskommen. Die jeweiligen Ehefrauen sind danach immer völlig sprachlos. Nur den verunkrauteten Messies erscheint nie ein süßer Dekorationsengel. Bei denen erscheint immer nur das Ordnungsamt.

Vielleicht hat ein Privatsender noch einen Platz frei für eine neue Serie namens *Fridge-Emergency:* Ein Fernsehteam dringt heimlich in Single-Wohnungen ein und stopft leere Kühlschränke mit Leckereien voll. Auf der Innenseite des Geräts wird eine Kamera eingebaut für das Vorher-nachher-Bild. Ich sehe schon das Gesicht der jungen Frau, die völlig überwältigt eine Packung Spinatravioli in die Hand nimmt und dabei Tränen vergießt. Dazu wird eine Soulballade von Whitney Houston eingespielt. Eine süße Psychologin bewacht das Gerät auch nachts um drei.

Als Lösungsvorschlag denkbar wäre aber auch ein neuartiger Kühlschrank mit Geheimfächern. Einer von Bauknecht, denn Bauknecht weiß, was Frauen wünschen.

ZWISCHENGERICHT

Molekülküche

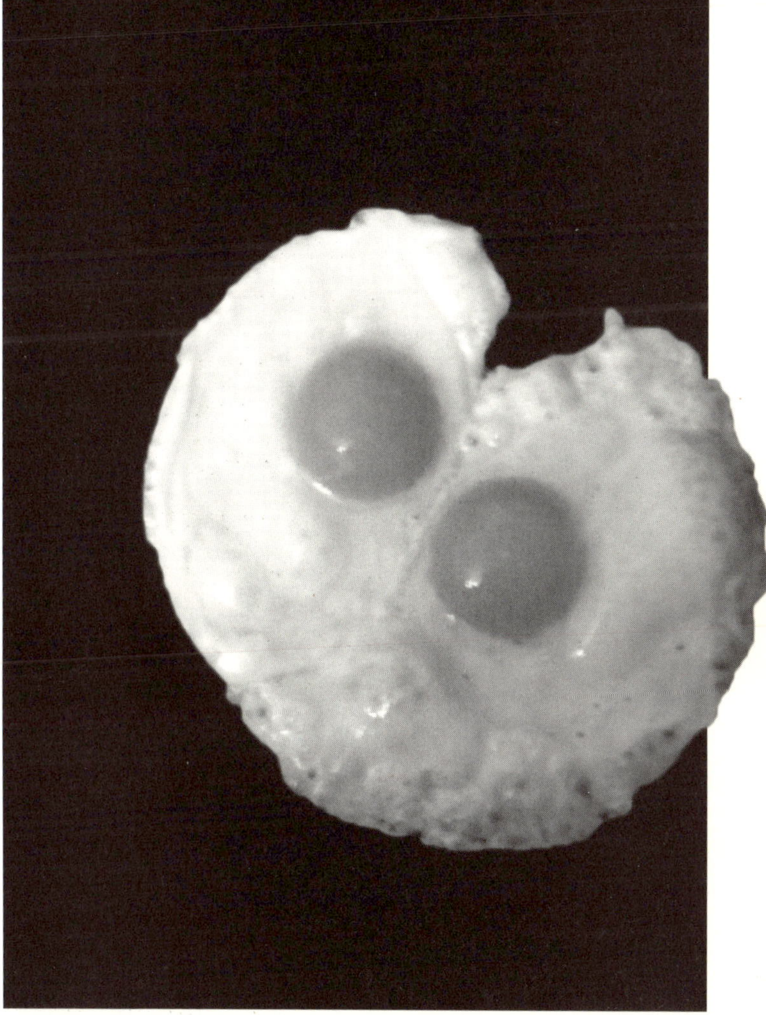

MODERATOR: «Liebe Zuschauerinnen und Zuschauer! Herzlich willkommen in unserer Fernsehküche mit einer neuen Folge von *Heiße Luft um halb acht*! Heute sind wir ganz vorn an der Forschungsfront: Popcorn vom Lammragout, Hirn mit Luft, gefrorene Rettichlutscher und die Atom-Eisbombe – die Molekülküche ist in aller Munde! Sicher hat auch Ihre Betriebskantine schon Gurkensuppe aus dem Sahnesprayer serviert! In Mode gebracht wurde die Molekülküche von einigen spanischen Küchenpionieren. Sie betreiben heute in ganz Europa Restaurants, die drei Monate im Voraus ausgebucht sind. Wir begrüßen heute in unserem Küchenstudio einen von ihnen, den Sterne- und Spitzenmolekülkoch Ernesto Huevos y Queso aus Barcelona. Ola e benvenido, Señor Huevos! Señor Huevos, Sie werden uns heute ein spannendes neues Rezept der Molekülküche zubereiten. Wie lautet denn Ihr neues Rezept aus dem Kochlabor?»

Koch: «Ja, guten Tag, liebes Publikum! Heute koche ich mit Ihnen ein total molekulares Spezialrezept, meine ‹koagulierten Fruchtkörper vom Gallus Gallus Domesticus mit Maillard-Reaktion›. Hombre, für mein Rezept brauche ich vor allem zwei ganz frische Fruchtkörper vom domestizierten weiblichen Gallus Gallus Domesticus, einem exotischen Laufvogel, der aber auch in Europa anzutreffen ist. Hier habe ich zwei weiße Exemplare. Sie können aber auch braune verwenden, welche braune Pigmentmoleküle eingelagert haben. Hier sehen Sie meine Laborgeräte: Ich arbeite für das Rezept in einer offenen molekularen Atmosphäre aus gasförmigen Stickstoff- und Sauerstoffmolekülen in einem prozentualen Mengenverhältnis von circa 70 zu 30. Zunächst versetze ich mittels elektrischer Energie die Eisenmoleküle meiner Wärmestation in thermische Schwingungen bis zu einer Oberflächentemperatur von 150 bis 180 Grad Celsius! Bei einer offenen Atmosphäre von circa 1005 Hektopascal molekularem Druck dauert das etwa 90 Sekunden. Die Fruchtkörper, die ich zubereiten will, bestehen außen aus einer

Hülle aus fragilen Calciumcarbonatmolekülen. Im Inneren finden wir einen Mantel aus transparent-halbflüssigen Proteinmolekülen sowie einen Kern aus gemischten Lipid- und Proteinmolekülen, darunter der Lezithingruppe, und einige gelbfärbende Moleküle der Carotinoide.

Sehen Sie nun genau hin! Ich setze meine hitzebeständige Petrischale aus Polytetrafluorethylen auf die Wärmestation und erhitze darin circa 20 Milliliter vegetabiler Lipidmoleküle. Sie sind bei Zimmertemperatur flüssig und bestehen aus Glyceringruppen sowie daran angelagerten Fettsäuren. Jetzt zerbreche ich die weiße Calciumcarbonathülle und lasse den inneren Fruchtkörper in die gefettete Petrischale gleiten. Oberhalb von circa 45 Grad Celsius sehen wir nun deutlich, wie die Proteinmoleküle koagulieren. Die vollständige Reaktion braucht circa vier Minuten. Ich füge nun einige kristalline feinkörnige Natriumchloridmoleküle hinzu. Bei stärkerer thermischer Schwingung kommt es zwischen den Lipid- und Proteinmolekülen zur Maillard-Reaktion. Sie bilden Geschmacksmoleküle, die sich nachher auch von menschlichen Papillen wahrnehmen lassen.

Nach circa fünf Minuten hat sich der glasige Fruchtkörper außen weiß verfärbt und teilweise verfestigt. Nun entferne ich das Gericht aus der Petrischale und richte es bei einer Kerntemperatur von circa 50 Grad Celsius an. Ich serviere es auf einer Schale aus hochgebrannten Keramikmolekülen. Dazu schmeckt am besten ein knuspriges Getreidegebäck aus H_2O- und Stärkemolekülen, Kleberproteinen und biologisch gezüchteten Hefepilzen. Guten Appetit!»

Moderator: «Phantastisch, Señor Huevos, vielen Dank für dieses beeindruckende Rezept aus Ihrem Moleküllabor. Ja, liebe Zuschauer, das Rezept für das Stärkegebäck kochen wir nächste Woche in einer neuen Folge von *Heiße Luft um halb acht*. Auch ich wünsche Ihnen guten Appetit!

Liebe Zuschauer, wenn Sie das Rezept nachkochen möchten, besuchen Sie unsere Internetseite unter www.wannhatderschwachsinneinende.de!»

EIN INDISCHES, EIN CHILENISCHES, EIN ENGLISCHES, EIN AFRIKANISCHES SPRICHWORT UND DIE CHURCH OF STOP SHOPPING

Einkaufen im dritten Jahrtausend

MITTLERWEILE gibt's ja fast alles überall: Gebrauchtwagen bei Tchibo, Lebensversicherungen aus dem Überraschungsei, bei Schlecker gibt's sogar Frischhaltefolie mit *Anfangsfinder*, für Schriftsteller, die den Anfang nicht finden. Wir leben in einer vollendeten Erhältlichkeit. Doch ist es irgendjemandem egal, wo der tägliche Bedarf gedeckt wird? Aber nein. Die Menschen haben raffinierte Beschaffungsrituale. In Wien ist nicht nur der Walzer daheim, sondern auch der Supermarkt *Kosherland*, wo es alles gibt, was den orthodoxen Juden glücklich macht. In den neuen Bundesländern pflegt man sich peinlich darüber zu differenzieren, ob man bei Lidl, Aldi oder Plus einkauft. «Wo goofst'n du öin?» ist eine in Thüringen und Sachsen-Anhalt beim Nachmittagskaffee oft gestellte Frage zum Auskundschaften der menschlichen Qualität des Gegenübers.

Mit der Aufwertung innenstadtnaher Wohnquartiere traten auch die Tante-Emma-Läden zurück ins Rampenlicht. Ihre Betreiber sind nun nicht mehr herzliche Mütterlein, sondern schnurrbärtige Mittelmeerpioniere, die von der Kundschaft liebevoll «Edeltürke» genannt werden. Der Edeltürke handelt mit Olivenöl und Balsamicoessig, betreibt nebenbei zwei, drei Kneipen und wurde vor fünfzehn Jahren zwangsitalianisiert. Damals hatte er mit ein paar Apfelsinenkisten und Auberginen angefangen, wobei ihm die tapfere Gattin zur Seite stand. Mit der Zeit kamen Studienräte und Studenten vorbei, die nach Espressopulver und Balsamessig fragten, und weil die keine Ahnung hatten, bei welcher Nationalität sie gerade ihr Geld ließen, sagte man eines Tages zur türkischen Mami «Buongiorno, Signora», einfach weil es Flair hatte. Die Türkenmami ließ tags darauf ihr Kopftuch zu Hause und dachte sich: Na, sei's drum.

Auch ich habe mittlerweile so eine Lifestyle-Grocery mit teuren Marmeladen und verbrannten Auberginen in Öl. Für die städtische Viertelsidentität bringt sie die volle Punktzahl, obwohl fast alle zum Plus rennen. In dem Feinkostshop muss alles total regional sein und integriert irgendwo herkommen, nur der Händler selbst sollte exotisch und undefinierbar sein. Mein Edeltürke ist entweder Usbeke oder Tschetschene, Paschtune oder Baschkire, Georgier oder Transkosake, Genaues weiß man nicht, doch die mediterrane Feinkostwelt hat er voll im Griff. Die Cashmeremantelträger seines Kundenkreises lockt er mit slowenischen Bergkäseпröbchen aus den Karawanken und tunesischen Dattelkrapfen. Die Damenwelt des benachbarten Altersheims betört er mit garantiert cholesterinfreiem Olivenöl und der Plastiktüte extra. Manchmal fragt eine rüstige Oma nach einer ausgestorbenen Apfelsorte wie *Goldparmäne* oder *James Grieve,* und zwei Tage später hat er den Stoff zu einem Märchenpreis aus Frankreich herangeschafft.

Gern stellt der Edeltürke Werbeschilder auf den Bürgersteig, die mit exotischen Rechtschreibfehlern angereichert sind, Parmesiano Regano, Mortadilla und so was. Käse mit Rechtschreibfehler ist irgendwie glaubwürdiger und macht mehr Appetit. Die ganzen Savoir-vivre-Baskenmützen finden das sehr integral. Sie wissen, dass sie nicht bei Käpten Käfighuhn kaufen, sondern dass alles handgeschöpft ist. Der Laden symbolisiert irgendwie die nachbarschaftliche Nähe, aber von den Kunden spricht keiner mit dem anderen. Edles Schweigen schwebt über Gurken und Reineclauden, wenn sich an der Kasse eine Warteschlange von urbanen Individualisten gebildet hat. Alle wollen immer nur schnell nach Hause und ihre Oliven dort lutschen.

Das Normalspektrum der Bedürftigen dackelt derweil brav zum Lidl oder Plus.

Vielen Leuten sind bei Lidl zu viele Russen, und bei Plus ist die Warteschlange immer so lang, dass die MHDs schon abgelaufen sind, bevor man die Kasse erreicht hat. Der taktische Gewinner ist Aldi. Aldi ist der gutmütige, fröhliche Riese. Eines der berühmtesten Wahrzeichen Bonns ist neben Beethoven der wahrscheinlich noch aus Römerzeiten stammende Aldi Kölnstraße. Dort bin ich gern. Vor seinem Eingang parken zwei Reihen Einkaufswagen, die sträflingsartig aneinandergekettet und durch Münzeingabe meistens bereit sind, sich voneinander zu lösen. Die Wagenkarawane steht auf einem groben Gitterrost, unter dem sich ein pechschwarzes hohles Nirwana auftut. Wer gerade beim Münzeinwurf zittrig ist, dem purzelt sein Euro in den finsteren Abgrund. Dort leuchtet bereits der Widerschein eines kleinen Vermögens. Ich frage mich, ob die Aldi-Chefs hier an Beethoven und sein kleines Klavierstück «Die Wut über den verlorenen Groschen» erinnern wollten.

Bei Aldi ist zudem zu beobachten, dass sich fast niemand mehr an einem Einkaufszettel orientiert. Nur die korrekte türkische Hausfrau führt noch schriftliche Vorausbedarfsanalysen ihres Haushalts durch und zieht danach zum Shoppen los, vor allem Klopapier in Kompaniebedarf. Der gehetzte Großstadt-Single überlässt den Vorratsschrank lieber dem Zufallsgenerator. Die Praxis ist allseits bekannt: Man schmeißt eine Dose Thunfisch und eine Packung CD-Rohlinge in den Wagen und sagt sich, na, fürs Abendessen reicht das schon. Zu Hause auf dem Donnerbalken dämmert einem dann die Erkenntnis: Caramba, Klopapier vergessen! Wieder nur Küchenkrepp oder *TV-Movie* zur Hand.

Die meisten Leute kommen zu Aldi ohnehin zum Philosophieren. Ganz plötzlich ist die Polonaise vor der Kasse wieder fünfzehn Meter lang, und dann glotzt man so in die Runde und murmelt: *Au backe, die ganzen Rohstoffe! Wir gehen mit unserem Aldi um, als hätten wir noch einen zweiten im Kofferraum ... Ach, guck mal, der Typ an Kasse zwei – sieht ja aus wie Fidel Castro ... Tja, wenn ich mir den* Bauchmuskeltrainer mit Workout-Anleitungsfibel *kaufe, kann ich vielleicht mal mit der Babsi von der Bauchmuskel-Service-Hotline telefonieren ... Hm, ob ich mal eine Kilopackung Fruchtgummi-Winter-Wunderland kaufen soll?*

Die Gebrüder Albrecht sind Freunde der Ruhe und Beständigkeit. Angeblich sollen sie ihr Imperium von selbstgebastelten Schreibtischen aus dreißig Jahre alten Apfelsinenkisten lenken. Auch ihre Kundschaft verschonen sie von nervigem Werbegetrommel und modernen Kommerzmätzchen. Anders bei Edeka und Rewe. Dort thronen Berufsrevolutionäre in den Chefsesseln, die überzeugt sind, die ganze Menschheit wäre so dynamisch wie sie selbst. Vor allen Dingen finden sie keine Ruhe, wenn eine Filiale mal zwei Jahre so aussieht, wie sie aussieht. Bei Edeka und Rewe gehört es zu den hauseigenen Manövern, das Warensortiment regelmäßig in alle Himmelsrichtungen umzuplatzieren. Wipp Express kommt plötzlich zur Salami, die Kassiererin tauscht mit dem Sauerkraut, und dann spielt man mit der Seniorenstammkundschaft ein bisschen Memory: «Sagen Sie mal, junger Mann, wo war denn jetzt das Mondamin?»

Der neuste Schachzug ist die Einzelhandels-Radikaltransplantation. Wenn ein kleiner, zentraler Lebensmittelmarkt etwas Patina angesetzt hat und das Großmütterchen seine Ecken kennt, reißt man einfach den kompletten Laden ab und stellt ihn in dreifacher Größe am Stadtrand neu auf, mit Parkplätzen so groß wie das Mississippidelta. Zur Eröffnung des Event-Frischeparadieses mit Getränke-Center werden Rockbands gemietet. Man lässt Luftballons mit Einkaufsgutscheinen dran in die Nachbarstadt fliegen und Kinderhüpfburgen aufblasen. Bunte Fähnchenreihen werden aufgestellt. Fähnchen sind beliebt. Seit die Amerikaner 1969 ein Nationalfähnchen auf dem Mond aufgestellt haben, greift man draußen in der Kommerzsteppe gern zur Beflaggung, um Leben an Orten zu simulieren, wo sich niemals welches einstellen will.

Die draußen in der Prärie hervorschwellenden Gewerbeausblühungen sind allgemein unerwünscht. Ein chilenisches Sprichwort sagt, dass Gott, als er mit der Erschaffung der Welt fertig war, alles, was er nicht mehr brauchte, hinter die Anden geschmissen hat. So entstand Chile. Im Städtebau sagt man: Alles, was Gott in der City nicht mehr brauchte, hat er raus ins Gewerbegebiet geschmissen. Indessen driften die Massen täglich hinaus in den Orbit. Der Mensch sagt nein und macht ja und dann andersrum oder auch nicht, je nachdem. Draußen in der Vorstadt entstehen Eigenheime, die von ihren Erbauern mit riesigen Panoramafenstern nach Süden ausgestattet werden. Wenn die Sonne dann mal Lust hat zu scheinen, lassen die Bewohner rasch die Jalousien herunter, damit ihre schwarze Sofagarnitur nicht ausbleicht. Harald Schmidt sprach einst vom paradoxen Phänomen des Hass-Fernsehens, das heißt, jede Woche schauen x Millionen Leute *Johannes B. Kerner*, obwohl sie genau wissen, dass sie von Johannes B. Kerner Migräne und Sodbrennen bekommen. Ähnliches weiß man von Dr. Best, der Nerv-Ikone der Zahnputzwerbung. Der Dr.-Best-Hersteller hat mal herausbekommen, dass die Fernsehzuschauer Dr. Best und seine Werbespots so leidenschaftlich verabscheuen, dass sie irgendwann gar keine andere Zahnbürste mehr kennen. Zu guter Letzt heizen sie raus zum Dumbo-Discount und kaufen den verhassten Dentalschrubber.

Ephraim Kishon, der Godfather of Satire, soll schon vor vierzig Jahren im Einkaufsmegacenter ein paar phantastische Stunden verbracht haben. Ich glaube, er war so begeistert, dass ihm dabei direkt seine Kinder verloren gingen. Einen Besuch in der Kommerzsteppe finde ich heute nicht minder aufwühlend. Die Leute suchen doch überall Erlebnisse. Sie buchen Delphin-Therapien oder Schweigefastenwochenenden im Westerwald. Warum nicht mal samstags raus zum neuen Dumbo-Discount fahren? Man darf auch seine Kinder behalten, wenn man sie am Eingang in eine mit Plastikkugeln gefüllte Vitrine schmeißt (und nachher wieder abholt).

Hinter der Kinderklappe kommt zuerst die Frischabteilung, wo man eine Kreuzung aus Diskothek und Regenwald errichtet hat. Das Obst ruht dort auf halogenbestrahlten Operationstischen wie ein nächtliches Reh auf der Landstraße. Aus unsichtbaren Röhren wird weißer Nebel auf die Zucchini herabgesenkt, dazu erklingen Deutschrock-Balladen aus dem Off. Ich würde gern mal mit dem Fooddesign-Apparatschik sprechen, der mir Birnen und Chicorée aufbereiten möchte wie ein Westernhagen-Konzert.

Für besonders prestigeträchtig hält man auch ein Riesenprogramm tropisches Glibberobst, welchem sich alle zwei Jahre eine neue Spezies hinzugesellt. Auf der letzten Tropenobstmesse müssen Babacos, Mangostanen und die jamaikanische Uglifrucht starken Wirbel ausgelöst haben. Rewe hat sie sofort ins Programm genommen. Offenbar sind die Großhandelsvertreter in ihren Bundfaltenhosen Tag und Nacht unterwegs zu tropischen Pygmäenstämmen mit dem Auftrag, ihnen den Anbau neuer wässriger Stachelfrüchte nahezulegen. Daheim werden sie der Schickeria als neueste Südseesensation aufgetischt. Über Edekas Obsttheken sah ich mal ein Plakat, auf dem ein kerniger Jungverbraucher von der Obsttheke per Handy seine Trulla anruft und fragt: «Liebling, möchtest du zum Nachtisch lieber frische Mango, frische Kiwi oder frische Papaya?» Wenn am anderen Ende ein kluger Liebling sitzt, wird sie hoffentlich antworten: «Oh, Mann, bring nicht wieder so 'ne Gummigeschosse vom Äquator mit. Schmeckt doch alles wie Wasser aus'm Heizkörper. Der letzte Schrei ist sowieso Großmutters Garten, deshalb möchte ich heute Stachelbeeren und Pflaumen sehen. Ach, übrigens, ich bin schwanger.»

Neu ist, dass frische Ananas jetzt fertig geschält in Plastiktüten angeboten wird. Ananasschälen muss für viele Frischobstfans eine unzumutbare Tätigkeit sein. Da es früher von Tür zu Tür ziehende Scherenschleifer und Kesselflicker gab, wäre eine Ich-AG als mobiler Ananasschäler zu erwägen.

Die Übergangsräume zur nächsten Abteilung sind mit Leitungswasserspendern oder Aktionstafeln ausgestattet. Ein Instanthersteller präsentiert die Saucen der Stars. Schauspielerin Hannelore Elsner empfiehlt zum Steak ihre Bratapfelsauce. Erasco kommt jetzt mit der Dosensuppen-Winteredition Bohne-Backpflaume. Ich weiß nicht. Der deutsche Landser in Stalingrad wäre bestimmt erfreut gewesen über Erasco-Bohne-Backpflaume-Dosensuppen-Windereditionen.

Die neue Trendsauce heißt Maggi-Chaka-Laka-Afrika. Riskante Innovation. Marktriese Maggi wagt erstmalig, Spezialitäten vom schwarzen Kontinent aufzutischen, von wo sonst regelmäßig nur Magenknurren oder Äthiopierwitze zu uns herüberdringen. Ich würde sagen, wenn die Chaka-Laka-Mischung lange Transportwege heil übersteht, dann schnell zurück mit der Trendsauce in die

Sahelzone. Und den Leitungswasserautomat, den man neuerdings als In-Crowd-Treffpunkt zu etablieren versucht, auch gleich runter in den Sudan, die werden sich freuen.

Manchmal steht zwischen den Fantakisten und Küppers Kölsch ein Aktionsgirl mit orangegrünem Käppi, welches Probierbecher einer neuen Techno-Limonade ausschenkt. Schade ist, dass die meisten Menschen um die Limonadenmädels drum herummanövrieren. Wenn sie auf der Suche nach Softlan versehentlich in die Mädchen reinfahren, reagieren sie verlegen, wie wenn man im Radio einen coolen Sender sucht, und plötzlich kommt Roger Whittaker. Man sollte öfters Leute treffen.

Ein interessanter Treffpunkt ist inzwischen das Marmeladenregal geworden. Die altertümlichen Fruchtaufstriche aus heimischem Obst wurden in den letzten Jahren einem erbarmungslosen Mode-Update unterzogen. Waren Erdbeeren und Kirschen jahrhundertelang einsam in ihre Gläser gepfercht, hat sich vor fünfzehn Jahren erstmals Stachelbeer mit Kiwi getroffen. Momentan geht es bei den Marmeladen zu wie beim Promi-Stelldichein in St. Moritz. Von Zentis und Schwartau kommen wöchentlich neue Jetset-Marmeladen ins Spiel. Pfirsich-Vanille trifft Mango, Cassis trifft Schwarzkirsche-Maracuja usw.

Im Einkaufsradio erfahre ich unterdessen, dass sich der US-Präsident mit einem Nahost-Häuptling getroffen hat. Nachrichten aus aller Welt in Lebensmittelmärkten, insbesondere an der Wursttheke, bereiten mir Verdruss, denn ich möchte die Angebote von Mortadella und Hisbollah gerne getrennt studieren. Der Hausrundfunk in Bau- und Supermärkten ist zu einer enormen Geschwulst herangewachsen. Neuzeitliche Verbrauchsankurbelstrategien haben auch hier altvertraute Laienhörspiele verdrängt. Die heutigen Marktleiter besorgen sich direkt groteske Serienformate von Domestos oder Bahlsen, in denen Nachwuchsdarsteller die unglaublichsten Amateurdialoge ablesen, die an die Filmbeiträge von *Aktenzeichen XY … ungelöst* erinnern. Bei Eduard Zimmermann klang ein typischer Mordfalldialog ja immer so: Er (gestanzt): «Du-die-Susi-istjetzt-schon-seit-zwei-Stunden-nicht-aus-der-Disco-zurückgekommen. Sie-ist-doch-sonst-immer-so-pünktlich.» Sie: «Ich-glaube-wir-sollten-jetzt-doch-mal-die-Kripo-antelefonieren.»

Im Werbespot vom Einkaufsradio plappert auch nicht mehr einer allein. Man hat aus der amerikanischen Sportübertragung die Doppelmoderation übernommen. In der Regel diskutiert ein junges Paar, das baldigen Besuch erwartet. Das Wort hat zunächst der ratlose Mann, der sich mit Kochen oder Putzen viel zu viel Mühe macht, weil er das richtige Produkt nicht hat. Da antwortet die pfiffige, charmante Frauenstimme: «Ach, du Dummbatz, das muss doch nicht sein! Es gibt doch jetzt das neue, frische *Radadazong*! Damit wird es superlecker/supersauber in nur 15 Minuten!» Der Mann: «Superlecker/supersauber in nur 15 Minuten? Das ist ja Radadazong!!» Und da klingelt auch schon der Besuch!

Geht es um Frolic oder Whiskas, spricht auch mal Hund oder Katze ins Mikrophon. Zum Abschluss heißt es «Wuff-Wuff», und sofort wird wieder ein Gute-Laune-Medley aufgelegt («Walking on Sunshine» von Katrina and The Waves). Alle zwanzig Minuten quakt ein akustischer Glücklichmacher, dass ich doch mal dringend beim Kühlregal vorbeischauen soll, weil dort eine frische Neuheit für mich bereitliege. In der Weihnachtszeit handelt es sich meist um die neuen limitierten Weihnachtsjoghurt-Editionen Macadamia-Glühwein, Fichtennadel-Walnuss, Weihrauch-Kokos usw. Die Joghurtgeschmäcker vermehren sich noch schneller als die Slums in Bangkok. Man kommt mit dem Probieren gar nicht nach.

Die Joghurtbecher haben sich in den letzten zwanzig Jahren zu wahren Jumboeimern entwickelt. Die Inder sagen ja: Die Humanität einer Gesellschaft erkennst du daran, wie sie mit ihren Tieren umgeht. In Deutschland sagt man dagegen: Die Vitalität und Kampfkraft eines Landes erkennst du an der Größe seiner Joghurtbecher. Die Psychologie weiß, dass depressive Mentalitäten eine Nahrungsvorliebe für süß-weichen Löffelschlabber haben. Irrt der Wissenschaftler nicht, ist unser gewaltiges Joghurt-Pudding-Spektrum das Symptom des großen nationalen Tatterich. In einem Land, wo der

Trübsinn oft zu Gast ist, da ploppen die Danonedeckel. «There's always room for gloom», sagen sie in England über uns.

Wir erinnern uns: Fruchtjoghurt für alle erschien erstmals während der sozialliberalen Koalition unter Helmut Schmidt, in kleinen 100-Gramm-Bechern, Aroma Erdbeer, Zitrone oder Nuss. Die Zukunft war unklar, aber irgendwie rosig. Dann wählte man Helmut Kohl, und mit ihm kamen Wackel-Goofy und Sahnejoghurt im Pfundbecher. Besser wurde es im Lande nicht. Heute ist der Glanz der Republik dahingewelkt, und da sitzt nun das Individuum, von Väterchen Staat ins graue Morgen entlassen und sucht Trost im Einlitereimer Stracciatella-Sahnejoghurt von Lidl. Bald werden wir Fünfliterfässchen Fruchtjoghurt haben, und du oder ich werden jemanden kennen, der so was während eines Fernseh-Tatorts weglöffeln kann.

Ich habe mal gehört, dass der Durchschnittsbundesbürger circa 70 Stunden pro Jahr im Autostau steht. Ich schätze, dass er mindestens nochmal 20 Stunden unentschlossen vor den Milchprodukten verbringt. Seit es für kalorienhysterische Aufsteigerfrauen das gesamte Molkereispektrum auch mit 0,3 bis 0,0 Prozent Fett gibt, ist das Kühlregal so lang, dass man daran mit dem Mofa entlangfahren kann. Ich habe jedoch den Eindruck, dass von all dem Low-Fat-Mumpitz keine Frau dünner geworden, sondern nur die Kühltheke sechs Meter dicker geworden ist.

Ich finde, als erste Rückbaumaßnahme könnte man Kochkäse eliminieren. Graubrot mit Kochkäse – war das nicht das Abendbrot von Hosenträger-Opas, die im Zweiten Weltkrieg einen Arm verloren haben und die mittlerweile leider ausgestorben sind? Ein echter Neandertaler auch: Heringssalat mit Roter Bete. Die Lebensmittel kommen, manche bleiben ein Weilchen, dann reißt Gottes mächtige Pranke sie aus dem Regal. Früher gab's mal *Zwiebli* von Thomy, so kleingehackte Zwiebeln aus der Tube. Hat sich nicht durchgesetzt. Oder *R'activ*, das war ein Kaffee-O-Saft-Cocktail. Ich glaube, Boris Becker hat das mal getrunken. Hat aber beiden nicht geholfen.

Viel Brei aus Großmutters Zeit steht noch rum, auch Substanzen, die mit Oma gar nix zu tun haben. Unklar bleibt mir der Bezug von Großmutters Kaiserreich zu den hochprozentigen Sahneflakons der Geschmacksrichtungen Schoko und Vanille, die unter den Verkehrsbezeichnungen «Oma's Vanille-Geheimnis», «Großmutter's Karamell-Rezept» oder «Tante Else's Sahne-Punsch» von den Likörkonzernen in Umlauf gebracht werden. «Großmutter's Vanille-Experiment» ist wahrscheinlich eher ein Derivat der sogenannten Schlamm-Bowle, einem Teenager-Partytrunk der späten achtziger Jahre. Diese bestand aus zerlassenem Vanilleeis mit wahlloser Spirituosenzugabe. Die Schlammbowle ihrerseits dürfte eine Protestmanifestation gegen die lieben Eltern bzw. eine pubertäre Verhöhnung der Sechziger-Jahre-Fruchtbowlen von Peter Frankenfeld sein.

Wer wissen will, wie es früher war, zum Beispiel in den Siebzigern, möge sich eine Packung Toffifee kaufen. Schon der Produktname ist ja ein lebender Dinosaurier wie das Nilkrokodil. Wie würde man Toffifee wohl als Marktneuheit nennen? Vielleicht Creamysoul-Manhattan-Chocolate-Nutfudgies oder so ähnlich? Und dann die Packung: warme Brauntöne, innen mehr Metalloptik. Wie die Kompaktstereoanlagen von Dual 1975. In einem Düsseldorfer Verwaltungshochhaus gibt es sogar eine denkmalgeschützte Empfangshalle aus den Seventies, die sieht exakt aus wie eine Schachtel Toffifee, so schoko-ocker mit Blechakzenten.

Alternativ dazu begebe man sich auf die Suche nach dem fünfzig Jahre alten, versunkenen Phänomen der Tante-Emma-kinder-Schokolade. In hutzeligen, verkrösten Lebensmittelminiläden, wie man sie heute nur in entlegenen Dörfern des Spessarts oder der Eifel noch antrifft, lagerte aufgrund von Platzmangel die kinder Schokolade nie weit von den Drogerieartikeln mit deren hygienischen Ausdünstungen. Zur Folge hatte dies, dass die milchgeladenen Kinderriegel eine hauchzarte Note von Persil und Ajax annahmen. Das besondere Seifenaroma der Kinderschoko vergangener Zeiten dürfte heute ein gesuchter Nostalgieflash für kultgierige Mittvierziger sein.

Bekannt ist, dass sich kinder Schokolade und Überraschungseier mittlerweile demographisch in der Altersgruppe über 40 angesiedelt haben. Ich schlage daher vor, die Ü-Eier jetzt schon in Ü-40-Eier umzubenennen.

Im Lutscherbereich für Kleinkinder geht es dagegen voll gewaltbereit ab. Lollipops müssen jetzt schon Elektroschocks aussenden oder mindestens vibrieren und innen beleuchtet sein, sonst bringen sie's nicht. Eine süße Idee für ungefähr Vierjährige ist *Flic'n' Lick*, das Stilettomesser mit Brauseklinge. Ich höre auch, dass sie am Büdchen sogar Plastikbausätze aus Sprengtrichtern, Sirup und Knisterperlen verkaufen, die sich die Kleinen nach Packungsanleitung in den Rachen laufen lassen.

Ich meine, dass man sich mit Vollendung des 25. Lebensjahres der Schokolade zuwenden sollte, und zwar solcher, die nicht an jeder Tankstelle zu kriegen ist. Die auflagenstärkste Schoko Deutschlands ist auf jeden Fall quadratisch, vielleicht praktisch, aber bestimmt nicht gut. Ritter Sport kriegt man an jeder Tanke nachgeschmissen, und sie verkörpert irgendwie die *Bild*-Zeitung unter den Schokoladen. Gedankenlos wird sie hineingestopft, nachher fühlt man sich leer und elend. Ritter Sport ist ähnlich wie Milka seit fast zehn Jahren zugange, sein Sortiment in einer biblischen Vermehrungsaktion mit immer abstruseren Sommer- und Trüffeleditionen aufzulösen. Der endgültige Frankenstein auf dieser Schokowalpurgisnacht dürfte Ritter Sport-Smarties sein. Manche Dinge kommen im Leben zusammen, die als Einzelerscheinung schon bedenklich waren und zusammen noch schlimmer werden, zum Beispiel Michel Friedman und Bärbel Schäfer oder das Automobil und die Stereoanlage, aber der Hammer ist Ritter Sport mit Smarties.

In Hasloch in der Südpfalz befindet sich, wie man hört, ein vertrauenswürdiges Eins-zu-eins-Abbild des totalen deutschen Konsumverhaltens. Darum hat der Handel die Einwohner Haslochs zum Testgelände für alle Neuzugänge bei Verbrauchsartikeln erklärt. Was in Haslocher Einkaufswagen fällt, wird später in die Lieferwagen für ganz Deutschland gestopft. Warum gehen die lieben Südpfälzer nicht endlich hin und rufen: «Gnade! Stoppt Ritter-Sport-Überschwemmung jetzt! Weiße-Mandel-Zabaione-Joghurt-Baileys-Cassis-Amarena-Crisp-Curaçao-Whisky-Limette-Himbeer-Buttermilch-Olympia-Trüffel-Knusperflakes. Wir können nicht mehr!»

Vielleicht könnten die Haslocher Versuchskaninchen auch den alljährlichen Weihnachtsterror abmildern. Jährlich lauter werden doch die Mitbürgerklagen, dass die Adventssüßigkeiten schon am Ende der Sommerferien konsumstrategisch in Stellung gebracht werden. Charmant finde ich daran, dass laut Umfragen ein jährlich wachsender Volksanteil über den Hintergrund des Weihnachtsfestes gar nicht mehr Bescheid wisse. Besonders die Jugend sei hinsichtlich der christlichen Jahresriten gravierend unterbelichtet. (Aus original Jugendkreisen erfuhr ich dazu übrigens kürzlich, dass die Adventszeit schon seit längerem saisonal völlig offen sei. Sie beginne jedoch pünktlich zu der Stunde, in welcher die Radiosender die Weihnachtsschnulze «Last Christmas» von Wham! übertragen.)

Schließlich hat man seinen Klimbim beisammen und schlittert Richtung Kasse. Plötzlich findet sich im Körbchen allerlei rätselhafter Beifang, den man eigentlich nicht braucht. Private Stichproben, die ich jetzt mal nach Herzenslust für repräsentativ erkläre, ergaben, dass 90 Prozent der Verbraucher ihren Einkauf langweilig finden, aber zu 90 Prozent ihre Stammprodukte kaufen. Diesem Problem kann man begegnen, indem man das gewohnte Einerlei von Zeit zu Zeit mit ein paar bunten Tiefkühlbeutelklammern, indischen Waschnüssen oder einem neuen Glitzerlabello auflockert. Man kann sich auch durch den Vordermann inspirieren lassen. In fremden Einkaufswagen liegen oft die surrealistischsten Kompositionen. Neulich stand ich hinter einer Oma mit einem Blumenkohl und einem Überraschungsei. Ach, das könnte ich ja auch mal nehmen, dachte ich. In Afrika lautet ein Buschmännersprichwort: «Der Fremde hat große Augen, doch er sieht nicht viel.»

Vielleicht hat man auch einen mit fünf Dosen «Heringsfilets

Madagaskar» und einer Flasche Doornkaat vor sich. Da denkt man «Ooooohh!» Vorräte an Dosenhering in Würztunke verstrahlen oft Konnotationen sozialer Brüchigkeit. Urgh, seufzt man als stiller Beobachter, da ist ein Mitmensch auf dem Weg, sich am unteren Ende der Sozialpyramide einzurichten. In einer Wohnung in meiner Nähe sitzt ein Mensch mit fünf Dosen Fisch und vierzig Fernsehprogrammen. Gott, hast du das gewollt …?

Doch Gott ist auch an der Supermarktkasse präsent. Seine Stimme spricht warnend von den Zigarettenschachteln. Manche Zigarettendepots sind so gebaut, dass man alle Tabakaphorismen auf einmal lesen kann. Das klingt dann wie ein Gebet: «Du sollst nicht rauchen!» – «Rauchen verursacht unbefleckte Empfängnis.» – «Wann hören Sie endlich auf?» – «Auge um Auge – Zahn um Zahn.» Der Vanitasfimmel der Gesundheitspolitiker ist bizarr. Ich glaube, man wird eines Tages Tabakwaren nur noch beim Bestattungsunternehmer kaufen können. Zigarettenautomaten werden nur an Krematoriumsmauern montiert werden dürfen. Vielleicht gibt es in Amerika, dem Land des säbelrasselnden Nichtrauchens, schon eine Nichtraucherreligion, eine Church of Stop Smoking.

Auf jeden Fall existiert in den USA schon die Church of Stop Shopping, die Sekte gegen das Einkaufen. Es handelt sich um eine Zwerggemeinde mit angeschlossenem Gospelchor gegen Globalisierung, Konsum, Starbucks-Cafés, Irakkrieg, Wal-Mart und ähnliche Plagegeister. Der Chef ist Reverend Billy, ein verzauberter Afroamerikaner mit Elvis-Frisur. Nach jedem zweiten Satz ruft er: «Changeluja!» Er stand schon mal in New York vor Gericht, weil er einer Registrierkasse den Teufel ausgetrieben hatte. Auf den heiligen Messen der Church of Stop Shopping wird die anwesende Gemeinde beschwört, ihre Kreditkarten vorzuzeigen, die dann von Reverend Billy in einem exorzistischen Ritual in die Hölle verdammt werden. Ich finde, ein Gottesdienst der Church of Stop Shopping könnte auch mal im Einkaufsradio übertragen werden. Zum Ende des Gottesdienstes ruft Reverend Billy seinen Lieblingssatz: «When will you stop your shopping? Changeluja!»

STRANDBAR-BRINGDIENSTE UND RIESENSCHNITZEL

Die Gastronomiekritik

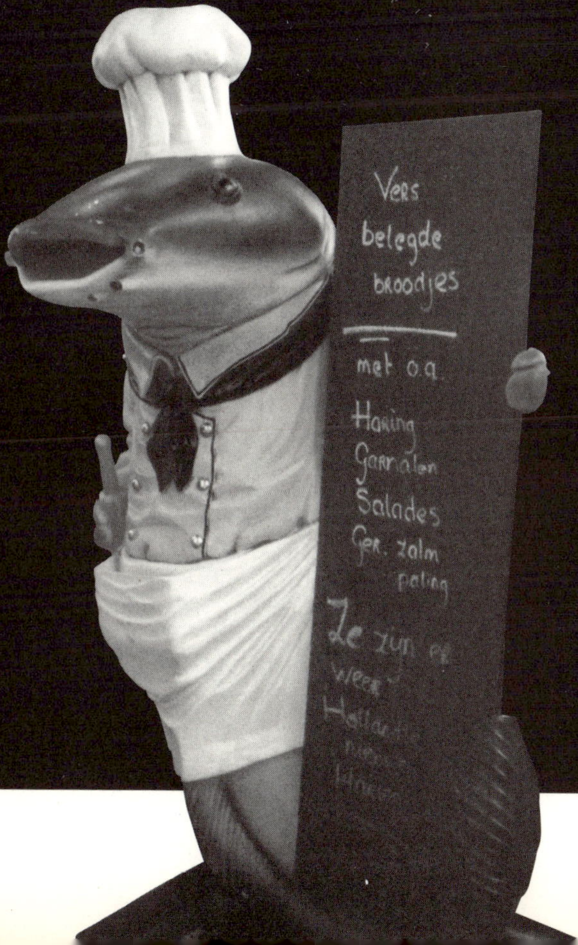

AN DER FRONTLINIE urbaner Selbsterfahrungsmöglichkeiten erscheinen seit einiger Zeit die Frisiersalons. Die Haarstylisten konnten sich ein Image ambulanter, dringender und durchgreifender Erstversorgung erkaufen, wie es früher nur Geschlechtsumwandlungen, Blinddarmoperationen oder Blitzhochzeiten hatten. Die Coiffeurwerkstätten entlang unserer glitzernden Boulevards heißen zum Beispiel «Notaufnahme», «Kaiserschnitt» oder «Hairmergency». Zunehmend wird das Haareschneiden auch in den Discotheken- und Kunstbetrieb hineingezogen, wo man unter der Trockenhaube Rauminstallationen oder Jazzkonzerte genießen kann. Zuletzt sind noch die Umzugsunternehmen mit auf den Erlebnisdampfer gesprungen. Geht man zu den Möbelpackern und sagt: «Tag, ich hätte gern ein paar Kartons von Köln nach Berlin gebracht», rufen sie: «*Wir* ziehen Sie um!», und schon geht's los mit Cappuccino und Videosimulation.

In Köln ist es neuerdings möglich, sich nachts die Haare schneiden zu lassen. In Anlehnung an nächtliche Friseurbesuche entstand dort auch die erste total verdunkelte Speisewirtschaft. Der Laden im Gespräch heißt «unsicht-Bar-Köln», und dort kann es sehr spannend werden, das zu bestellen, was die Dame am Nachbartisch gerade erhält, denn in der unsicht-Bar sitzt man in schwärzester Finsternis. Es heißt, das Personal wisse sich aber zu helfen, es sei durchgängig blind. Man kann also ungestört in der Nase bohren oder am Platznachbarn einen raschen Geschlechtskontakt probieren. Nicht möglich ist es aber, wenn die Gesprächsthemen ausgehen, mit Mandarinenschalen in Kerzenflammen zu spritzen oder feuchte Bierdeckel zu Würstchen aufzuribbeln.

Das Sonderbarste an der unsicht-Bar ist das Staunen der Gäste darüber, was man beim Speisen in der Finsternis alles erleben kann. Man hört doch überall, der Geschmackssinn sei auch lichtabhängig. In kinderleichtem Selbstversuch lässt sich bestätigen, dass das Abstellen des Rauchens die Zunge ermuntert. Das Abstellen der

Beleuchtung dagegen bringt die Geschmacksknospen sogleich an den Krückstock. Verdunkelung bewirkt sofortige Geschmacksumwandlung von Forelle in Lachs oder Aprikose in Pfirsich und umgekehrt. Von blinden Weinproben wird berichtet, dass selbst Superweincracks sich aufs herrlichste Glatteis führen ließen usw.

Übereinstimmung herrscht auch in der Ansicht, dass gewisse Tischgenossen den Geschmack beeinflussen. Tagliatelle mit Trüffel und grünem Spargel sollen signifikant besser schmecken, wenn einem bei Tische statt Maggie Thatcher eine hübsche Promimaus aus Hollywood gegenübersitzt.

Und das Personal? Kellner ohne Augenlicht? Blinde oder sogar taube Kellner sind bereits anderswo gesichtet worden. Viele Restaurants haben auch schon mit Essen ohne Geschmack experimentiert! Oder eine Speise zu bestellen, von der später weit und breit nichts zu sehen ist, wer kennt das nicht? Interessant dagegen: Was sagt der Kellner der unsicht-Bar zur Verabschiedung? «Wir sehen uns!»? Und wo gehen die vielen Paare, die sich schon bei Tisch nichts zu sagen haben, nachher noch hin? Ins Kino? In einen Stummfilm?

Wie auch immer, der geübte Gast wird seine ADAC-Taschenlampe mitbringen und mit seinem Hauptgang mal schnell aufs Klo verschwinden. Man weiß doch nie, was kommen kann.

Viele Leute wünschen von Außergewöhnlichkeiten generell nicht behelligt zu werden. Einige Mitmenschen sind bei mittelalterlichen Rittermahlen schon einmal von einem minnesingenden Schalmeikasper gezwungen worden, mit bloßer Hand eine rotglühende mittelalterliche Alufolienkartoffel zu essen. Nach solchen Erfahrungen sucht man gern wieder die eingesessenen Gasthöfe mit bunten Butzenscheiben und Bundeskegelbahn auf, die auf dem Tellerrand ein Salatblatt und eine Tomatenecke platzieren und aus unerfindlichen Gründen gutbürgerlich genannt werden. Diese nach Bierdeckeln und Sauerkraut duftenden, «Ratskeller» oder «Postschänke» geheißenen Betriebe verdanken ihre Gestalt einer urgermanischen eichenfurnierten Romantik, wie sie in Grimms Märchen und auf Schallplatten von Heino gepflegt wird. Darin sind die Wirtshäuser stets niedrige, rauchgeschwärzte Räuberhöhlen, in denen teils geschunkelt, teils gemunkelt wird und die Wirtstöchter leicht verfügbar sind. Weil man aber als untadliger Gutbürger oder -bürgerin darin ungern entdeckt wird, ließen sich die Insassen durch grünviolette Bleiverglasung unkenntlich machen.

Was im Ratskeller auf den Teller kommt, ist berechenbar. Die Speisenauswahl pflegt den rustikalen Charme der fünfziger und sechziger Jahre, als das neue deutsche Mittagessen erfunden wurde, also Bratwurst mit Rotkohl und Kartoffelpüree oder die österreichisch-belgisch-französische Fügung Schnitzel/Pommes/Salat. Über der Theke hängen zentnerschwere Kutschräder und über den Kochtöpfen zentnerschwere Frauenzimmer, die ihre Arbeiten in schmiedeeisernen Pfännchen anrichten. Neben dem altbewährten Schweinefilet überbacken mit Tütenhollandaise («Ratsherrenschmaus») ist der Evergreen der im geriffelten Glasschälchen gereichte Beilagensalat. Er umfasst meistens Rote Bete, in rohen Zwiebeln marinierte gelbe Konservenwachsbrechbohnen und Weißkraut.

Kreuzt man Erlebnisgastronomie mit Sättigung, erhält man das Riesenschnitzel. Überall schießen ja jetzt XXL-Schnitzellokale aus dem Boden. Irgendwo in Hessen steht eine Gaststätte, deren Namen ich Gott sei Dank gerade vergessen habe, zu der Reisebuskegelgruppen und Automechanikerbetriebsausflüge wallfahren, weil dort fußabtretergroße Schnitzel und Hamburger so groß wie Radkappen serviert werden. Die für die Megaschnitzel jeweils vorangemeldete Busladung versammelt sich in einem Bierzelt, die herangerollten panierten Monstrositäten werden von grölenden Kfz-Monteuren mit ihren Fotohandys fotografiert, nach dreißig Minuten Mampfen geht den Gästen die Puste aus, und nach zwei Stunden werden sie wieder rausgeschmissen, weil draußen schon der nächste Reisebus wartet. Ein Hotelrestaurant weit draußen in der Eifel ruft: «Auf ins Land der Riesenschnitzel!» Es erscheinen aber keine Eventtouristen, sondern nur niederländische Wohnmobile und Motorradbataillone aus Wuppertal.

Die Mehrheit ist Gott sei Dank immer noch von der Mentalität der Raumschiff-Enterprise-Besatzung! Sie ist auf der Suche nach neuen Abenteuern, neuen Galaxien und neuer Intelligenz. In Rüdesheim oder Heidelberg lassen sich japanische Touristen beobachten, die mit leuchtenden Augen grüppchenweise in die schummrigen Ratskeller und Odenwaldstuben verschwinden, um dort Leberkäse mit Apfelmus oder sonst was typisch Deutsches zu essen. Gleich um die Ecke sitzt die Heidelberger Studentenwelt in den japanischen Sushi-Bars und jongliert sich Algenfäden mit japanischem Maggi in den Mund.

In trendigen Ausgehvierteln vermehren sich augenblicklich neue Erwachsenen-Sandkästen mit Thekenbetrieb, welche Strandbars genannt werden. Der Boden besteht aus Sand, und das Personal flitzt barfuß mit Limonenbier und Südseegetränken zwischen Kokospalmen und Volleyballnetzen herum.

Allerorten entstehen moderne, lichtdurchflutete Society-Trattorias. Die neuen fetzigen Saftbars sind transparent vollverglast und bei der mit Kaffeedurst und Laptop ausgestatteten Jeunesse dorée stark gefragt. Sie verbreiten Partystimmung iberoamerikanischer Prägung und heißen zum Beispiel El Porompompero oder Tapas Y Chicas. In beständig steigender Zahl ruhen dort samstagabends Greenhorns und Senioren einträchtig hinter bodenlangen Panoramafenstern und lassen die Flaneure auf dem Corso die gerade angesagten kühlen Mischgetränke bestaunen. Dort stecken Strohhalme in karibischen Durstlöschern, die *Moskito* oder *Piranha* heißen, während die tüchtigen Wirtsleute meistens aus Arabien stammen. In ihrem ersten Leben waren sie Einrichtungsberater. Übernehmen die geschäftstüchtigen Orientalen eine gutbürgerliche Kneipe, wird mit altdeutschen Butzenscheiben und Kutschrädern erst mal kurzer Prozess gemacht. Vorneweg wird der ganze Laden limonadengelb angestrichen, dazu werden marokkanische Alabasterlampen aufgehängt. Theken und Espressomaschinen werden verchromt, und über das Regal mit dem Campari wird ein Flachbildschirm mit VIVA-Fernsehen gehängt. Freiflächen werden sparsam mit goldverschnörkelten Barockspiegeln und Schwarzweißfotos von Jazzpianisten oder -saxophonisten (William Claxton) behängt.

Solchermaßen geködert, findet sich nach kurzer Zeit das örtliche Who's Who des Latte Macchiato gegen 17 Uhr ein. Die Langeweile verlangt, so gegen 18 Uhr mal die Speisekarte zur Hand zu nehmen. Aus einem Sortiment von 120 Gerichten bestellt man bei einem deutschmarokkanischen Musketier mit Ramazottischürze «Farfalle Copacabana» oder Ähnliches. Nach einem Viertelstündchen springt der Musketier wieder heran und bringt ein gewaltiges mit Sesam und geschrotetem Pfeffer bestreutes Porzellanraumschiff voll Putenfleisch, Zitronengras, Rosmarin, Parmesanspänen, Trockentomaten, Balsamico und Erdnusssauce, welches zur Gänze von einem kunstvoll toupierten Wuschel Rucola zugedeckt ist. Der Gesamtgeschmack liegt in der Nähe eines spontanen Happenings von Friedensreich Hundertwasser. Auf die übliche Frage «Hat's geschmeckt?» antwortet die übliche Szenekundschaft, dass der Koch ja sehr kreativ sei.

Ein volkstümlicher Aberglauben, der sich bis heute gehalten hat, besagt, dass in gewerblichen Küchen professionelle Köche am Werke sind. Aufgrund ihrer teuren Einrichtung haben die hippen Cocktail-Cantinas allerdings an den Herd einen preiswerten fünfzigjährigen Montagsmaler oder vorderindischen Autodidakten gestellt. Der hat zwar nie Kochen gelernt, sich aber in dreißig Jahren deutscher Kneipenszene mit allem angefreundet. Der Aushilfsdjango in der globalen Dorfschänke ist der Ansicht, dass seine Speisekarte fünfzehn Seiten haben muss und dass die deutsche Küche im Wesentlichen funktioniert wie Playmobil. Alle fünf bis zehn Jahre kommt was Neues, es muss nur zu dem passen, was vorher schon da war.

Irgendwann vor vierzig Jahren hat ein französischer Starkoch, es war wohl Paul Bocuse, gesagt: «Wir können alle kreativ sein!» Neben ihm stand zufällig Joseph Beuys und meinte: «Jeder ist ein Künstler.» Da haben die Krokettenschwinger in ihren Karaokekombüsen aufgehorcht und gerufen: «Jeder ein Künstler? Alle kreativ?

Da machen wir mit!» Crossover haben sie in Eigenregie in Motocross verwandelt, und seitdem gibt es Großmutters Karottensuppe mit Ingwer, mit Grappa, mit Räucherforelle, Sonnenblumenkernen oder mit was auch immer.

Ich finde, bracheninterne Statements von alten Haudegen müssen in Amateurkreisen nicht immer so wörtlich genommen werden. Dieter Thomas Heck soll auch mal gesagt haben: «Schlager ist doch etwas völlig Unwichtiges.» Paul Bocuse hätte lieber sagen sollen: «Der liebe Gott hat die Gabe des Kochens nicht mit der Gießkanne verteilt! Der eine holt aus seiner Speisekammer die Agrarschätze aller Länder und Weltmeere und bleibt zeitlebens Chaosforscher, dem anderen drückt man vier Eier und einen Strohhalm in die Hand, und es entstehen die erstaunlichsten Wunderdinge.»

Grundbausteinen großmütterlicher Garverfahren gehen Gastrogesellen gern aus dem Wege. Ein prima Prüfstein professioneller Praxis ist Wirsing. Man wird mit Hundestaffeln und Hubschraubern suchen müssen, um irgendwo eine Speisekarte mit Wirsingkohl aufzuspüren. Ähnlich vertrackt ist es nämlich, Geschmack in ihn hineinzubekommen wie herauszukriegen. Gegenüber Amateuren zeigt Wirsing die sortentypische Widerspenstigkeit. Er ist das Stiefkind des kochenden Berufsstandes, weil er Zeit und Intelligenz verlangt, die zwei Brüder, die sich in Profiküchen selten niederlassen. Des Wirsings mediterrane Schwester und kulinarisches Aschenputtel ist die Aubergine. Seit ihrer Einführung nach Mitteleuropa leidet die Königin der Fruchtgemüse zu Unrecht unter den dort grassierenden ergebnislosen Anstrengungen, irgendwas Schmackhaftes aus ihr herauszuarbeiten. Selbst in allen Ressorts hochdekorierte Hausfrauen und progressive Jungvegetarierinnen schütteln sich vor der Aubergine.

Freund aller Berufsköche ist der Broccoli. Vom Broccoli drohen niemals Reklamationen, weil mittels minutenschnellen Abbrühens und kalten Abspülens alle eventuell vorhandenen Geschmacksstoffe zuverlässig entfernt werden können. Jeder Kinder- und Seniorenteller kann bedenkenlos damit bestückt werden, nur schön quietschegrün sollte er bleiben, denn botanische Blütenoptik strahlt Präsenz gesunder Vitaminkost aus.

Talentgesegnete Köche schätze man wie die schwarzen Orchideen als seltene Einzelstücke. Oft habe ich erfahren, dass Schwulsein Hand in Hand mit feiner Küchenkunst geht. Homoerotische Neigungen bei Berufsköchen haben allerdings die ominöse Eigenschaft, sich zuverlässig in ihren Speisekarten niederzuschlagen. Wer öfters auswärts essen geht, wird meine Ansicht teilen, dass Speisekarten überhaupt mehr über die seelische Verfassung ihres Autors als über die Qualität des Aufgetischten aussagen. Merkwürdig, dass Frauenzeitschriften nie Psychotests veranstalten, bei denen die Leserinnen Speisekarten entwerfen müssen: «Zeig mir, wie dein Menü aussieht, und ich sage dir, ob du Beziehungsängste hast!»

«Homomenüs» bestechen gern durch semantische Extravaganz und operettenhafte Rhetorik. Liest man in der Vitrine neben dem Eingang zum Beispiel:

Regenbogenforelle in der Eihülle gebacken mit Fingermöhrchen,
Dialog von rosa gebratener Wachtel und Perlhuhn an lauwarmen Puy-Linsen,
Saisonales Blütenpotpourri an einer Mango-Honig-Vinaigrette,
Etouffiertes Bluttäubchen im Naturdarm, gegart mit Knusperschnitte und geschwoftem Gemüse,

darf man relativ sicher sein, dass in diesem Gasthof auch schon mal die rosa Schürze mit nichts drunter angezogen wird.

In aufstrebenden Landgasthöfen, die mit Regionalküche werben, werden gern grobbäuerliche Zutaten durch reichliche Zugabe von Feudalpräpositionen (von und zu) in die oberen Zehntausend geadelt, man entwirft dort *Carpaccio von Karpfen* und *Rübchen an marinierten Graupen* oder eine *Charlotte von Roter Bete auf einem Grünkern-Zwiebel-Kompott.*

In der Rubrik «Für unsere kleinen Gäste» wird den unter 14-Jährigen öfters ein *Räuber-Hotzenplotz-Teller* oder Ähnliches geboten, wohinter sich auf jeden Fall irgendein Fließbandfutter verbirgt.

Unsere Restaurantköche sind leider genau wie 80 Prozent der modernen Eltern der Ansicht, dass Kinder am leichtesten mit Pommes und Paniertem ruhigzustellen sind. *Pinocchiomenü* zum Beispiel heißt immer Schnitzel und der *Piratenteller* Fischstäbchen. Ich meine: Solche Juniorangebote sind nicht gut! Sie bestärken die kleinen Fratze nur in der ungesunden Forderung, dass man ihnen gefälligst auf jedem Punkt des Globus mit Pommes und Ketchup entgegenzukommen hat und dass, wer jünger als zehn ist, ein gesetzliches Anrecht auf Schrottessen hat. Die politischen Mandatsträger mögen mit baldiger Wirkung Richtlinien erlassen, dass Kinder unter 15 außer Haus ausschließlich mit vegetarischer Frischkost abzufüttern sind, sonst sitzen sie auch noch mit 35 beim Burger King.

An der Zeit wär es auch, in den Rentnerausflugslokalen mit angeschlossenem Ententeich den typischen Rentnergerichten ebenfalls attraktive Namen zu verpassen. Der Superklassiker «Hirschragout mit Kroketten und Apfelmus» könnte zum Beispiel *Wirtschaftswunderteller* heißen und Pfifferlingsomelette vielleicht *Heidi-Kabel-Pfännchen.*

Doch blicken wir in den exotischen Sektor. Noch irrer treibt es der Chinese im Menüentwurf. Er schreibt seine Speisekarte und spricht: Warum simpel, wenn's auch bekloppt geht? Dreihundert Gerichte, die alle aus fünf Töpfen kommen. Ich las einmal etwas über eine chinesische Form von Gehirnwäsche (Hsin-Nao), die man gern anwendet, um den ahnungslosen Fremdling an die Fernost-Mentalität anzupassen. Ich schätze, das Menü im «Peking Garden» hat eine ähnliche Funktion. Auch kennt der Chinese soundsovieltausend Schriftzeichen, dabei lassen sich im Gesprochenen gerade fünf bis sechs artikulierte Laute unterscheiden. Zu guter Letzt praktizieren sie fünfzehn Kampfsportarten mit immer denselben drei, vier Zuckungen, die das eine Ziel haben, dem Gegner in höchster Vollendung den rechten Fußballen ins Auge zu rammen.

Ganz anders wieder Italien! Die Pizza- und Spaghettimänner pfeifen auf abgeschlossene Kurzromane in ihrem Menüplan. In venezianischen Restaurants beispielsweise schreiben sie in die englischsprachige Speisekarte statt Tagliatelle kein kompliziertes Tamtam, sondern einfach *Flatspaghetti.*

Italienische Küche auf deutschem Boden hat ja eigentlich den Ruf, dass da nix schiefgehen kann. Man beachte jedoch, die bodenständigen Italiener aufzusuchen, also solche «um die Ecke», wo Kitschikonen von Padre Pio über der Theke hängen und aus dem Lautsprecher «Mamma Leone» oder «Ti amo» dröhnt. Hinter der Theke döst ein 80-jähriger Opa aus Sizilien, und aus dem Fenster weht eine köstliche Wolke aus Muschelsud und Knoblauch. Neben diesen gibt es auch noch den «Edel-Italiener», wo die grün-weiß-rote Nationalfahne von Schlaraffenland nur noch auf Halbmast baumelt, und das kommt durch den neuen Toskana-Terracotta-Pannacotta-Snobismus. Damals, ich meine in Zeiten der Fresswelle, ging's in allen Pizzerien genau wie beim Griechen und Jugoslawen um preiswertes Sattwerden. Der Wirt spannte Fischernetze mit Plastikhummern über die Wand und stellte Chianti-Korbflaschen ins Regal. Als Gast futterte man brav seine Pizza Calzone mit Holländerkäse oder Spaghetti Carbonara mit tüchtig Speck und Schlagsahne.

Beim postmodernen Edel-Italiener geht es mehr um ein mediterranes Lebenskünstlerzeremoniell aus Marmortheke, Brunello und Campari-Orange. Ins zeitgemäße «Ristorante Salvatore» kommen abends arrivierte Medienmenschen oder Studienräte, die politisch mit der Toskanafraktion im Bundestag sympathisieren. Sie führen mit dem Kellner ein bisschen S.Pellegrino-Smalltalk und erkundigen sich in Landessprache, ob es denn in Siena heute geregnet habe und ob beim Dessert vielleicht Pannacotta oder Tiramisu zu empfehlen sei. In ihrer Begleitung erscheinen reife Sekretärinnen, die den ganzen Tag im Büro schon Ferrero Küsschen genascht haben und denen jetzt natürlich die Kalorientabelle vor den Augen rumtanzt. Sie bestellen nur Mozzarella mit Rucola und einen Espresso mit Süßstoff. Der Fettrand vom Parmaschinken, den sich ein pflichtbewusstes Parmaschwein in monatelanger Mühe angefuttert hat, wird mit spitzer Gabel Richtung Tellerrand geschoben. Zum Hauptgang reicht man drei dreieckige Designerravioli mit Salbeiblättern und vielleicht, vielleicht kann man auf der Herrentoilette Kondome mit Latte-Macchiato-Geschmack aus dem Automaten ziehen.

Man vergleiche zum Spaß Griechen- und Italienerkellner an ihrem Oberarmumfang. Der Grieche hat von dreißig Jahren Schlachtplatte mit Bifteki, Souflaki und Krautsalat Muskeln wie Sylvester Stallone, der Transportmuskel seines italienischen Kollegen ist dagegen grazil wie ein chinesisches Ballettmäuschen. Von Rucola und Kirschtomaten ist ihm kein Bizeps geschwollen.

Reisende, die tief ins italienische Hinterland eingedrungen sind, berichten übrigens, dass es in dortigen Wirtshäusern völlig anders zugehe als bei den deutsch-italienischen Pinot-Grigio-Weight Watchers. In den unberührten Osterien Neapels oder Palermos wirkt fast immer ein kontrolliertes Totalchaos aus Geschnatter, Gebrutzel und einem Durchgangsverkehr wie am Markusplatz in Venedig. Vom Servierpersonal ist zunächst nichts zu sehen, dafür knattern gebratene Sardinen wie Motorroller, und die Gemüse stehen bis zum Scheitel im Öl. Meeresungetüme, die aussehen wie geschlachtete Batmans, wandern direkt aus den Lieferwagen in die Bratpfannen. Dem soeben sich niederlassenden Gast setzt man anstelle einer Speisekarte erst mal lieblos ein Pärchen Salz- und Pfefferstreuer sowie Zahnstocher vor die Nase.

So richtig italienisch ist es auf alle Fälle, an einem Abend dreimal den Sitzplatz zu wechseln, weil dem Wirte jeder Quadratzentimeter Tafel Bargeld bedeutet und immer wieder fünfzehn Gäste wie die Elstern schwätzend in der Türe stehen. Das habe ich noch in keinem Reiseführer gelesen: Viertelstündiges Warten im Eingang scheint südlich von Trient Bestandteil eines gelungenen Abends und der landesüblichen Auftrittsliebe zu sein. Ein ordnungsgemäßer Bewirtungsablauf ist einem guten Padrone so öde wie ein regenloser Sommer, also verwandelt er allabendlich seine Trattoria in ein Gemisch aus Laientheater und Verschiebebahnhof. Wenn man seine Rechnung beglichen hat, bekommt man für den ganzen Hürdenlauf noch einen Panettone geschenkt, den unvermeidlichen gelben Weihnachtskuchen, der bis Ostern oben auf dem Küchenregal liegen bleibt.

Ähnlich köstliche Rotationsverfahren liebt man in römischen Parkhäusern. Man überlässt den Mafiosiwächtern Auto plus Schlüssel, und dann werden sämtliche Fahrzeuge alle zehn Minuten umgesetzt. Die Parkheinis begründen dies damit, durch Herumrangieren mehr Platz gewinnen zu können, insgeheim macht ihnen natürlich nur die *Confusione* Spaß. Ohne das lebensbejahende Chaos, das entsteht, wenn sechshundert Autos pausenlos umgeparkt werden, bestünde ihr Beruf doch nur aus Zeitunglesen. Man halte mich für einen greisen Wirrkopf mit Eigelb im Bart, aber ich glaube, wer diese zutiefst nationalphilosophischen Phänomene aus Gast- und Parkhäusern verinnerlicht, dem wird auch die italienische Politik leichter verständlich.

Die gastronomischen Geheimtipps verbergen sich in Italien fast immer in verknoteten Altstadtgässchen, wo kein Mensch einen Parkplatz findet, oder am Ende verwilderter Feldwege, die kaum ein Greenhorn aufzuspüren vermag und die ihre Existenz eher zu verheimlichen suchen.

Wer in Deutschland handwerklich sachgemäß Gekochtes speisen will, muss fast immer in die gastronomischen Gipfelregionen zu den Spitzenköchen steigen. Diese arbeiten in der Regel in Burgen bzw. Schlössern, die einsam oben auf dem Hügel stehen und deshalb Gourmettempel genannt werden. Sie tragen neben dem Eingangsportal verschiedene bunte Plaketten von Oldtimerclubs oder Feinschmeckerlogen und verfügen über voluminösen Parkraum, weil in Deutschland einem kulinarisch exzellenten Ereignis die Anreise in repräsentativem Fahrzeug vorausgeht. In den Wunderkammern der Stargastronomie, wo die Luft für neoliberale Schnitzelbäcker zu dünn ist, wird unter Anleitung strenger Medizinmänner aufrechtes

Kunsthandwerk von zuverlässigen, absolvierten Profis gebrutzelt. Auch der Wirsing hat dort Gastspiele.

Nun hat der Allmächtige vor die himmlischen Genüsse ein etepetetiges Brimborium gesetzt. Die Liebesmüh der Sterneköche ist leider völlig für die Katz, denn in den High-Definition-Qualitätsrestaurants kann man vor lauter Hofetikette kaum was herausschmecken. Der in solchen Häusern ehrfurchtgebietende Pomp lähmt gänzlich die Papille. Die Atmosphäre klebt wie zwei Zentimeter Sprühstärke. Dem arglosen Zivilbürger erscheint diese Form der Bewirtung als Kuriosum. Er findet selten seinen Weg dorthin, und wird ihm zum Beispiel durch einen verrückten Wetteinsatz ein Dinerbesuch im Schloss Sowieso de la Soundso geschenkt, blättert er Tage vorher in Benimmbroschüren, wie ein Hummer zu knacken sei, wenn sechs adleräugige Kellner hinter dem Vorhang zuschauen.

Die Damen sind von ätherischen Ölen penetrant umwölkt, Brokatsessel knarzen, und ständig klimpert irgendwelcher Tinnef aneinander. Kronleuchter flackern im Rhythmus von Rondo Veneziano, und alle sind furchtbar tiftelig wie im Haus am Eaton Place. In dreistündigen Prunksitzungen wird man in eine geheimnisvolle Stonehenge-Geometrie aus unterschiedlich gebauchten Weingläsern hineingezirkelt, derweil eine Combo livrierter Kellner mit blauen Mineralwasserfläschchen über den Teppichboden tanzt. Was das Fläschchen von dem französischen Sprudel kostet, erfährt man gegen Mitternacht durch ein von Pralinen eskortiertes Zettelchen aus einem kleinen Silberetui.

Derlei Verhaltensversteifungen werden verursacht durch Benimmbücher und die Hauben-, Sterne- und Punktetester. Diese tauchen zu gastronomischen Scoutingzwecken anonym in die Restaurants ein. Wenn es den Haubentauchern irgendwo geschmeckt hat und es ausreichend seltene Krustentiere und wilden Spargel aus Chile gab, schreiben sie das in ihre Notizheftchen und veröffentlichen dies.

Dinge, die selten und gegen Geld zu erwerben sind, erwecken naturgemäß die Gelüste der Upper Class. Sternschnuppen beispielsweise sind in höchstem Maße nichtsnutzig, aber selten und sehr beliebt. Wäre es astrotechnisch durchführbar, solche gegen erheblichen Geldaufwand für private Vergnügungen zu buchen, könnte man relativ sicher sein, dass sich in Parvenükreisen recht bald das private Abfackeln von Sternschnuppen etablieren würde. Auch Kaviar und bretonische Austern sind zwar annähernd geschmacks- und wirkungsneutral, haben aber dank hohen Preises und begrenzter Erhältlichkeit eine Assoziation zu Porschefahren und Lion's Club. So kommen alsbald bei den guten Köchen kniggegeschulte, perlenbekränzte Pelzschabracken und Immobilienkönige in dunklen Limousinen vorgefahren, begehren kostbare Zutaten, und dann ist Feierabend mit laut lachen und Ellbogen auf dem Tisch.

Hat Freiherr von Knigge das gewollt? Ich weiß nicht, vielleicht hätte er ein Buch *Über den Umgang mit Hummern* geschrieben. Ich stöberte mal in seiner Urschrift *Über den Umgang mit Menschen.* Ein Dokument profunder Menschenliebe und stilistischer Feinperligkeit! Doch keine Silbe über Hummerknacken oder Ellbogenaufstützen. Anzumerken findet er zwischendurch allerdings, dass superreiche Leute manchmal komisch sind.

Hat man ein Küchenniveau erreicht, auf dem die Hauptgänge nicht größer sind als eine Portion Katzenfutter und die Desserts aussehen wie chinesische Verkehrsschilder, wird dem Gast sein Gericht vom Kellner kurz erläutert. Dies klingt in der Regel, als habe man es mit einer hochkomplizierten Situation im Schachspiel oder im Gerichtssaal zu tun. *«Im Zwischengericht haben wir für Sie jetzt ein Pro und Contra von Beluga-Stör und Wakame-Algen im Reisblatt mit geröstetem Sesam an Sancerre-Schaum. Um die Säure der Loirekreszenz abzufedern, ist die Komposition eingebettet in einen Kranz aus getrüffeltem Kartoffelstroh und Kapuzinerblüten.»*

Ein typisches Kennzeichen von High-Society-Speisekarten ist die Erwähnung von Schaum. Schaum ist das Resultat größtmöglicher Einarbeitung von Luft. Luft wird zur wichtigsten Zutat, wenn man eine Kundschaft bekochen will, die ab einer gewissen Finanzstärke ohnehin an Magengeschwüren leidet und alles, aber nicht dick werden will. Ich vermute ganz stark, dass der spanische Supermolekülkoch Ferran Adrià seine gastronomische Weltrangposition gewonnen hat, weil er seinen Gästen mittels kontrollierter chemischer Explosionen systematisch das Höchstmaß an Luft verkauft. Seine Kundschaft besucht ihn sicherlich weniger wegen zu erwartender Gaumenekstasen, sondern vielmehr weil nur ausgesuchte Gesellschaftszirkel die Finanzpower haben, sich von einem Marsmenschen mit flüssigem Stickstoff bekochen zu lassen.

Üblicherweise machen viele Spitzenköche nach dem Diner eine kleine Restaurantrunde, um sich nach der Zufriedenheit der Gäste zu erkundigen. Weil es aber in der Natur von Immobilienkönigen und Pelzschabracken liegt, ihre wirtschaftliche Potenz herauszukehren, erfahren die Küchenchefs dabei meistens lediglich, wo ihre Gäste letzte Woche *auch* exzellent gespeist haben und wo sie in der *nächsten* Woche zu dinieren gedenken. Die Köche werden davon ganz nervös, können nachts nicht einschlafen und lassen sich Baldrian verschreiben.

Ich finde, die Luxusbodegas sollten mehr Besuch von Leuten wie du und ich bekommen. Die befrackten Kellner könnten sich bei Tisch ruhig über ihre Familie unterhalten oder Kreuzworträtsel lösen, statt wie die Figuren auf den Osterinseln in der Ecke zu stehen. Sie bräuchten auch nicht so kariert zu glotzen, wenn man statt mit Rolls-Royce im buckligen Toyota vorfährt. An der Tür würden sie sich wie in Frankreich zutraulich begrüßen lassen: «Hey, Gaston-Muchacho, wie läuft der Stall, ein Tischchen für sechs, geht das noch rein? Hier riecht's so angebrannt … ist doch hoffentlich nicht mein Fasanentörtchen!?»

Aber das Volk ahmt eh meistens nach, was die Vorbilder im Fernsehen machen. TV-Krimikommissare im deutschen Fernsehen essen zum Beispiel immer an der Dönerbude, weil es so volksnah rüberkommt. Sind ja auch die Reichen, die immer fein essen gehen und die Meuchelgeschichtchen im Haus haben. Döner- und Currywurstessen scheint enorme *Street-Credibility* auszustrahlen. Ich meine, es wäre mal wieder Zeit für einen von vorn bis hinten ultradandyhaften, Tag und Nacht makellos kostümierten Fernsehkommissar. Einer, der nicht unablässig blasierte Villenbewohner mit seinem Allwetter-Trenchcoat nervt, sondern einer, der seine Fälle löst, indem er pausenlos russische Edelnutten in Chichi-Restaurants zu Austern und Champagner einlädt. Super für die Rolle wäre bestimmt Jürgen Möllemann gewesen. Der ist aber leider Politiker geworden, und bei denen sieht's kulinarisch auch nicht paradiesisch aus. Ein Mythos besagt sogar, Altbundespräsident Richard von Weizsäcker hätte seinerzeit seinen Staatsgast George Bush in Berlin mal spontan zu einer Currywurst eingeladen. Wird sich so was je ändern? Wohin gehen wir an der Hand solcher Politiker?

Paul Gauguin hat mal ein Südseeinsulanerbild gemalt mit dem Titel *Woher kommen wir? Wer sind wir? Wohin gehen wir?*. Ich frage: Wohin geht die Küche? Oder, wie Pastor Jürgen Fliege sagen würde: Was kann Küche heute noch?

Vor einem halben Jahrhundert war man allgemein überzeugt davon, dass sich die Menschen in einigen Jahrzehnten nur noch Konzentrate und Tabletten zuführen und in großen Kollektiven Richtung Weltraum aufbrechen würden. Wieder mal zeigte sich, dass der Futurologe der Vertrauenswürdigste ist, der nur wenig Umwälzung vorhersieht. Ein großer Chef von RTL hat mal zur Zukunft des Fernsehens gesagt, die Mehrheit werde sich auch in dreißig Jahren vor allem für Sport, Promiklatsch und Krimis interessieren, nur eben in anderer Zubereitung. Man wird wohl keinen Schritt in den wahrsagerischen Abgrund tun, wenn man behauptet, die Menschheit wird sich auch übermorgen vor allem für Fleisch, Fett, Salz, Zucker und Eier interessieren, nur eben in anderer Zubereitung.

Häufig sehe ich Reportagen aus den Chemielaboren bedeutender Lebensmittelkonzerne, in denen an neuen Aromastoffen und künstlichen Knusperaten geforscht wird. Es heißt, bald werden wir alle davon essen müssen. Ich glaube, den tatsächlichen Fortgang der Kochkunst verfolge man am besten an den Pizzabroschüren aus dem Briefkasten. Sie informieren regelmäßig über die Arbeit jener Forschungslabore, die unter anderem Pizza-Fitt, City-Service, Pizza-Flott, Tex-Mex-Fix, Pizza-China-International, Apollo-Pizza oder Hallo-Pizza heißen. Ich vermute sehr stark, dass hier die Zukunft gebrutzelt wird. Vor ungefähr fünfzehn Jahren hat sich in der unteren Pizzeriaschiene die obere Dönerschiene eingerichtet, die hier mittlerweile eigene Wege geht. Die dort arbeitenden Wissenschaftler sprechen Pizzalienisch, ein Science-Fiction-Esperanto aus Türkisch, Italienisch, Chinesisch, Arabisch und deutschem Regionaldialekt. In dreißig Jahren wird das die Alltagssprache sein. Grundlegende Dinge wie Wochentage sind schon umgeschrieben: Montag-Pizzatag, Dienstag-Nudeltag, Mittwoch-Gyrostag, Donnerstag-Schnitzeltag usw. Der Samstag heißt meistens «Alle-vegetarischen-Gerichte-ein-Euro-billiger-Tag».

Das eigentliche Ziel der geheimen Labore ist aber die Kochkunst von übermorgen. Ihre Zutatenkombinationen können nur mit Hochleistungsschachcomputern erstellt werden. In der Küche steht wahrscheinlich auch kein Koch, sondern ein Savant, so eine autistische Inselbegabung mit astronomischem Kombinatorik-Gedächtnis. Solche Gestalten, die früher bei *Wetten, dass …?* aufgetreten sind und die Lottozahlen von 1979 bis 1989 auswendig wussten.

Die internationalen Nervenbündel vom Pizzadienst pflegen ebenfalls ein phantastisches Speisenregister. Bei der Kombination Schinken/Ananas wissen sie meistens noch, dass es irgendwie mit Hawaii zu tun hat. Viel Chili heißt meistens «Diavolo» oder «Inferno». Ich kannte auch mal einen, der alle Zubereitungen mit Dosenmais «New York» genannt hat. Für die Vegetarier legen sie sauer eingelegte Paprikastreifen oder gefrorenen Tiefkühlspinat auf ihre Pizzen. Ich greife mir jetzt mal einen x-beliebigen Imbiss-Flugzettel eines Multikulti-Bringdienstes des Ballungsraumes Rhein-Ruhr. (Bei der Lektüre bitte ich den Leser und die Leserin, sich vorzustellen, Sie wären Gewinner der Sendung *Am laufenden Band* mit Rudi Carrell. Was Sie sich gemerkt haben, dürfen Sie essen!)

(Alle Pizzen mit Oregano und Käse) 336 Pizza-Power, 532 Risotto-Gyros-Auflauf, 525 Spaghetti-Formaggi-Verdura-Mix, 294 Pizza Dschingis-Khan, 295 Pizza Lawine, 296 Pizza Kobra, 333 Maccheroni Hamito (Formvorderschinken, Krabben, Broccoli, Spinat, Hühnerfleisch, Tabasco, Meeresfrüchte, Peperoni, Tomaten-Sahne-Sauce, Champignons, Käse, Zwiebeln), 104 Maccheroni Zigeuner, 106 Pizza La Fruta (Ananas, Bananen, Peperoni, Schafskäse), 261 Rollos Nachos, 233 China-Pizza-Chop-Suey. 226, 227, 228, Kun-Bao, Hoi-Sin, Wan-Tan-Schnitzel, 231 Achtbakai-Spezial mit Hoi-Sin-Sauce (scharf), 112 Pizza-Top-Spezial-Hummerkrabben, 477 Quesadas de Carne Picada, 298 Pizza à la Chef, gefüllt mit Gyros, Krautsalat, Käse, Oregano, Tomaten, Peperoni, 220 Baguette 100 000 Volt, mit Schinken, Käse, Zwiebeln, Peperoni, 161 Schnitzel Chicken-Hawaii, 481 Döner-Kartoffelauflauf …

Untendrunter steht immer: Ab einer Bestellung von 25 Euro erhalten Sie eine kleine Überraschung! Oft gibt's kleine Überraschungen auch einfach so. Die Superhirne vom Gyros-Vietcong sind ja meistens schon bei kleinen telefonischen Bestellungen mathematisch überfordert und fahren unbestellte Irrtümer durch die Stadt. Man kennt das: Man hat dreimal Pizza Salami und zwei Thunfisch durchgefunkt, zwanzig Minuten später klingeln viermal Salami und einmal gelber Krautsalat. Der Pizzastrolch, dem man noch schnell die Ohren langziehen wollte, hat inzwischen schon abkassiert und ist längst mit seinem Dreirad über die sieben Berge. Andere werben mit tollen Rabatten, ab einer Bestellung von 10 Euro eine Flasche Cola gratis usw. Interessant wäre, für jedes gelieferte Kuckucksei einen Euro zu behalten, wie schnell wäre ein Sparschwein da zur Schlachtreife gebracht.

Wo liegt nun die Zukunft der Küche? In Paris sollen augenblicklich tibetanische Restaurants schwer im Trend liegen. Vielleicht kommen die ja mit dem Dalai Lama zu uns rüber. Solidarisch ausgehen, das wäre neu. Man kann ja jetzt schon Bier trinken für den Regenwald, Auto fahren für die Rente und Motorrad fahren gegen sexualisierte Gewalt. Warum nicht mal essen gehen für Tibet?

Vielleicht werden wir auch neue Möglichkeiten in den eigenen vier Wänden bekommen, Event-Gastronomie-Bringdienste eventuell. Eine unsicht-Bar zu Hause! Licht aus, guten Appetit! Oder werden möglicherweise bald Jazzfriseurservices in die Städte einziehen? Dauerwelle, Sex-on-the-Beach-Cocktail und Jazzsaxophon in einem Abwasch! Man wird vielleicht auch Pizza-Strandbar-Bringdienste gründen, die einem eine Wagenladung Sand und zehnmal Pizza Calzone ins Wohnzimmer kippen.

Postskriptum: Der klassische Kellnerwitz (Herr Ober, in meiner Suppe ...!), der dem schwiemeligen Milieu der Grand-Hotels entstammt, hat mit der Eventrestauration eine Minirenaissance erlebt. Auch der Neo-Kellnerwitz handelt manchmal von Suppe, ist aber supertrocken. Aus den Darkroomrestaurants (unsicht-Bar) wurden zwei Witze ans Tageslicht gebracht, die dem potenziellen Gast nicht erspart werden dürfen:

> Witz 1: Gast: «Herr Ober, in meiner Suppe schwimmt ein Glühwürmchen!» – Blinder Kellner: «Da können Sie mal sehen!»
> Witz 2: Kommt ein profilneurotischer Superprominenter in die unsicht-Bar. Wird schlecht bedient, beklagt sich, lässt Chef rufen. Riesenpalaver. Schließlich der Prominente: «Was glauben Sie eigentlich, wer ich bin!»

WENN ICH MAL HEIRATE

Hochzeit mit All-you-can-eat-Buffet

WO GEHT'S mit einem hin im Leben? Eleanor Roosevelt sagte: «Die Zukunft gehört denen, die an die Schönheit ihrer Träume glauben.» Der Soldat Private Paula in dem Film *Full Metal Jacket* sagte: «Ich lebe in einer Welt voll Scheiße.» Wo geht es also hin? Bevor man eine Wahl fürs Leben trifft, werfe man das Auge auf die Entscheidungen anderer!

Durchschnittlich alle zwei Jahre schiebt der Briefträger einem ein flamingofarbenes Faltkärtchen durch den Schlitz, das die Frauen sofort zum Kleiderschrank stürzen und die Männer mit ächzenden Rippen in den Sessel sacken lässt. Das Kärtchen entfaltet sich, es erscheint ein Cartoon von Uli Stein, ein Zitat von Woody Allen oder eine Weisheit aus dem *Kleinen Prinzen*. Drunter steht:

Wir heiraten
Tobias & Simone
Wir feiern im Wasserschlösschen Schreckenstein ...
Wir freuen uns ...
Schnatterschnatter usw.

Wieder mal steigen zwei Leichtmatrosen frohgemut ins Boot der Ehe, um auf dem Meer des Lebens dahinsegelnd eines Tages auf der Insel der Seligkeit zu stranden. Der Vorfall sei vom Schicksal gesegnet. Für die Gäste aber gilt es, den Tag herumzukriegen. Hochzeitseinladungen sind mittlerweile ähnliche Störfälle des bürgerlichen Normalbetriebs wie Stadtmarathons oder vorzeitiger Wintereinbruch, immer wieder schlittert man da versehentlich mit rein.

Auf der Hochzeitsfeier wird Verwandtschaft erscheinen, die man sonst nie zu sehen bekommt, weil sie in einem Nebenkosmos draußen in der Vorstadt lebt, wo die Straßen breit sind und nach gekörnter Brühe riechen. Der unbekannte Familienanhang wohnt in sonderbaren, mit Salzmehlteigklingelschildern dekorierten Einfamilienhäusern. Neben dem Eingang steht ein in Amerika erworbener röhrenförmiger Briefkasten mit der Aufschrift «APPROVED BY THE POSTMASTER GENERAL». Man betritt die Wohnung durch einen schlauchigen Eingangsflur, in welchem sich rechter Hand das gesammelte miefige Schuhwerk stapelt. Gegenüber der Schuhpyramide befindet sich ein mit Himbeerduft parfümierter winziger Raum mit einer Toilette und einem liliputanischen Waschbecken.

Die Verwandtschaft speist zu Abend Kraft-Scheibletten, danach steigt sie in Adiletten und knabbert Salzletten. In ihrem Wohnzimmer steht kein Bücherregal mehr, sondern eine von innen beleuchtete Vitrine mit fünfhundert Spielfilm-DVDs, darunter *Das Schweigen der Lämmer* und die Filme *Shrek*, Teil I, II, III und IV.

Die Verwandtschaft wird ihre Kinder mitbringen, welche nach ihren Namen zu urteilen in Disneyland getauft wurden und sich ab 17 Uhr auf dem Boden wälzen und nach Pommes frites fragen. Eine Neuheit zum Kinderamüsement auf Hochzeiten scheint es zu sein, fünf bis zehn Kleinlebewesen bei Ankunft mit nagelneuen Digitalkameras auszurüsten, womit sie vier Stunden im Kreis rennen und einzelne Salzstangen sowie die Personalumkleide fotografieren.

Junge Frauen tragen rätselhafte Kostüme in Kombination mit Schuhen, die möglicherweise aus der Jugendzeit von Agatha Christie stammen. Reife Männer werfen freudige Blicke auf anwesende vierzehnjährige Schülerinnen, die anlassgemäß eine Britney-Spears-Kriegsbemalung aufgetragen haben und kaugummiblasenwerfend SMS verschicken.

Gegen Abend wird eine früher Buffet genannte Schlemmermeile angerichtet. Besitzer von Videokameras, die schon hundertfünfzig Buffets mit Bratenplatten auf Datenplatten gespeichert haben, werden auch dieses für die Ewigkeit festhalten, damit sich Tobias und Simone in zwanzig Jahren nochmal voll nostalgischer Freude ihre Tomatenröschen und Cocktailkirschen ansehen können. Nach zwei Stunden sieht die Tafel ohnehin aus wie die Berliner Waldbühne nach dem Konzert der Rolling Stones.

Oft bieten festliche Buffets eine Auswahl durchdachter Zubereitungen, die es verdient, sich von ihr an die Hand nehmen zu lassen und ruhig mehrmals in logischer Reihenfolge durchwandert zu werden. Der moderne Gast ist jedoch mit dem Aufbau von Selbstbedienungsarrangements meist überfordert. Die Handhabung von Buffets hat eine offensichtliche Verwandtschaft mit dem Bergsteigen, denn sie trägt für den Amateur das Risiko der Selbstüberschätzung. Bei Prozessionen entlang Roastbeef und Lammbraten ist zu registrieren, dass selbst schöngeistige Gäste sich einem Plünderungsinstinkt überlassen und in einem Hamsterreflex ihre Teller simultan mit Knoblauchscampi, Mousse au Chocolat, Eisbergsalat, Krustenbraten, Oliven, Mandelbroccoli, Schafskäse, Portionshonig, Kartoffelgratin, roter Grütze und Dill-Senf-Sauce beladen. Mit dieser wenig überzeugenden Beutekunstzusammenstellung eilen sie zu ihrem Platz zurück, wo das Ganze mit einem Glas Prosecco-O-Saft-Schorle heruntergespült wird.

Partyköche nutzen kalte Platten gern als Übungsplattform für durchgeknallte Obstgarnituren. Vor gut fünfzehn Jahren scheint es salonfähig geworden zu sein, Käseteller mit Kiwis zu schmücken. Kein Gast sagte etwas dazu, also ging die Innovation ihren Weg. Es folgten Camembert mit Erdbeeren, Räucherlachs mit Kumquats oder Tafelspitzsülze mit Johannisbeeren. Ein bedauernswerter Immigrant unter den Garniturfrüchten ist die Karambola. Sie kann nichts dafür, aber sie sieht super aus und kommt aufgrund von absoluter Geschmacksfreiheit überall dran, wo optisch was fehlt.

Die meisten Frauen marschieren bei Großveranstaltungen zunächst schnurstracks zum Räucherlachs, pausieren dann zwei Stunden und schlagen wieder zu beim Dessert. Lange Frauengesichter bekommt man allerdings, wenn nicht an Crème brûlée gedacht wurde. Die Crème brûlée ist das Dessert der Jahrtausendwende. Ich glaube, jedes Jahrzehnt hat seine große Süßspeise. In den Achtzigern wurde man überall begrüßt mit Tiramisu. Die Neunziger naschten Mousse au Chocolat. Was kommt nach Crème brûlée? Der Schokobrunnen vielleicht? Ich glaube, er kommt.

Doch zurück ins Wasserschlösschen. Nachdem der Brautvater einen Bommerlunder zu sich genommen hat, werden Spiele für das Brautpaar organisiert. Mit etwas Glück werden sie einfallsreicher sein als die Vorschläge in dem Ratgeber *Spiele für Hochzeiten*. Der Saal wird abgedunkelt, die Braut bekommt eine Krücke oder einen ausgestopften Auerhahn und der Bräutigam eine Motorsäge in die Hand, und dann müssen peinliche Fragen beantwortet werden, die oberhalb von zwei Promille anfangen, lustig zu werden. Zum Schluss des Spiels hängt der Bräutigam nackend im Kronleuchter. Ein Computer-DJ ist angeheuert, der musikalisch nochmal wehmütig die sogenannte Junggesellenzeit aufleben lässt und selbstverständlich Lieder von Udo Jürgens dabeihat. «Ich war noch niemals in New York, ich war noch niemals auf Hawaii …» und «Gabi wartet im Park», das scheint wohl auf keiner Hochzeit ausgelassen zu werden, und ich wäre nicht überrascht, wenn die Statistik eines Tages ans Licht bringt, dass Eheschließungen, zu denen Udo Jürgens auf dem Plattenteller lag, zu neunzig Prozent wieder vom Hämmerchen des Scheidungsrichters auseinandergeklopft werden.

Gegen Mitternacht entwickelt sich im Festsaal des Wasserschlösschens eine seltsame Eigendynamik. Eine Fraktion von Junggebliebenen wird die Regierungsgewalt am DJ-Pult stürzen und selbstmitgebrachte CDs von den Toten Hosen und DJ Ötzi abspielen. Auf Tanzfesten im frühen 19. Jahrhundert schätzte man allgemein die musikalische Reihenfolge Menuett – Walzer – Mazurka. Auf Festlichkeiten am Anfang des 21. Jahrhunderts durchläuft man dagegen die Reihenfolge Udo Jürgens – Tote Hosen – DJ Ötzi. (Ich wäre den Autoren von Benimmbüchern übrigens dankbar, wenn sie es mit sofortiger Wirkung für ganz ungezogen erklärten, auf Partys Deutschpunk-Tonträger abzuspielen. Ferner wünschte ich mir, dass ein Schallplattenkritikfuzzy sich mal ein Herz fasst, um den «Ärzten» und «Hosen» mitzuteilen, dass ihr Nörgelgeschrammel überhaupt nicht mehr punkig, sondern mittlerweile auf dem Stand von Reinhard Mey circa 1975 angekommen und damit bester Bürgerstandard ist.) Gegen ein Uhr morgens ist noch Zeit für Marianne

Rosenberg, und weil alle denken, irgendwann wird es noch nett, bleiben sie noch da.

Man sieht also: Wenn man zur Hochzeit keine schwarzen Sheriffs mitbringt, machen die Leute, was sie wollen, und drei Wochen später bekommt man von der ganzen Meuterei selbstgebrannte CDs geschenkt. Wie soll man also den Tag gestalten, wenn man eines Tages selbst im Reishagel aus der Kirche stolpert, und die ganze Verwandtschaftsblase auf das Großevent wartet? Und vor allem, was soll man denen kochen? Schwierige Situation. Von türkischen Hochzeiten wird erzählt, dass die Gastgeber kurzerhand einen oder zwei ganze Grillhähnchenwagen mieten, also so ein rot-weißes Broilerauto, das tagsüber beim Pennymarkt auf dem Parkplatz steht, und dann wird drei Tage Hähnchen und Fladenbrot gegessen. Super Lösung von den Türken, aber man kann die eingeladenen Vegetarier nicht drei Tage mit Nüssen und Joghurt bei Laune halten. Außerdem, ein Hähnchenauto im barocken Wasserschloss ist nicht immer stilsicher.

Ich finde, für die Top-Hochzeitsfeier sollte man mit entschlossenem Durchgreifen dafür sorgen, dass alle preiswert den Bauch vollkriegen, der Discjockey Alleinherscher bleibt und die Verwandtschaft rechtzeitig ins Bett kommt. Irgendein deutscher Denker, ich glaube, es war Arthur Schopenhauer oder Blacky Fuchsberger, hat mal räsoniert, man sollte Todesfälle so heiter begehen wie Geburtstage und Hochzeiten wie Todesfälle. Ich stehe 100-prozentig dahinter. Und wer wäre dafür besser geeignet als China-Restaurants? Also, wenn ich mal heirate, und die Glocken läuten zum Tag der Wahrheit, hier mein letzter Wille im Junggesellenstand:

Der Briefträger lässt im Kreise meiner intimsten Kumpel die Postluke klappern, und da schwirrt ein Kärtchen herein:

**Wir heiraten. Termin vor dem Angesicht des Herrn ... usw.
Von Gottes Factory-Outlet geht es um 12 Uhr
direkt zum China-Restaurant
Dr. Fu Man-Chu in der Innenstadt. All-you-can-eat-Buffet!**

Die Veranstaltung wird in äußerster Diskretion ablaufen. Motto sei ebenso einfach wie effizient ein Filmtitel des phantastischen, hochsensiblen und sublimen chinesischen Filmregisseurs Ang Lee: *Eat Drink Man Woman.* Zur Eheschließung sei damit das Notwendige ausgesprochen.

Kinder sind ausdrücklich gestattet! Sie bleiben natürlich brav im Sitz festgeschnallt. Schließlich steht beim Chinesen massenhaft der elektrische Bonsai-Nippes herum, und wer soll das bezahlen, wenn das Goldfischaquarium in Trümmer geht? Sollte jemand Videoaufnahmen vom Speisenangebot versuchen, kommt der Wirt hastig angesprungen und schreit wie die Staatspolizei im Mao-Mausoleum: «Kein Cameraa, kein Cameraa!»

Das erste Dutzend Gäste darf sich an meiner symbolischen Reistafel «Glückliche Familie für zehn Personen» schadlos halten, für Späterkommende gibt's halt Buffet. Die Leute dürfen ruhig alles querbeet reinschaufeln. Das Wunderbare an chinesischen Buffets ist doch, dass man alles ohne Nebenwirkung durcheinanderfuttern kann. Wenn irgendwas doch nicht recht zueinander passt, greift man sich den Flakon mit der Chilipaste, die als geschmacklicher Bulldozer immer gute Dienste leistet. Nach zweieinhalb Stunden Kroepoek, gebackener Ente, Glasnudeln und gelbem Krautsalat stellt sich irgendwann das exotisch-harmonische Sättigungsgefühl ein. Schnellessen ist auch kein Problem. In Amsterdam gibt es jetzt ja sogar China-Restaurants mit Buffets für Eilige: «All you can eat in einer Stunde für 7 Euro.» Allerdings ... merkwürdiges Gefühl, seinen Reis auf den Stäbchen zu jonglieren, während der Kellner mit der Stoppuhr hinter einem steht

Dass die Show bis vier Uhr in der Früh dauert, befürchte ich nicht. Meine Gäste werden frühzeitig dezimiert sein, die meisten haben den Weg von der Toilette zurück nicht mehr gefunden. Deutsche Asia-Gaststätten befinden sich ja meistens auf der ersten Etage in diffusen Innenstadt-Gemengelagen, die im Grundriss heillos verworren sind. Wer beim Chinesen aufs Klo geht, präge sich den Rückweg gut ein, denn man läuft immer erst mal durch ein unterirdisches Roman-Polanski-artiges Labyrinth aus dröhnenden Tiefgaragen, Gemüsekisten, Zigarettenautomaten und Feuerschutztüren, hinter denen wildes Gekreische zu hören ist. In den tiefsten Katakomben erblickt man plötzlich zwei Pforten mit schwarzsilbernen Plastikfigürchen drauf. Auf der einen ein Männlein im Anzug, das aussieht wie der Schattenriss von Roy Black, auf der anderen ein Frauenfigürchen in Fünfziger-Jahre-Mode, mit Bluse und Faltenrock.

Auf dem Klo haben meine Gäste nochmal Muße, über ihr eigenes Junggesellendasein zu meditieren. Der Blick auf den Kondomautomaten möge sie ins Grübeln bringen. Hast du eine Familienplanung? Was erwartest du vom Leben? Gebackene Banane für zwei Personen oder «Ritex Wild Banana»? Eat, Drink, Man, Woman? Möchtest du allein alt werden oder gemeinsam altern wie die beiden Figürchen auf der Toilettentür?

Gegen Mitternacht werde ich mit meiner nagelneuen Ehefrau schon allein sein. Nur der chinesische Koch ist noch da, der hat ohnehin täglich 25 Stunden Dienst. Ich lese die Aufschrift auf meinem Glückskeks: «Die Zukunft gehört denen, die an die Schönheit ihrer Träume glauben.» Ich kippe noch einen Reisschnaps und gebe eine späte Bestellung auf: «He, Doktor Fu Man-Chu! Ich möchte bitte noch eine Kleinigkeit für meine Frau und mich. Zuerst zwei goldgebackene Tintenfischringe und für später, in ein paar Jahren vielleicht, noch einige kleine Bambussprösslinge.»

DISCO UND PARTY

Von der Fete mit Nudelsalat zum postmodernen Partysurfen

VOR 25 JAHREN soll es Leute gegeben haben, die von fliegender Hitze und Ohrensausen geschüttelt wurden, wenn sie am Dienstagabend nicht *Dallas* gucken konnten. Heute scheint es in der Altersgruppe 16–46 eine demographisch bedeutende Anzahl Menschen zu geben, die eine Phobie davor haben, an einem Samstagabend nicht zu einer Party eingeladen zu sein. Das ist merkwürdig, denn bei einem zehnminütigen Spaziergang durch die Stadt kann man seinen Terminkalender bis zum Vorruhestand mit Partys vollmachen.

Begrüßenswert im Gesicht unserer Großstädte ist ja das Verschwinden der Beschriftung «Plakate ankleben verboten!» auf Hauswänden und Trafokästen. Sie sind seit ungefähr zehn Jahren überklebt mit Plakaten, auf denen stimmungsgeladene musikalische Abende angekündigt werden, zum Beispiel *Polenpartys, Achtziger-Partys, Eiswürfel-* oder *After-Job-Partys.* Obendrauf grüßt ein Bikinigirl mit werbewirksamem Doppelairbag. Darunter stehen kryptische Angaben zu unterhaltungstechnischen Einzelheiten: Ü-30-PARTY, HIPHOP, HOUSE & THE BEST OF HEUTE, WODKA-REDBULL 2 EURO, LIVEACT KAKTUSBLÜTE IN OUGALALLA JOINT VENTURE D.J. SEGELOHREN, FRAUEN BIS 22.00 FREE.

Eingeweihte Nighthopper wissen durch solche Ankündigungen sofort, ob diese Party ein Muss für sie ist oder ob man eher andere Szenegänger aufmarschieren lässt. Man kann hingehen oder es bleiben lassen. Das war nicht immer so. Ich erinnere mich, dass vor 25 Jahren die Städte mit Protestplakaten gegen Mittelstreckenraketen tapeziert waren und Partys allgemein Feten genannt wurden. Es waren ausgewählte Ereignisse im privaten Sektor, und jeder ging hin.

In einem feuchten Winkel der Tropfsteinhöhle meines Gedächtnisses liegt die Erinnerung an meine letzte Abiturientenfete. Die Location dieses Saufgelages war die Kellerbar eines Reihenhauses, die die Eltern zur Verfügung gestellt hatten. Unsere Eltern überlieferten uns damals zum Thema Raketen, dass sie schon als Kinder während der alliierten Luftangriffe oft viele Stunden im Keller verbracht hatten. Es wurde auch etwas zu essen mitgenommen und bei längeren Sitzungen sogar Musik gemacht. In den Nachkriegsjahrzehnten richteten sich Mama und Papa daher für Festtagsstunden Luftschutzkeller mit Schnapstheke und Stereoanlage ein. Das Ganze hieß Kellerbar. Vorherrschend im Design war die solide, einsturzsichere Gemütlichkeit in Fichte rustikal mit Flakscheinwerfer-Lichtorgel, Schmiedeeisen und Backstein. Dazu passend lagerten hier schaurig-schöne Sampler-Schallplatten aus der elterlichen Musiksammlung mit Titeln wie *Eine Bombenstimmung* oder *Heut' lassen wir's krachen! Ramba-Zamba-Disco '74*. Auf dem Plattencover war Frank Zander oder ein Mädchen in phantastischer Bademode mit riesigen Wimpern abgebildet. Als Schüler und Schülerinnen verzichteten wir freiwillig auf das Abspielen dieser Platten, weil die Bassfrequenzen von Roberto Blanco für junge Ohren nicht genug Vibration in der Fichtenvertäfelung erzeugten.

Ich bin auch heute noch mitunter auf Partys eingeladen. Die meisten Gäste sind aber nur vorübergehend da. Sie nehmen zügig zur Kenntnis, dass es in der Küche das bewährte Buffetangebot der neuen internationalen Küche mit Chili con Carne und Baguette mit Tsatsiki gibt. Im Flur ist das meiste Gedränge, da alle testen, ob nicht im anderen Zimmer vielleicht mehr Stimmung ist. Dann verabschieden sie sich höflich und sagen, dass sie noch auf eine andere Party müssen.

Auf Studentenpartys sitzt man meistens auf dem Fußboden zwischen einem Berg von Ikea-Katalogen und Amy-Winehouse-CDs. Mit dem Rücken lehnt man am Kübel eines in den letzten Zügen liegenden Benjaminbäumchens, dem der Tigerentenstecker in der Pflanzerde schon vor Jahren den Rest gegeben hat. Die Bierflaschen sind zur Kühlung und Selbstbedienung in der Badewanne versenkt, und in der Küche gibt es etwas zu essen. Irgendeine eifrige Studentenmutti hat jedes Mal eine Riesenschüssel klassischen Fünfziger-Jahre-wir-sind-wieder-wer-Nudelsalat mit Mayo, Erbsen und Fleischwurst auf den Tisch geschmuggelt. Ein besonderer Hit ist die Lauch-Käse-Suppe, die von allein entsteht, wenn der geplante Lauchkuchen im Backofen kaputtgegangen ist. Ungefähr 1993 waren mal frische Mettbrötchen mit Zwiebeln im Begriff, zum beliebten Insiderhappen auf Jugendpartys aufzusteigen. Zufällig kamen leider genau damals die Privatsender auf die Idee, ihre Abendprogramme mit Reportagen aus der Perversenszene und sonstigen schlüpfrigen Milieus zu bereichern. Plötzlich sah man Fernsehbilder, in denen Mettbrötchen «als Pausenstärkung» in unglaublich kleinbürgerlichen Swinger-Clubs serviert wurden. Das war das Ende von Jugend plus Mettbrötchen.

Wer sich als Neuer auf einer Party zu einem Gesprächsgrüppchen gesellt und etwas fremdelnd angeschaut wird, greift am besten zum berühmten Loriot-Sketch-Zitat: «Ich kam vom Pingpongkeller und habe mich in der Zimmernummer geirrt.» Damit stößt man automatisch ein Nostalgiegespräch über die siebziger und achtziger Jahre an und hat sich in die Talkrunde integriert. Man erinnert sich plötzlich etwa an Galama, ein Seniorenstärkungstonikum, das im Werbespot in einem Schaukelstuhl herumwippte. Gegen Mitternacht nimmt man sich halbbetrunken eine Dose Red Bull, das Galama der Postmoderne, sucht sich einen Schaukelstuhl oder einen umgedrehten leeren Bierkasten und meditiert ein wenig über die Neunziger.

In den neunziger Jahren ist die Bedeutung von «Party» und «Spaß» zunehmend zur Dauerwerbesendung geronnen; einem Mahnhinweis, vergleichbar mit «Bitte festhalten» oder «Letzte Tankstelle vor der Autobahn!». Viele Leute geben bei Befragungen als Hobbys Party und Spaß an, gefolgt von Inlineskaten und Telefonieren.

Der gesellschaftliche Druck unter den jungen Leuten, pro Woche eine Mindestzahl von Partys vorweisen zu können, ist so stark, dass auch schon mal eine Stiefopa-Beerdigung am Wochenende oder eine nächtliche Begegnung am Zigarettenautomaten im Nachhinein als Party deklariert wird. In einem bürgerlichen Winkel Bonns existiert ein unauffälliges kleines Etablissement für liebliche Stunden mit jungen Damen. Wann die Damen Sprechstunde haben, verkündet ein Schild auf der Tür, auf dem steht: *PARTYzeiten 22.00–4.00.* Teenager dürfen da aber nicht rein.

Die Teenies können mittels Handy-Konferenzschaltung gleichzeitig bei McDonald's mit Milchshake in der Freizeitwarteschleife sitzen und an mehreren Etepetete-Vorstadtpartys im Kölner Süden teilnehmen. Wenn die braven Vorstadtpartys und die dort anwesenden Mädchen richtig in Fahrt gekommen sind, haben die Kids das auf Telefonhinweis gecheckt und sind in zwanzig Minuten vor Ort. Unter Schülern ist der Terminus «Party» schon zum Synonym für den Zustand «Freizeit» überhaupt geworden. Die Insider-Begrüßung am Montagmorgen auf dem Schulhof heißt: «Na, Mann, alles Party oder was?», wobei in der dortigen Fachwelt das Wort Party betont amerikanisch ausgesprochen wird, etwa so wie in *Laurel and Hardy*. Eine rheinische Variante ist die sogenannte Kölner Straßenparty oder, zu Deutsch, kölsche Street-Party. Hierzu gibt es eine feste Gebrauchsanweisung: Man stellt sich freitags oder samstags abends mit ein paar Kumpels an eine kneipendominierte Straße, nimmt eine Kölsch-Flasche in die linke und ein Mobiltelefon in die rechte Hand. Nun betätigt man im Zwei-Minuten-Rhythmus abwechselnd beide Geräte und bespricht mit Freunden, die anderswo mit Handy und Kölsch auf der Straße stehen, wo man nun hingeht. Gegen vier Uhr morgens gibt's fröhliches Bierflaschenzersplittern auf dem Bürgersteig mit anschließendem Fakir-Walk zur Nachtbushaltestelle.

In Bonn gab es mal Wochenend-Party-Shuttles, die eine Busverbindung zwischen drei Simultan-Partys an verschiedenen Orten anboten. Die waren aber alle gleich, weil überall die gleichen Leute waren. Wie in der asiatischen Philosophie ist der Weg zur Party das Ziel geworden. Städte wie beispielsweise Zürich, wo auf zehn Einwohner eine Discothek kommt, konnten das Prädikat «Partystadt» annehmen. Im Fernsehen erfährt man, dass es in der globalisierten Weltwirtschaft sogar ausgelagerte Wirtschaftsstandorte wie Ibiza gibt, wo Party und Spaß industriell hergestellt werden. Man kann dort beobachten, wie englische Jugendliche vollgedröhnt mit Taurinlimonade und Durchhaltepillen auf allen vieren aus einem Discobunker kriechen. Früher sagte man, wenn die alte Saturday-Night-Frage noch offen war: «Wir können ja noch in die Disco gehen!» Heute sagt man: «Wir können ja noch auf eine Party gehen …» Wie es zu den Sanierungsarbeiten an dem Begriff «Disco» kam und dieser zu «Party» wurde, ist jugendkulturell wenig erforscht. Wahrscheinlich ging es einen ähnlichen Weg wie Anfang der siebziger Jahre die Umwandlung von «Beatschuppen» zu «Disco». Sprachschöpfungen steigen auf und gehen wieder unter. In den Siebzigern versuchte man kurzzeitig, das gewerbliche Hautbräunungsinstitut umgangssprachlich als «Bronzarium» zu etablieren. Dann sang eine Deutschrockband ständig vom Sonnenstudio. Das Lied ging so: «… im Sonnenstudio, im Sonnenstudio …» Die Band versank, das Sonnenstudio blieb.

Die Disco jedenfalls begann irgendwie so wie Papas Kellerbar anzustauben und zu vermiefen. Der Tanztreff selbst wurde von der Polizei und anderen Erziehungsberechtigten öfters zu uncoolen Wortschöpfungen wie Disco-Fieber und Disco-Unfall herangezogen. Das vollständige Aus kam, als bekannt wurde, dass bestimmte verklemmte Mitschüler, die bis dahin nur Tischtennis und Schach spielten, ehrenamtlich als «Rausschmeißer in der Kinderdisco» arbeiteten. Wer Ende der achtziger Jahre als Hobby «Disco» angab oder *Eis-am-Stiel*-Filmchen ansah, der arbeitete bereits an seiner zukünftigen Existenz als Randgruppe. (Die Seniorinnenzeitung *Blatt Gold* oder *Goldene Frau* klärte kürzlich ihre Leserinnen darüber auf, dass es mittlerweile nicht nur Partys im Drogenmilieu gibt, sondern ein neuer Trend Richtung Drogen im Partymilieu geht.)

Das neue Jahrzehnt wurde eingeläutet durch die Super-Wiedervereinigungsfete an der Berliner Mauer am 9. November 1989, die der damalige Location-Scout Egon Krenz der Sozialistischen Einheitsparty Deutschlands am Brandenburger Tor veranstaltete. Das Polit-Event 1989 wird zur ersten grenzübergreifenden Mega-Party. Die Discjockeys Gorbatschow Modrow Honecker geben von heute auf morgen die Regierung an Stock Aitken Waterman ab. Tausende Osteuropäer dürfen quasi über Nacht ihre Ostmark gegen Westmark und ihren Lada gegen Lambada tauschen.

In den darauffolgenden politischen Wirren wird in Südafrika der schwarze Partykönig Nelson Mandela befreit, und Russenhitler Schirinowski kündigt Benefiz-Beachvolleyballpartys in Tschernobyl an. Simultan zu den wirtschaftlichen Großfusionen der Neunziger verschmelzen der evangelische Kirchentag, das Woodstock-Festival und der brasilianische Karneval zur Love-Parade. Die Ostermärsche gegen Raketen wurden auch immer weniger beliebt. Als 1991 Saddam Hussein Israel mit Scudraketen beschoss, gingen die jungen Israelis nicht auf die Straße und riefen: «Hört auf mit dem Scheiß!» Sie gingen direkt in den Supermarkt, kauften Fanta und Erdnussflips und feierten «Weltuntergangspartys».

Auch die Uni-Fachschaften, einstmals Vorkämpfer progressiver linker Politik, veranstalten inzwischen einmal pro Semester ohne erkennbaren Anlass eine dicke Party. Die Vorbereitung geht flott. In ein Mensa-Gebäude, in welchem man zur Feier des Tages die Rauchverbotsschilder zugedeckt hat, werden Bierkästen und eine Stereoanlage transportiert. Entscheidendes Kriterium, ob man selbst hingeht oder nicht, ist der zu erwartende Anteil an bauchnabelfrei erscheinenden süßen Abiturientinnen und ob man einen Fachschaftstyp kennt, der einem heimlich Bier ausgibt. Süße Abiturientinnen sind wiederum nur auf den Medizinerpartys zu sehen, die heimlich als vorgezogene Schwiegersohnbörse gelten. Die Einladungen zu Fachschaftspartys werden in den studentischen Gratisblättchen abgedruckt, die immer im Hauptgebäude auf der Fensterbank liegen und mit scharfen Schlagzeilen Leser locken. Kürzlich stand auf dem Cover eines Uniblättchens: «Denken macht schön», und ein paar Wochen später: «Sex macht schlau.» Wo das wohl erforscht wurde?

Beim Gesichtsscanning auf Unipartys wird man schon sehen, dass da so viel *Sex and Brains* nicht im Spiel sein kann. Galerien von Frauen, die eine bestürzende Ähnlichkeit mit der Strohpuppengroßmutter aus dem Film *Psycho* haben, sitzen auf zusammengeschobenen Bänken und zuzeln Cola light aus dem Strohhalm. Falls ein Mutiger versuchen sollte, sie anzusprechen, bekommen die Mädchen eine plötzliche Sprechblockade, werden kreideweiß und eilen gemeinsam zur Leergutabgabe.

In meinen Uni-Tagen wurde auf jeder Fachschaftsparty recht früh der Achtziger-Jahre-Hit «Come on Eileen» von Dexy's Midnight Runners gespielt, was unweigerlich alle Holzfällerhemden und Norwegerpullis auf die Tanzfläche zog, um dort mitzusingen. Direkt im Anschluss an das mitternächtliche Happy-Birthday-Lied von Stevie Wonder hatte sich ein schnittlauchhaariges weibliches Geburtstagskind beim DJ «It's raining Men» von den Weather Girls gewünscht. Wer zu dieser Stunde nicht schon durch das viele Kölsch-Trinken sowieso den Abend auf dem Klo verbrachte, ging spätestens dann auf eine andere Party.

Aber das Partynomadentum am Samstagabend im privaten Haushalt hat auch seine Schattenseiten. Gerade die Teenies haben's nicht einfach. Viel Mut und breite Türsteher braucht es, zur Fiesta in Mamas und Papas Wohnung zu rufen. Den Partykeller muss man absichern wie Fort Knox. Unentbehrlich für jeden gelungenen Abend sind zwar bestimmte Tiere aus dem Partyzoo, zum Beispiel Partylöwen und Partyschneckchen, unerwünscht sind dagegen Partyhaie, kleine Rudel von uneingeladenen Typen in Daunenjacken und Turnschuhen, die es in jeder Stadt gibt und die überall Witterung aufnehmen, wenn bei irgendeinem Kumpel Tanzabend angesagt ist. Von irgendwo zwitschert eine SMS durch die Luft: «Daundda ist heute Party» – und plötzlich stehen sie vor deiner Tür. Meistens ziehen sie nach kurzem Handgemenge mit ein paar Bierkästen und geklauten CDs wieder ab. Um drei Uhr nachts stehen dann die grün-weißen Beamten von der Frühschicht im salzstangenverkrümelten Wohnzimmer: «Guten Morgen, was war denn hier los?»

Ereignisse seriösen Umfangs werden deshalb bevorzugt ausgelagert an hippe Schauplätze in verlassenen Winkeln, die schwer zu erreichen sind und wo am Morgen danach niemand aufräumen muss.

Beim Anblick von Burgruinen, alten Bergwerksstollen, Schrottplätzen und Hundefriedhöfen hört man die Jugend flöten: «Oh, da kann man bestimmt gut Party machen!» Von den Trendscouts der Stadtmagazine werden verstärkt auch Extremstandorte wie Waschsalons und Bahnhofstoiletten nach bisher unbemerktem High Life sondiert. Die Stimmung könnte aber im Umkippen sein. Nachdem sogar das Oktoberfest, die US-Präsidentenwahl und Inge Meysels Testamentseröffnung von den Medien zur erscheinungspflichtigen Party hochgeputscht worden sind, herrscht Unsicherheit.

Doch die metropolitanen Opinionleader haben schon die Neuheit entdeckt. Partyverweigerung heißt der neue Nightclub-Trend. Der erste Spitzentermin für das szenige Nichterscheinen ist der Silvesterabend geworden. Früher das dickste Event des Jahres, ist es bei modischen Nightlife-Abstinenzlern jetzt total angesagt, schön zu Hause zu bleiben und bis 23 Uhr 30 das Karel-Gott-Livekonzert auf ARTE anzuschauen. Danach kommt noch Lilo Wanders mit der Neujahrsansprache, und um Mitternacht liegt man mit Ohrenstöpseln im Bett. Wenn die Nachbarn dann mit einer Sektflasche in der Tür stehen, antwortet man: «Sie haben sich wohl in der Zimmernummer geirrt.» Party? – Nein, danke.

In *Bravo Girl* und auf UNESCO-Ethikkommissionen wird immer häufiger die Frage gestellt: Was kann Party heute noch? Auf der Eingangstür einer Tanzbar im ländlichen Raum las ich neulich: «RUSSENPARTY – BILLIGBIER!» Auf einem Discoplakat war anderntags das Gesicht von Uncle Sam zu sehen. Drunter stand: «I WANT YOU FOR PARTY! TRIP-HOP MIT D.J.'s KASSENGESTELL FEATURING ELEKTRISCHER STUHL. ENDURANCE-PARTY ABILITY REQUIRED.» Der kleine Feigling, die Flirthilfe für Minderjährige, gibt die Parole aus: «Anschnallen und Abfeiern!», und verteilt Alkoholpatronengürtel wie Überlebensausrüstung. Mittlerweile werden die Feteneinladungen wie eine Mobilmachung nach Vietnam gelayoutet.

Hat man vor zehn Jahren die *Bravo*-Sampler noch *Fetenkracher* und *Mega-Party* genannt, so tauft man die CD-Compilations nach der Jahrtausendwende *Party-Alarm* oder *Party-Schock*. Anderswo wird schon vor Party gewarnt: In einem Dr.-Oetker-Kochbuch las ich neulich: «Die nächste Party kommt bestimmt!»

WOULD YOU LIKE POACHED OR SCRAMBLED EGGS?

Essen im Ausland

WENN man zur Urlaubszeit gar nicht weiß, wohin, ist Frankreich immer die heiße Drehscheibe. Für die völlig Unentschlossenen hängen auch an der verschlafensten Hühnerscheune in der Provinz Wegweiser jeweils nach Paris, zum Rathaus und ins phantastische *toutes directions* – alle Richtungen. Der französische Verkehrsminister weiß nämlich, dass seine lieben Landsleute nicht nur Freiheitsnarren, sondern auch die Könige der Bauchentscheidung sind. Lyon, Dijon, Besançon, das gefällt Ihnen alles nicht? Bitte schön – alle Richtungen! Manch französischer Kraftfahrer eilt zur dringenden Verabredung im entlegenen Paris, da fällt ihm ein, dass noch eine dunkelblonde Affäre in Saint-Tropez auf ihn wartet. Voilà, kurz entschlossen wird das Lenkrad herumgeworfen und die sonnenverwöhnte Geliebte aufgesucht! Ach, welch wunderbares Gefühl, in die französischen Kreisverkehre einzutauchen und immerfort den Verführungskünsten von *toutes directions* zu gehorchen. Keine Entscheidung wird eine für immer sein! Frankreich ist ein tolles Land! Seine Verkehrsführung scheint mir die ideale Fundgrube lebendiger Demokratie. Man nehme die Wahlen. Man stelle sich vor, man würde alle vier Jahre auf seinem Wahlzettel unter den üblichen Politschattierungen ein neues Kästchen entdecken: grün, gelb, braun, links, rechts, alle Richtungen! Herrlich! Politiker gewännen erweiterten Handlungsspielraum, ehemals schlaffe Wahlbeteiligungen würden in schwindelerregende Prozenthöhen getrieben.

Leider verstehen die Völker einander oft nicht, obwohl es an ordentlichem Willen nicht mangelt. Besonders hat man's im Ausland immer mit der Küche. Franzosen beispielsweise sind feinfühlig und nicht gewohnt, in jeder Lebenslage Snacks aus den Händen zu futtern. Ich habe mal eine Reisegesellschaft aus Paris am Kölner Dom beobachtet, die gerade von einer Gruppe der ortsüblichen Citysportler auseinandergetrieben wurde, die gleichzeitig Döner essen, Inlineskaten und SMS schreiben. Überwältigtes Staunen in den Gesichtern der Pariser Busgruppe!

Unsereiner wiederum bummelt durch Straßburg oder Orléans und sinniert: *«Also, der Franzmann, nicht wahr, jeden Tag vier Stunden Wachteleier und Leberpastete naschen und gar nicht dick werden. Tja, wenn ich täglich viermal zum Bäcker sprinten müsste, um frisches Brot zu holen, da fiel mir das nicht schwer.»* Französisches Stangenbrot hat ja eine Trocknungszeit wie Pattex-Express, sodass sich ganze Ameisenstraßen mit Baguettekäufern durch die Ortschaften ziehen. Lustig und der Nationalidentität förderlich wäre es eigentlich, auch die französischen Ampelmännchen mit Baguettestangen auszustatten. Leider sind gerade die viel dünner als unsere und sehen gar nicht nach Genießern aus. Sie scheinen geradezu von Anorexie bedroht.

Im Schulunterricht werden unsere blau-weiß-roten Nachbarn an Seine und Loire gern in schmeichelndes Licht gerückt. Mittels altmodischer Bücher verkauft man dem unschuldigen Nachwuchs die *Grande Nation* als Urahnen von Freiheit, Gleichheit, Brüderlichkeit, Feinschmeckerei und weiterer Tugenden. Vertiefende Einblicke verschweigen die Geschichtswerke, sodass man als Erwachsener nicht klüger ist. Ich wüsste zum Beispiel gern, warum man sich in Frankreich erst duzt, wenn man miteinander geschlafen hat, man sich eventuell danach auch wieder siezen kann. Oder warum Napoleon aus dem Feldlager an Kaiserin Josephine geschrieben hat: «Wasch Dich nicht, ich komm nach Hause!»

Seit Adenauer und de Gaulle sind beider Länder Politiker eifrig beschäftigt, ihre Kulturen enger miteinander zu verschweißen. Die Zusammenarbeit beschränkt sich aber meistens auf militärische Steckenpferde der jeweiligen Regierungschefs und teures aeronautisches Erwachsenenspielzeug.

Meines Erachtens besteht zwischen Frankreich und Deutschland ein dringender Austauschbedarf nur über Autos und Lebensmittel. Legen wir unser liebes Heimatland doch mal ganz nackicht auf den Tisch. Was müssen wir da feststellen? Im germanischen Kernland ist es für die Nahrung oberstes Gebot, billig zu sein, entsprechend talwärts rollt die Qualität. Alle naselang kommt wieder eine hübsche Mogelei ans Licht. Auf dem Weihnachtsmarkt gewinnt jedes

Jahr wieder die billigste Bratwurst vor der besten. In den zwanziger Jahren fuhr durch Deutschland mal ein Auto, welches «Kommissbrot» geheißen wurde. Kurze Zeit später wurden in Frankreich die Autos schon «Ente» genannt. Bereits gegen Ende des Ersten Weltkriegs hatten die deutschen Soldaten nur noch Lust, französische Schützengräben zu erobern, weil es dort besseres Essen gab.

Man betrachte alternativ je einen x-beliebigen französischen und deutschen Spitzenpolitiker, meinetwegen das Gespann Kohl/Mitterrand. Der verstorbene französische Staatspräsident war, wie jedermann weiß, verrückt nach Ortolanen (Fettammern). Bei den kleinen Biestern handelt es sich um ein winziges Wildgeflügel aus dem Südwesten seines Landes, welches zu astronomischen Kursen auf dem französischen Schwarzmarkt gehandelt wird. Man verspeist die kostbaren Piepmatze üblicherweise gegrillt und im Ganzen, nachdem sie sorgfältig in Armagnac ertränkt und mit Trüffeln aromatisiert wurden. Und Helmut Kohl, was hatte der am liebsten? Den mittlerweile zu Tode karikierten pfälzischen Bauernschmaus aus Schlachtresten und Weißbrot, mit dem sich kein europäischer Staatsmann so recht anfreunden konnte.

Unsere mit preußischen Tugenden zusammengenieteten Autos sind dafür immer erste Sahne. Der Franzose besteht auf Brioches und Camemberts in fürstlicher Qualität, doch baut er schwächelnde Autos, die hinten runterhängen und den Rückspiegel auf dem Armaturenbrett haben. Es lässt sich in ihnen vorzüglich Liebe machen und fürs *Après-l'amour* besitzen sie riesige Aschenbecher. Setzt man sie jedoch in Bewegung, stottern sie nach kurzer Zeit qualmend auf der Notspur entlang.

Wenn Angela Merkel bald wieder im Élyséepalast guten Tag sagt, möge sie sich beim Diner mal des Präsidenten Ohr heranziehen und ihm Folgendes hineinflüstern:

«Hör mal, lieber Sarkozy,
das Essen war so gut wie nie!
Bei euch schmeckt es mir jedes Mal,
daheim ist wieder Fleischskandal.

Doch eure Autos, die Klapperkisten,
wenn wir da nur eine Lösung wüssten ...»

Ein Lächeln überfliegt das Gesicht des Staatspräsidenten, da antwortet er:

«Lass uns nicht lang debattieren,
ich werd mal Volkswagen probieren.
Nimm hier von die gebratene Ente
mal ein Stück mit ins Parlamente,
und auch von die Fasanterrine
packst du dir ein für nach Berlin.
Es soll ja dort nur Döner geben,
das ist doch kein Genießerleben!»

So kinderleicht könnte der Funke einer ewigen Freundschaftsflamme zwischen Pickelhauben und Baskenmützen gezündet werden!

Um den jahrhundertealten Zement von Vorurteilen rechtzeitig abzuklopfen, schicken wohlmeinende deutsche Eltern ihre Kinder frühzeitig zum grenzübergreifenden Schüleraustausch. Austauschschüler sind allerdings pubertätsbedingt hundertprozentig mit sich selbst beschäftigt, daher haben sie in der Regel von ihrem Gastland überhaupt nichts behalten. Die meisten können hinterher auf dem Weltatlas gerade mit Mühe demonstrieren, wo sie ein halbes Jahr gewesen sind. Einigen bleibt immerhin im Gedächtnis hängen, was sie zu essen bekamen und welche irren Mannschaftssportarten im Ausland gepflegt werden. Wie klingt es, wenn die sechzehnjährige Deborah aus Lyon zurückkommt und zur Landeskultur befragt wird? Es klingt folgendermaßen: «Ooh, ey, voll die Abtörne, das Land, ey. Jeden Nachmittag eine Stunde *Indiakaturnier* und abends zwei Stunden Artischockenblätter lutschen! Und die Klingeltöne in Frankreich, die kannst du so was von vergessen, ey. Nie wieder, ey.»

Zwischen Frankreich und Großbritannien werden offenbar überhaupt keine Schüler hin- und hergewechselt. Die Queen kommt auch nie auf Staatsbesuch nach Frankreich. Man ist beidseitig der Überzeugung, dass man einander unweigerlich vergiften möchte. Irgendein französischer Kardinal hat mal gesagt: «Diese Engländer!

Einhundert Sekten und bloß eine Sauce ...» Darauf meinte der britische Dichter Samuel Johnson: «Was will man von Leuten erwarten, die Frösche essen?» Seitdem hängt er schief, der Haussegen über dem Ärmelkanal.

Die Briten ihrerseits beargwöhnen die Küche des ganzen Kontinents. Fremde Speisen sehen sie sich erst mal gründlich aus dem Fernrohr an, bevor sie sich etwas Unbekanntes in den Mund schieben. Neulich hörte ich in den Nachrichten, dass eine Londoner Wohnstraße von einem Anti-Terror-Kommando geräumt worden sei, weil aus einem Küchenfenster exotischer Kochdunst auf die Straße zog.

Wer mal einen Briten beim Verlust seiner steifen Oberlippe erleben will, möge vor dessen Augen selbstgesammelte Waldpilze essen.

Doch fühlt man Aufbruchstimmung. In der britischen Fernsehwelt operiert ein ganzes Regiment aus Showköchen und nationalen Vorkostern, die allesamt aussehen wie Matthias Reim bzw. Hansi Hinterseer und die die vertrauensvolle Aufgabe übernehmen, ihre Landsleute vorsichtig an Neuheiten, zum Beispiel Pilze, heranzuführen. Nach einiger Zeit kamerabegleiteten Vorführessens bringt man dann das Produkt in den Supermarkt. Auf der Packung wird nochmals der Fernsehkoch dabei abgebildet, wie er sich die Speise direkt in den Mund führt. Zu guter Letzt denkt Grandmother Fiona: «Na, wenn der das überlebt hat, probier ich es vielleicht auch mal.» Sollte ein Produkt, wie etwa Blauschimmelkäse, zusätzlich mit einem Eigengeschmack behaftet sein, wird auf die Verpackung die unübersehbare Warnung «YOU WILL BE SURPRISED!» gedruckt.

Auf diese Weise ist nach fünfzehn Jahren beharrlicher Überzeugungsarbeit durch die Regierung der Rucolasalat unter die englischen Volksnahrungsmittel gekommen. Andere Speisekuriositäten bleiben inseltypisch. Nicht unüblich ist es etwa, auch in Kirchen Orangenmarmelade und Kühlschrankmagnete zu verkaufen. Auf keinen Fall sollte man aber Hinweisschilder übersehen, dass in alten, rosenbewachsenen Kirchhöfen kein Alkohol konsumiert werden darf. Viele Briten scheinen geradezu besessen von der Idee zu sein, in alten, rosenbewachsenen Kirchhöfen Alkohol zu konsumieren, weshalb die Obrigkeit dort Überwachungskameras installiert hat.

Zum Frühstück ist es wie in anderen Erdteilen auch in Großbritannien grundsätzlich üblich, den Fernseher einzuschalten. Mancher gönnt sich dazu ein Brettchen Weetabix, eine Art Umweltesspapier aus gepresstem Sägemehl. Wird es berührt, zerfällt es zu Staub wie eine tausendjährige Bibel. Ein prominenter Reisefreund hat zur englischen Verpflegung einmal angemerkt, dass man in diesem Land, um gut zu essen, dreimal täglich ein *full-cooked breakfast* zu sich nehmen sollte. Ein solches sättigt in der Tat den hungrigsten Bären. Dem Reisefreund möchte ich aber entgegnen: Es wird mir für alle Zeiten rätselhaft bleiben, wie intellektuell voll präsente Britannienbesucher die sagenhafte Gemengelage aus Haferbrei, Nürnberger Rostbratwürstchen, verknorpeltem Bratspeck, weißen Bohnen in heißem Tomatenmark, Spiegelei mit Dosenchampignons und einer bestürzenden halben Grilltomate, die von einzigartiger geschmacklicher Transparenz ist, als herzhaft-deftig bezeichnen können.

Neuankömmlinge auf der Insel, denen die Breakfastgerüchte zu Ohren gekommen sind, meinen ja manchmal, sich einen Vorteil zu sichern, indem sie in Hotels alternativ das *kontinentale Frühstück* bestellen. Ich möchte hier zukünftigen Stimmungseintrübungen fremdenführerisch vorbeugen, indem ich kundgebe, dass auf diese Bestellung nach einer halben Stunde Wartezeit Tee, Gummitoast, gesalzene Butter und Orangengelee (mit Schalenstückchen) serviert werden.

Eine kreative Ergänzung bieten Eierspeisen. Diese sind lieferbar nach Abwicklung eines interessanten Sprachrituals. Der Frühstückskellner kommt dafür an den Tisch und sagt: «UHULUDEI-BOUSCHDOODAMBELDEH?» Damit möchte er herausfinden, ob man gekochte oder Rühreier bevorzugt. Ich äußere hier die Vermutung, dass der ultrakonservative Britengeist eine Ursache im exzessiven Eierfrühstück hat, welches den Innovationsdrang bremst.

Ich meine, die Welt positiv verändern kann man ja eigentlich nur vormittags, so von neun bis zwölf, wenn die Muskulatur tatkräftig zuckt und die Autobahnen frei sind. Um diese entscheidende Uhrzeit sitzt der Brite jedoch im Klubsessel mit der *Times* auf dem Schoß und einer Riesenladung Rührei im Bauch. Da sackt ihm das Blut vom Kopf Richtung Darm, wo sich gärende Schwefelwasserstoffe sammeln und den Weg ins Freie suchen. Das Hirn wird ihm schwer, es vermag nur noch einfache Gedanken zu verarbeiten. Der Brite denkt: *Beautiful day, puh … God save the Queen! Uff … my Kingdom, my castle, my home …, … rule Britannia, Fuck for Euro, keep the Pound …* Unter solchen Überlegungen wird es 17 Uhr, ein Glöckchen über dem Kamin macht Bimböm, und schon ist es wieder Zeit für den Tee!

Oh, manch ein Kontinentaleuropäer wird schon auf dem Deck seiner Ärmelkanal-Fähre gestanden haben, sah die Kreidefelsen von Dover am Horizont versinken und sagte sich: «Good heavens, morgen zu Hause – erst mal frühstücken!»

Viele Menschen kriegen morgens nichts runter, weil ihnen irgendwas im Magen liegt. Ich kenne das. Der Morgen – grausame Tageszeit. Oder, nein! Verdient der Morgen überhaupt die Ehrenanrede *Tageszeit*? Sollte man diesbezüglich lieber von einem *Abschnitt auf der Uhr* sprechen? Ernest Hemingway schrieb: «Es gibt ein hohles, leeres Gefühl, das einen manchmal überfällt, wenn man morgens zu früh aufgeweckt wird, und das fast wie das Vorgefühl einer nahenden Katastrophe ist.»

Alle Tageszeiten sind eigentlich wunderbar, außer morgens. Abends kann man schön Dieter Bohlen gucken, Kartoffelsuppe kochen oder zum Kaugummiautomaten gehen. Nachts ist auch gut. Neuerdings gibt es überall lange Museumsnächte. Wenn irgendwo zu mondbeschienener Stunde Impressionistengemälde oder Dinosaurierknochen ausgestellt sind, können die Veranstalter sicher sein, dass Kohorten nachtaktiver Kulturfreaks vorbeikommen und eine Rieseneintrittsgebühr zahlen. Nur morgens – morgens möchte bitte schön keiner irgendwas. Der Feuerzangenbowlenautor Heinrich Spoerl meinte: «Frühstück ist die schönste aller Mahlzeiten. Man ist ausgeruht und jung, hat sich noch nicht geärgert und ist voll neuer Hoffnungen und Pläne.» Gern wüsste ich, wo die Apotheke ist, die das Mittel verkauft, das zu solchen Ansichten führt.

Personen, die von frühzeitigem Aufstehen betroffen sind, schenke man das Höchstmaß an Zuwendung, Diskretion und Nachsicht. Man verschone sie insbesondere von Schneeschaufelarbeiten und von Radiomoderatoren, die sich in den Kopf gesetzt haben, Morgenmuffel «in Stimmung» zu bringen.

Doch wäre irgendwas von alledem für den Menschen im anbrechenden Tage niederschmetternder, als des gewohnten Frühstücks beraubt zu werden? Sonnenaufgang – der wacklige Zeitpunkt, da man soeben den wüsten Irrgärten nächtlicher Träume entwichen ist und der noch unbekannte Tag sich schon frech ins Zimmer geschlichen hat –: kein guter Moment für Experimente. Schon gar nicht für den Magen. Man merkt das immer in Frühstückssälen von Hotels. Obwohl scheinbar «alles da» ist, herrscht betretenes Kaffeeumrühren und lustloses Stochern in Butterklötzchen und Schmelzkäsedreiecken. Der eine vermisst schmerzlich «sein» Mohnbrötchen mit Akazienhonig und die andere «ihre» selbstverständliche Meerrettichmakrele. Außerdem ist man oftmals gezwungen, während es in allen Körperöffnungen noch quietscht und knackt, sich jeder Menge unbekannter Gesichter zu stellen. Ganz, ganz bitter wird es dann noch für viele, mit anderer Leuts Frühstücksgewohnheiten Bekanntschaft zu machen.

«Roswitha ...»

«Ja, was denn ...?»

«Der Mann von dem Ehepaar aus Ludwigshafen macht sich ein Brötchen mit Edamer und Himbeermarmelade drauf ...!»

«Igitt, meine Güte, wie kann man so was nur ...? Ich frage gleich das Fräulein, ob sie uns morgen einen anderen Tisch geben kann.»

Gewerbliche Frühstücksversorgung überlasse man am besten einfühlsamem Personal, das sich vorher schon in den Bereichen Sexualkunde und Sterbebegleitung bewährt hat. Gastgeberfamilien, die offen für Schüleraustausch sind, mögen solche Überlegungen voranstellen, bevor sie ein verhuschtes junges Menschlein von Übersee zu sich einladen.

Ich glaube überhaupt, dass für wachsendes transnationales Wohlwollen Austauschschüler nicht das geeignete Werkzeug sind. Länder, deren Sprachen unseren Kindern gelehrt werden, sollten erst ab dem 25. Lebensjahr mit Billigfliegern oder per Interrail bereist werden. Der Student hat instinktiv mehr Nachsicht und Neugier im Gepäck und ist offener für kulturelle Schrullen jenseits unserer Zollschranken.

Ein Standardziel für Studienaufenthalte ist zum Beispiel Edinburgh, eine hügelige Gemeinde ähnlich wie Bethlehem oder Wuppertal, nur schöner, weil ohne Schwebebahn und mit Meeresblick. In Edinburgh soll es überdurchschnittlich oft zu Feuerwehreinsätzen kommen. In den Haushalten der schottischen Metropole ist nämlich so selbstverständlich wie anderswo der Fernseher ein stromstarkes Gerät zu Hause, das einen kombinierten Backofentoaster darstellt. Es röstet den Edinburghern mehrmals täglich die Tiefkühl-Hotdogs und den Buttertoast. Auf den Britischen Inseln regieren nun zwar sowohl die Queen als auch paranoische Feuerschutzgesetze, aber die Erfindung des Küchenweckers ist dort noch nicht angekommen. So kommt es, dass im geräuschlosen Hochleistungstoaster öfters mal eine Toastscheibe vergessen und schwarz überflämmt wird. Das überhitzte Weißbrot aktiviert nun umgehend den Rauchmelder, und der verursacht zwei Kilometer entfernt ein großes Tatütata. Wenn dann die Familie oder die Studi-WG aufgrund des Blaulichteinsatzes auswärts zur Imbissbude essen gehen muss, bestellt sie sich die regionale Spezialität «deep-fried haggis» und zum Nachtisch «deep-fried Marsbars» oder «deep-fried Snickers», das heißt Mars- und Snickers-Riegel, die in einen Krapfenteig getunkt und in Backfett frittiert werden.

Leider schicken Eltern ihre Kinder auf deren Wunsch oft ohne weitere Diskussion für ein Schuljahr nach Florida oder Melbourne, wo das Leben ebenso funsport- und internetabhängig ist wie in Stuttgart oder Offenbach. Ideal für spätere Weltgewandtheit wäre meines Empfindens ein konservatives Land mit extrem sonderbarer Sprache und hochwertiger Küche, ein Land meinetwegen, wo der Zigarettenhändler «Trafik», die Polizei «Gendarmerie» und Sahne «Obers» heißt. Österreich zum Beispiel.

Man bevorzuge im österreichischen Territorium Regionen wie die Steiermark oder Tirol, denn dort sind die Behindertentoiletten mit Bauernmalerei verziert, und auf den Kondomautomaten steht der Hinweis geschrieben: «Bei Versagen Knopf drücken!» Links und rechts exzellent markierter Wanderwege steht gutmütig dreinblickendes Milchvieh und manch wohlschmeckender Pilz. Hat man sich trotzdem mal verfranst und steht bei einer braven Sennerin in der Türe, bekommt man ein erfrischendes Himbeerwasser gereicht. Nach Bekundung gegenseitigen Wohlwollens werden eventuell erhebliche Mengen Bergkäse und Kaiserschmarren aufgefahren.

Wo in Österreich die Alpen zu Ende gehen, läuft ein reizvolles Flüsschen mit exzellentem Weinbau durch die Ebene. Die Frauen sehen meistens wunderhübsch aus, sogar, wenn man nichts getrunken hat. Ein Stückchen flussabwärts steht ein ungeheures goldverschnörkeltes Schloss mit circa einer Million Bewohnern, welches auf den Namen Wien hört. Wenn man schon mal in der Nähe ist, sollte man die goldene Pracht Wiens mitsamt pompösen Schnörkels nicht unbesichtigt lassen. Die Bevölkerung ist friedliebend, denn wenn sie Aggressionen verspürt, werden diese sofort an einem Strudelteig abreagiert. Wiener Bäckerinnen sind darum besonders ausgeglichen, weil der Apfelstrudelteig oftmöglichst mit voller Wucht auf den Tisch geknallt werden muss. Auch gibt es in Wien leckere Backhendl und einen prima Naschmarkt, wo man mit der nackten Hand in die Sauerkrautfässer hineinlangen darf. Der Besucher achte jedoch darauf, aus Wien rechtzeitig wieder wegzukommen, sonst wachsen ihm Pomp und Schnörkel im Kopf. Die Originalwiener hat das schon vor Zeiten voll erwischt. Sie leben seit hundert Jahren in einem fiktiven Kaiserreich mit Opernbällen, Hofgeheimräten und Sissi-Etikette. Ihre Uhren gehen schon zweihundert Jahre im Walzertakt, und man steckt nach wie vor in der hoffnungsvollen Warteschleife auf die Rückkehr der Habsburger Großmonarchie.

Den Abschied von Wien kann man sich erleichtern mit Hilfe eines Kaffeehausbesuchs. Das dortige Personal vertreibt sich die Wartezeit auf die Rückkehr des kaiserlichen Hofes mit dem Vergraulen ausländischer Besucher. Trägt man dabei eine gebügelte Hose, wird man eventuell mit «Herr Doktor» angesprochen. Die Kaffeehäuser wurden vor langer Zeit berühmt, weil der Sage nach Stefan Zweig und Hugo von Hofmannsthal dort täglich bei einem Heißgetränk sechs Stunden ihre Londoner Zeitung geblättert haben. Leider sind die Kaffeehäuser heute sozusagen ein Wiener Softdrink-Ballermann. Man bestellt einen Kaffee und wird nach einer halben Stunde und sechs Euro Getränkegebühr wieder hinauskomplimentiert. Vor der Tür warten trotzdem immer schon neue Gäste darauf, sich mal bei Kaffee und Kuchen zu fühlen wie einst die kaiserliche Intelligenzija.

Ein exklusives Gewese machen die Eingeborenen um die Sachertorte, die wie das Bernsteinzimmer total geheimnisumwittert ist. Das Sachertortenmysterium soll Wienreisenden die Neugier auf die Zunge treiben. Zur Folge hat der Lockruf, dass sich vor dem berühmten Hotel Sacher allzeit Karawanen von Tortenbewerbern anstauen, um sich im touristischen Fließbandverfahren die gleichnamige laut Veteranenaussagen wie Schwarzbrot schmeckende Torte mit einer Tasse Kaffee verabreichen zu lassen. Die Wiener selbst kichern über die Sachertortenaspiranten und fahren in aller Seelenruhe mit der Trambahn hinaus in den Wienerwald. Dort nehmen sie wohlschmeckende und preismoderate Kremtörtchen zu sich oder kaufen sich neue Schneekugeln.

Während viele Nationen noch durch ein kulinarisches Mittelalter stapfen, arbeiten andere tüchtig an Klischeebereinigung und staatlicher Imagepolitur. Im wüstengepflasterten Oman zum Beispiel, wo es so heiß ist, dass tagsüber selbst die Steine schwitzen, sucht man für ein Picknick im Freien gern den einzigen Landesteil auf, in dem oft leichter Nieselregen fällt. Die Omanfamilie hört also sonntagsmorgens den Wetterbericht, und erst wenn man weiß, dass es schön regnet, werden Hühnerbeinchen und DeBeukelaer-Kekse in den Picknickkorb gepackt.

Auch die Amerikaner haben ans Essen keine extravaganten Ansprüche, nur drum herum sollte es irgendwie irre sein. Man kann sie sehr glücklich machen, wenn man ihnen in spektakulärer Höhe unspektakuläre Speisen serviert. Gern erinnere ich hier wiederholt an das Foto der Wolkenkratzerbauarbeiter bei der Butterbrotpause. Insider berichten, dass in der Touristeninformation gegenüber dem Kölner Dom manchmal amerikanische Touristen erscheinen, die sich erkundigen, ob es in einem der Domtürme ein Drehrestaurant gebe. In B-52-Langstreckenbombern der Air Force befindet sich im Cockpit rechter Hand sogar ein kleiner Pizzaofen. Wenn man also gerade einen Knallkörper über einer pazifischen Insel runterlassen möchte, kann man sich kurz vorher noch schnell einen Cheeseburger warm machen. Ein amerikanischer Astronaut auf der Raumstation ISS bestellte sich einmal an einem Feiertag im Weltall Hühnchen mit Ei und Knoblauch.

Da der Erzbischof von Köln aber solche Dinge auf seinem Dach nicht so gern hat, wird die amerikanische Verpflegungsanfrage bei der Touri-Info am Kölner Dom regelmäßig verneint. Das führt zu etwas enttäuschten Gesichtern bei den transatlantischen Gästen und ihrem Weg darauf in ein bodennahes Hamburgerrestaurant. Überhaupt Amerika – das heißt für die meisten eigentlich «Hamburger». Ist auch so falsch nicht. In dem lehrreichen US-Film *Pulp Fiction* wird eingangs ein kurzer Diskurs über Hamburgeressen in den Niederlanden geführt. Kurz danach wird eine kleine Gruppe von Nobodys bei der Burgermahlzeit überrascht und die Nobodys aus nebensächlichen Gründen während des Essens liquidiert. Später sitzt John Travolta mit Uma Thurman in einem Fünfziger-Jahre-Cabriolet in einer Themen-Discothek, und es werden schon wieder Burger gegessen. In beachtlichem Maß und zu allen Tageszeiten geschossen und Hamburger bzw. Spare-Ribs gegessen wird auch in dem empfehlenswerten Kinoklassiker *The Getaway*.

Satt wird man immer in den Staaten, doch wenig zufriedenstellend ist das Brotwesen. Wenn man Brot mit Kruste essen will, muss man selbst Hand anlegen und sich eins backen. Außerhalb deutscher Sprachgrenzen liegt die Brotkultur generell arg darnieder. Deutschland findet sich selbst im Spiegel der Nationen ja nicht sehr hübsch, aber alle sind sich einig: «Unser Brot – klasse!» Das kennt jeder: Am Urlaubsstrand mag es so sonnig sein, wie es will, ein, zwei Wochen von der deutschen Scholle abgeschnitten, lechzt man nach Raubritterbroten, Sechskornwecken und Rosinenstuten. Ein zartes Pflänzchen nationalen Selbstbewusstseins! Ich schlage hier vor, die verbotene erste Strophe der deutschen Nationalhymne durch eine zu ersetzen, die die deutsche Bäckerkunst in den Himmel hebt. Millionen Exilgermanen und bundesdeutsche Urlauber auf der Heimreise in Flugzeugen, Reisebussen und Rettungsbooten könnten ihren Schmacht nach heimatlicher Backware in patriotische Hymnen umwandeln.

Seit der Perfektionierung kompakter Privatbrotbackmaschinen wurden Gott sei Dank die Überlebenschancen von brotophilen Deutschen in der ganzen Welt sehr verbessert. Brot mit richtiger Knusperkruste ist in den USA eine Rarität und muss ebenso wie die mexikanischen Chilisaucen Warnaufschriften auf der Verpackung tragen. Wenn die Chilisaucen den Schärfegrad von Hagebuttentee übersteigen, steht der große Warnhinweis «HOT» auf der Flasche.

Ungeachtet dieser Kleinigkeiten soll das Shopping in den USA sehr angenehm sein. Klimaanlagen fächeln verkaufsfördernde Frischluft, und die bei uns berüchtigten defekten Einkaufswagen, bei denen ein Rad klemmt und hinterherschleift wie das Holzbein von Käpten Ahab, werden sofort aus dem Verkehr gezogen. Tomatenketchup gibt es in kolossalen transparenten Weichspülerflaschen, und wenn man zehn kauft, erhält man die elfte und zwölfte oder ein paar Jeans gratis dazu.

Beeindruckend auf Neuankömmlinge wirkt auch die flotte Behandlung an der Kasse. Wal-Mart-Power verringert Kassendauer, so sagen die US-Besucher. Die Warteschlangen sind nie länger als eine Blindschleiche, die Durchgänge sind so breit wie der Panamakanal, und am Ende des Kassenbandes wartet ein zuvorkommender Mexikaner, der alle Einkäufe in henkellose Papiertüten verfrachtet.

Ein weitgereister deutscher Schriftsteller stellte sich vor Jahren die Frage nach der Ursache für die fehlenden Tragegriffe an US-Einkaufstüten. Ich vermute, der Grund dürfte die Gefahr einer Produkthaftungsklage sein, die auch für die Diskriminierung knusprigen Brotes verantwortlich sein wird. Würde ein Amerikaner seinen Gaumen an einer *crunchy crust* herzhaften Brotes verletzen, wäre schnell ein Anwalt zur Stelle, der dem havarierten Brotesser zu einem knusprigen Schmerzensgeld vom Konto der Bäckerei verhilft. Sicher käme ein hübscher Gewinn dabei raus. Der Compensation Claim hat in Amerika in etwa die Aufgabe, die bei uns das Lottospielen hat. In den Werbemedien wimmelt es von Anwälten, die gern wissen möchten, ob man irgendwo gestolpert ist, sich verschluckt, verbrannt, erschreckt oder sonst ein kleines Malheur eingefangen hat, für das man jemanden mit viel Geld anschwärzen könnte. Es ist denkbar, seinen Urlaubsreiseveranstalter wegen Hautkrebs zu verklagen, wenn dieser versehentlich den Hinweis unterlassen hat, dass am Urlaubsort ausgiebig die Sonne scheint.

Ich vermute daher, würde ein versehentlicher Unfall durch Überladung einer henkelgetragenen Einkaufstüte mit Ausschüttung des Einkaufs ausgelöst, wäre als Erstes der Beutelhersteller dran. Also lässt man die Beutel gleich wickelkindartig von unten tragen.

In Amerika ist überhaupt alles zehnmal gefährlicher als bei uns. Man wird von oben bis unten in Watte gewickelt. Wer schon mal mit einem befreundeten Amerikaner durch einen deutschen Supermarkt gebummelt ist, hat bestimmt auch so was gehört: «Oh, ihr ernährt euch aber ungesund! Salat direkt aus dem Garten! Und in der

Marmelade, sind da ganze Früchte drin? Oh, my God! Und auf der Wurst ist ja keine *nutritional information* drauf. Ich kann nicht glauben, dass ihr das jeden Tag essen könnt!» Jaja, antwortet man dann, und im Stillen weiß man, warum die Kassendurchgänge bei Wal-Mart so breit sind. Uncle Sam und Tante Samantha können nämlich ganz schön stattlich werden. Außer tollen Kalorienangaben gibt es in Amerika auch tolle Brotaufstriche, zum Beispiel Schokocreme, Erdbeergelee und Erdnussbutter, und zwar *in einem Glas!* Das amerikanische Denken ist unkompliziert. Wenn alle zehn Minuten ein Stapel Donuts oder eine XXL-Pizza einem Amerikaner zuruft: «Iss mich!», dann sagt das Gehirn «Just do it!», und das Leckerli wird weggemampft. Kompliziert wird es erst, wenn in den Leckerlis so viele Brennstoffe eingelagert sind, dass sie sich in körpereigene Speckröllchen verwandeln. Der Amerikaner sucht aber nicht das Problem im Gehirn. Das wäre kompliziert. Er sucht lieber in den Brennstoffen. Man versucht also, an den Lebensmitteln so herumzuschrauben, dass man so viel futtern kann wie immer ohne das Speckröllchenproblem. Chicago, die *windy city*, ist angeblich Amerikas dickste Stadt. Weil es dort so windig ist, bleiben die Chicagoer den lieben langen Tag zu Hause. Da man am Wind aber nicht herumschrauben oder ihn verklagen kann, widmen die Chicagoer sich daheim mit Donuts und Pizza ihrem Fernsehprogramm.

Der Wind ist landesweit ein großes Problem. Den meisten außerhalb von Hawaii lebenden Amerikanern wird dummerweise jeden zweiten Winter durch Schneesturm oder im Sommer tornadobedingt ihr Holzhaus bzw. ihr Wohnmobil weggepustet. Dem Phänomen «Natur» stehen die Amerikaner daher skeptisch gegenüber und arbeiten unermüdlich an seiner Verbesserung. Abgesehen von Benzin sind Naturprodukte oftmals suspekt und werden je nach Bedarf zweckdienlich ausgetauscht, erleichtert oder angereichert. «You can't believe it's not butter» (Du kannst nicht glauben, dass das keine Butter ist) heißt ein Fettaufstrich fürs Brot. Schon länger nicht mehr einverstanden sind die Amerikaner auch mit dem Naturprodukt Frau. Immer mehr US-Bürger geben daher ihre

Frauen zu ärztlichen Spezialwerkstätten, wo man an ihren sekundären Geschlechtsmerkmalen herumschraubt, um sie den gängigen Standards auf dem Fortpflanzungsmarkt anzupassen. In den USA lassen sich Wurst, Bratfett, Milch, Raumluft, Salat oder Frauen problemlos anreichern oder erleichtern, benutzerfreundlicher oder gesünder machen, damit man beweglich und attraktiv bleibt.

Die Aufnahme völlig natürlicher Speisen wird in den USA als skurriler Minderheitensport betrieben, von Ethno-Menschen, die in Wohnmobilen in der Wüste leben und mit ihren schrägen Gewohnheiten im Fernsehen auftreten. Im Südwesten zum Beispiel ist der Verzehr von Spinnen und Klapperschlangen recht beliebt. Bei Spaziergängen im kulinarischen Grenzbereich zerren sie das meist unlustige Kriechtier aus dem Wüstengesträuch und bereiten davon rustikale Barbecues. Dazu serviert man Kakteen-Relish. In gewässergesegneten Regionen munden auch Alligatorenspezialitäten. Sind die Jäger vorher vom selbsterlegten Grillgut im Duell Mensch gegen Bestie auch mal gebissen worden, schmeckt der erste Happen nochmal so schön. Abschließend sitzt man in oktoberfestähnlicher Runde beisammen, lässt die Klapperschlangenschwänze und die Bierdosen klappern und die Country-Gitarre klingen. Dem zwischen den schunkelnden Stirnband-Althippies sitzenden Sensationsreporter vom Tierschutz-TV-Magazin wird bestätigt, dass das Rezept von den Indianern stammt und die Spinne bzw. das Reptil eigentlich wie Hähnchen schmeckt. Die Giftzähne lassen sich sogar als Zahnstocher verwenden, wie es bestimmte Eingeborenenstämme vormachen.

Auf der anderen Seite des Globus gibt es Nationen, die die Wolken aus Vorurteilen, die die Sicht auf ihr Land vernebeln, immer weiter verdichten, zum Beispiel in Osteuropa. Über die dortige Verpflegung ist wenig bekannt. Bundesbürger, die in der Nachbarschaft von Russlanddeutschen wohnen, berichteten mir über ein beliebtes Aussiedlerrezept namens «Hähnchen à la Kasachstan»: Für sechs Personen übergießt man dazu circa 1 Kubikmeter Holz- oder auch Plastikgartenmöbel mit Benzin und zündet sie an. Nun grillt man pro Person sechzig bis siebzig Chicken-Wings. Die Wartezeit vertreibt man sich mit Autoreparaturen oder der Montage neuer Gartenmöbel. Diese Schilderung dürfte freilich eine Ausnahme für Feiertage sein! In Wahrheit ist das Essen in Osteuropa recht solide. Wer etwa in Böhmen nach der Nationalspeise fragt, wird Schweinebraten mit Klößen bekommen. Manchmal fehlt das Schwein, dann bleibt es bei Klößen. Fragt man einen Schlesier, einen Banatschwaben oder einen Tschechen nach dem Landesgericht, wird man freudig «Klöße» zur Antwort erhalten. Dies setzt sich fort über Mähren, Litauen und Masuren – Klöße. Wenn man nun denkt, da wären zweitausend Kilometer Richtung Osten nur Klöße, irrt man freilich. In Polen gibt es einen Landstrich, wo man in großen Mengen sogenannte «Zeppeline» verspeist. Es handelt sich im Detail um Klöße. Je weiter der Vorstoß Richtung Osten geht, desto mehr kommt man in halbflüssige Sumpfgebiete. Das Essen wird zunehmend durchs Trinken ersetzt. Bereits in Polen hat sich bei den unter 40-jährigen Discofreaks das Grundnahrungsmittel Rotwein mit Cola eingebürgert.

In Russland ernährt man sich vornehmlich von Wodka, als Beilage reicht man gelegentlich Blinis oder Kaviar. Neun von zehn Rezepten in einem russischen Kochbuch sind mit der Bemerkung «Isst man traditionell als Beilage zu Wodka» versehen. Eine Ausnahme stellen die Boxerbrüder Klitschko dar, welche sich von den Produkten der Marke Ferrero-Kinder ernähren. Noch im Zarenreich soll es in Jetset-Kreisen üblich gewesen sein, Champagner aus den Stiefeln schöner Frauen zu trinken. Heute ist Wodka in vielen russischen Großstädten das Erkennungsmerkmal von Arbeit und Wohlstand. Auf U-Bahn-Bänken und in Parks liegen schlafende Männer in schwarzen Lederjacken. Sie signalisieren damit: «Ich habe Wodka = ich habe Arbeit.» Anderswo an den Straßenecken stehen Männer in schwarzen Lederjacken. Sie signalisieren: «Ich suche Arbeit.» Neulich las ich in der Zeitung, dass sogar die Elefanten im Moskauer Zoo bei strenger Kälte Wodka ins Trinkwasser gemixt bekommen.

In einer anderen Zeitung stand, dass im statistischen Konkurrenzkampf um die meisten Übergewichtigen Russland und die USA die weltweiten Gipfelstürmer seien. Es ist immer überraschend, zu welch ähnlichen Ergebnissen die verschiedensten Weltanschauungen führen! Ich erinnere mich, dass in alten Erdkundebüchern zum Vergleich USA–Sowjetunion meistens die Panzer und Traktoren von NATO und Warschauer Pakt einander gegenübergestellt wurden. Vielleicht wird man im aktuellen Erdkundeschulmaterial zur Weltmachtstellung die Dickerchen der USA und Russlands tabellarisch gegenüberstellen. Diese Illustration wäre auch eine prima Entscheidungshilfe für den Schüleraustausch.

MARGARETE SCHÜTTE-LIHOTZKY MIT JACK LALANNE'S POWER JUICER

Die Hausfrau im Design-Küchenwunder

VOR EINIGER ZEIT wurden von diversen europäischen Fernsehanstalten an lebenden Menschen allerlei Zeitverschiebungsexperimente der Kategorie «Leben auf dem Gutshof», «Viktorianische Familie» oder «Steinzeit» durchgeführt. Wie kaum anders zu erwarten, wurde nach Drehschluss die wiedererlangte Gegenwart von den teilnehmenden Steinzeitlern und Gutsbauern euphorisch bejaht. Quintessenz der TV-Versuchsreihen: Mein Gott, war das scheiße früher. Hauptklagepunkte der Mitwirkenden über die Mühsal des Retroalltags waren natürlich die Frauen- und Küchenarbeit.

Bei den Fernsehproduzenten, die ohnehin am liebsten die Erkenntnisse herausarbeiten, die alle gern hören möchten, hätte ich Lust, zweierlei zu beantragen. Punkt eins: Machen Sie doch mal einen Ausflug zu den Bergvölkern im Hinterland Sardiniens oder Portugals. Da ticken die Uhren heute noch wie zu alten Römerzeiten, und trotzdem sind die Leute ganz happy. Den dort ansässigen Ureinwohnern fallen zwar mit 70 Jahren die Zähne aus, und so ab 22 Uhr fängt die Glühbirne an zu flackern, doch abends gehen sie pünktlich und mit einem Lächeln auf den Lippen in die Federn. Ihr Hauptproblem mit der heranrückenden Gegenwart sind meistens Brüsseler Hygiene-Bürokraten, die ihnen mit neuen EU-Vorschriften in die hausgemachten Wurst- und Käsespezialitäten hineinfunken wollen.

Zweitens: Holen Sie bitte niemals Testmenschen von gestern in die Gegenwart! Besonders keine Hausfrauen! Sollte es dem Fernsehen irgendwann möglich sein, eine aus Uromas Tagen stammende Hausmamsell in unsere Zeit zu beamen, würde sie bestimmt eine Riesenarmada von modernen technischen Hilfen geschenkt bekommen. Man will ja gern vorführen, wie rückständig das damals war und wie flott heut alles funktioniert. Miele-Waschmaschine, Trockner, China-Wok usw. Sehr wahrscheinlich würde man sie in eine hypermoderne Einbauküche stecken.

Würde ein Meinungsforschungsinstitut von mir verlangen, eine Hitliste der größten Einrichtungspannen des 20. Jahrhunderts aufzustellen, hier wären meine Top 3. Platz 3: Allibert-Schränke. Platz 2: «Zugluftdackel». Und Number one: die Einbauküche. Neben dem Fernsehen dürfte vor allem die Einbauküche die Hausfrau auf die rote Liste bedrohter Lebensformen gebracht haben. Sie verwandelt die häusliche Produktionseinheit Frau in einen formalistischen Zweibeiner, der sich vornehmlich dem Öffnen und Schließen von Türen widmen muss.

Als Urmutter der Einbauküche gilt die dem Bauhaus nahestehende Architektin Margarete Schütte-Lihotzky. Sie entwarf in den zwanziger Jahren eine Zwei-Etagen-Anrichte, welche unter dem Terminus «Frankfurter Küche» in die Designgeschichte einging. Die Kumpels vom Bauhaus schwätzten zwar alleweil von Form und Funktion, in erster Linie aber waren sie ordnungsnärrisch wie alte, knurrige Hausmeister. Wie man in jedem Architekturlexikon nachsehen kann, liebten sie glatte Oberflächen, Gradlinigkeit, alles schön poliert und im rechten Winkel. Organisches Werden war damals ein Ding für den Urwald. Und als die Aufgabe anstand, eine moderne Küche zu entwerfen, meinten sie abends beim Bierchen: Ach, das kann doch mal eine Frau machen! Frau Schütte-Lihotzky, hätten Sie nicht Lust?

Sie wollte ja zuerst nicht, weil sie nie Hausfrau war, aber später wollte sie doch. Sie blätterte also in allerlei ästhetischen Weisheiten von Walter Gropius, und schwups verschwanden die schwarzen Pfannenpopos, Wischtücher und Schneebesen hinter schicken Designverschalungen. Was passierte? In null Komma nichts war die schöpferische Energie der Küchenhandwerkerin geknebelt. Plötzlich steht die Frau vor einer glatten Wand aus Ordnung. Vor jedem Gerätegriff steht zuerst ein Klapptürgriff. Ordnung scheint mir überhaupt der Nummer-eins-Gegner aller Kreativität zu sein. Ordnung und Schöpfergeist, das steht zueinander wie Pottwal und Riesenkrake. Wo sie aufeinandertreffen, muss einer von ihnen dran glauben. Die einschlägigen Weltreligionen berichten uns, dass vor nebulösen Jahrmillionen irgendein Schöpfer die Gestalt der Welt aus einem Chaos geschaffen habe. Ich halte das für elementar wahr. Oder steht irgendwo geschrieben, dass ein Allmächtiger unsere Erde aus einer Einbauküche geschaffen hat?

Hätte man die Bauhausdesigner zu ihrer Zeit zum Beispiel einen Musiksaal entwerfen lassen, wäre bestimmt ein Riesenorchestereinbauschrank dabei rausgekommen. Bei der Aufführung symphonischer Werke müssten die einzelnen Mitwirkenden zwecks ordentlichen Aussehens während musikalischer Nichttätigkeit hinter Klapptüren verschwinden.

Obwohl ihr Werk viel früher aufs Papier kam, gilt Frau Schütte-Lihotzkys Küchenidee als Attribut der von den fünfziger bis siebziger Jahren amtierenden Omas. Den großen Aufstieg erlebte sie nach dem Krieg. Ich nehme nun an, dass mir Antifa-Gruppierungen keine Hassparolen an die Hauswand sprühen, wenn ich behaupte, dass das Bauhaus und die deutsche Hausfrau so ziemlich die einzigen Deutschen waren, die aus 12 Jahren Nazi-Desaster ohne Imageschaden rauskamen. Jetzt konnte man richtig Gas geben und erklärte zum Frauenideal die aseptische Arbeitsmutti, am besten so eine wie in der Science-Fiction-Trickfilmfamilie *Die Jetsons*. Mama brauchte eigentlich nur noch hübsch dazusitzen und Knöpfchen zu drücken wie Lieutenant Uhura auf der Kommandobrücke vom Raumschiff Enterprise. Der Arbeitsplatz von Lt. Uhura ist im Grunde ja auch eine wunderbare Einbauküche.

Als Franz Josef Strauß Atomminister war, träumte man kurzzeitig sogar von der atomgetriebenen Hausfrau, welche Cocktailmixer und Entsafter durch Kernspaltung betreiben könne. Zuletzt kamen zwar nur atomgetriebene Flugzeugträger dabei raus, aber die Hausfrau bekam immerhin ersatzweise die ruhmreiche Spülmaschine. Die entstandene Zeitersparnis investierte Gisela Normalmutti in einen längst fälligen Friseurbesuch. Mit den Lockenwicklern in der Trockenhaube kam ihr die Idee: Och, so eine Saugglocke wär doch auch was für daheim überm Herd! Und die frische Lockenpracht würde nicht immer so nach Bratkartoffeln stinken!

Da gingen die Kücheningenieure beim Friseur vorbei, machten ein paar Skizzen, und schon wenige Tage später pflanzten sie der Hausfrau eine Dunstabzugshaube direkt über die Kochtöpfe. Was keiner vorher ahnen konnte: Jetzt wird die Köchin binnen Sekunden gleich von drei Sinnesfunktionen abgetrennt. Das Bratgut landet in der Pfanne, Haube auf Stufe eins – peng! Kein Geruch mehr, lebenswichtige Prüfindikatoren zum Garzustand werden abgesaugt, bevor sie die Hausfrauennase erreicht haben. Die hinteren Geschirre sind ohnehin nicht mehr einsehbar. Was geht dort vor sich? Nun kommt Abluft Stufe zwei – jetzt hört man auch nichts mehr! Die Hausfrau wird gebrutzeltaub. Völliger Kontrollverlust, die Herstellung von Bratkartoffeln mit Spiegelei wird zum Mondspaziergang!

An dieser Stelle sei eine endgültige Fatwa in die Welt posaunt: Bratkartoffelgeruch ist keine Schande! Er sei vielmehr der Adel einer jeden Wohnstätte! Ich glaube, die Historiker werden mir nicht widersprechen, wenn ich behaupte, im 19. Jahrhundert wurde mehr als eine süße Bauernjungfer direkt vor ihrer Haustür weggeheiratet, weil sie morgens nicht zwei Stunden mit Meeresalgenpeeling durch die Bude spazierte, sondern die Hütte von der Diele bis zur Decke mit seligem Bratkartoffelduft zu erfüllen wusste.

Wie auch immer, der Wohlstand wuchs und mit ihm die Einbauküche. Eines Tages erschien das Modell «über Eck». Den entstehenden Winkel nutzten die Möbelmacher, um in Kniehöhe eine dreidimensionale Hau-ruck-Falt-&-Kipp-Schleuder-Karussell-Falltür einzubauen, in welcher die großen Kochgeschirre verstaut werden können bzw. auf Nimmerwiedersehen festklemmen. Nach zwei bis drei Monaten verhakt sich ein Topfdeckel in der Falltür, und es wird leichter, eine erfrorene Anakonda aus einem Kaninchenbau herauszuknoten, als den großen Nudeltopf aus dem Eckfach wieder ans Tageslicht zu zerren.

Zu Beginn des 21. Jahrhunderts scheinen neue Einbauküchen die Erkennungsträger stillgelegter Herdfunktion zu sein. Geistert man als Wohnungssuchender mit Herrn oder Frau Immobilienmakler durch ein Mietobjekt mit Einbauküche, lautet die unausgesprochene Botschaft: Liebe Mieter, in fußläufiger Entfernung finden Sie gepflegte Restaurants. Wir möchten Sie bitten, in diesem Exklusiv-Etagenpalazzo von der exzessiven Herstellung warmer Mahlzeiten Abstand zu nehmen.

In Designerküchen stehen auch Partygäste nur rum wie auf dem Bahnsteig. Organisch zusammengetrödelte Küchen hingegen sind das Zentrum jeder schönen Party. Da gibt's immer was zu gucken, die Gespräche kommen schnell in Gang.

«Ach, was ein hübsches Schränkchen, ist das IKEA?»

«Nee, Sperrmüll.»

«Na ja, ist ja das Gleiche.»

«Huah, in dem Honigglas schwimmt 'ne Fliege, bah, wie fies!»

«Na und, wird mitgefrühstückt, passiert mir auch immer!»

Trotz alledem gibt es immer noch Hausfrauen. Ich entnehme das der Tatsache, dass sie eigene Fernsehsendungen haben. Die Hausfrauenprogramme sind meist *bügelfreundlich*, das heißt, die Zuschauerin muss nicht jede Sekunde genau hingucken. In den Vormittags-Seifenopern wird auf Explosionen oder Schießereien verzichtet, dafür erledigt eine Auswahl hochgradig schöner Menschen die ihnen auferlegte Dramaturgie fast ausschließlich in Gesprächsrunden. Bunt und rasant ist aber die Auswahl der TV-Verkaufsshows, in denen monatlich neue Küchenwunderwaffen angepriesen werden. Sie sollen das Hausfrauendasein noch weiter vereinfachen. Ein feines Unterhaltungsbonbon sind zurzeit die ins Fernsehen verlagerten Blitz-Tupperpartys. Ein bis zwei guterhaltene Mittvierzigerinnen probieren mit einem feminin aufgebretzelten Frischeboxvertreter ein neues Plastiksortiment aus. Verkaufsargument: Tupperware schafft mehr Ordnung! Innerhalb von vier Minuten haben die Darsteller sich selbst und das ganze Aufnahmestudio mit zweihundert bunten Frischeboxen zugebaut!

Als nervenzehrendster Kraftakt für die Hausfrau wird offenbar nach wie vor das Zwiebelhacken angesehen. Hierzu möchte ich als seriöser Verbraucherschützer die Basic-Info durchblitzen lassen, dass die gewürfelte Zwiebel fürs herzhafte Kochen in etwa dieselbe Aufgabe erfüllt wie der Zündschlüssel fürs Autofahren. «Ohne» geht's nur mit unlauteren Mitteln. Früher lernte man Zwiebelwürfeln mit Hilfe eines Messers so nebenher, wie das Knutschen auf einer Schülerparty. Niedere und höhere Töchter hatten das mit spätestens zwanzig «drauf». Ich schätze, vor ungefähr vierzig Jahren wurde Zwiebelhacken dann erstmals zum Ingenieurproblem. Damals erschien ein Elektrozwiebelschredder namens *Sprung auf, marsch, marsch*, ach nein, das Ding hieß *Zick-Zick-Zyliss*. Es handelte sich um eine kleine Plastikguillotine, die noch einige technische Nachfolger hatte. Sonderbarerweise wurden sie praktisch alle nach Osteuropa verschickt oder bei Umzügen irgendwie verschüttet. Trotzdem sind auf verschiedenen dubiosen Erdteilen immer noch Heinzelmännchen zugange, über das Versandfernsehen die Welt mit neuem Zwiebelpüriereinwegschnickschnack zu bereichern. Lieblinge im TV-Jahrmarkt sind auch weltraumbeschichtete Fischpfannen mit passenden Wendepaletten.

Hobbyköche lassen sich gern Wundermesser aus Japan liefern, zu denen sie bald fetischistische Bindungen aufbauen. Circa alle vier Jahre wird ein Sortiment von Damaszenerklingen aus einem weinroten Samtkoffer gezogen, um 200 Gramm Sushi zu zerteilen. Sollte jemand Unbefugtes mit dem Samuraigedöns herumfuchteln, beginnen die Besitzer hektisch zu hyperventilieren. Nach vollzogener Operation werden die Klingen in einer zweistündigen Prozedur in der Garage wieder auf Feinschliff gebracht und verschwinden für weitere vier Jahre im Samtetui.

Das unglaublichste Phänomen im Bereich Schneidwerkzeug dürften Messer von IKEA sein. Wer als Survival-Robinson mit einem IKEA-Messer auf einer einsamen Insel strandet, dürfte so gut wie erledigt sein. Die Schnittwirkung ist quasi null. Eine echte Bodybuilderübung, mit einem IKEA-Messer eine Banane zu zerteilen.

Die Amerikaner sind wahrscheinlich das hilfsbereiteste Volk in der Kunst der Küchenentlastung. Vor ein paar Jahren musste man bei einem US-Verkaufsprogramm *Jack LaLanne's Power Juicer* bestellen. Jack LaLanne ist ein netter Fitness-Opa, der für die USA wohl das personifiziert, was bei uns das Ehepaar Rosi Mittermaier/Christian Neureuther verkörpert. Er sieht ein bisschen aus wie Ronald Reagan im Trainingsanzug und hat ein glorreiches Entsaftungsgerät erfunden, das sogar Stahlbeton entsaften kann. In seiner Werbeshow turnt Jack LaLanne in einer amerikanischen Studioküche herum und hat ein vierzig Jahre jüngeres Model-Huhn an seiner Seite, das sich alles erklären lässt. Das Model-Huhn sieht natürlich ziemlich süß aus, sodass die Männer in ihrer Nähe sich alle automatisch in Power Juicer verwandeln. Dem Model wird also demonstriert, was der Juicer alles draufhat, dass alle anderen Produkte Schrott sind usw. Die bösen Konkurrenzprodukte kommen immer ganz kurz und in Schwarzweiß ins Bild.

Man wirft in den Juicer eine ganze spanische Orangenernte von oben hinein, und er trennt alles innerhalb von 15 Sekunden zu Sägemehl auf der einen Seite und einer orangebraunen Suppe auf der anderen Seite. Man kann auch ein Brot zu Brottrunk pressen oder eine ganze Schwiegermutter im Power Juicer verschwinden lassen. Ich selbst habe den Juicer mal testen dürfen. Man braucht ungefähr eine halbe Stunde, um die Saftbrumme zusammenzubauen, und dieselbe Zeit nochmal zur Demontage und Reinigung. Auch ein Kochbuch gibt's dazu, das verrät, wie man seine Nudelsauce mit Sägemehl anreichern kann.

Ein Weilchen später erschien die Steigerungsform des Power Juicers, das Magic Bullet. Es handelt sich um ein elektrisches Straußenei, das gleichzeitig Muffins, Pudding, Rührei, Karamellbonbons und Omelettes herstellen kann – natürlich nur, wenn man fünf Magic Bullets gleichzeitig besitzt wie der Bulletknecht im Fernsehen.

Relativ brandneu ist ein tragbares Einhandkrematorium namens *My Rotisserie.* Von außen verkörpert es einen XL-Toaster, und man kann alles hineinstecken und nach zwei Minuten mit braunen Grillstreifen wieder herausholen. Unten dran ist eine kleine Schublade, die alle Geschmacksstoffe auffängt und entsorgt.

Ganz wichtig ist den Amerikanern, dass die elektrischen Wichtel keinerlei Emissionen verursachen und dass sie durch die Vereinfachung viel mehr Zeit für Freunde oder für die Kinder haben. Wenn sie mit Wunderwerkzeugen Saft pressen, kommt auch immer gleich ein süßes blondes Mädchen von hinten anspaziert und setzt sich den Saft an den Mund.

Sind die Kinder heute eigentlich noch so gierig auf Vitamine? Ich habe mehr den Eindruck, der heutige Nachwuchs gräbt sofort das Kriegsbeil aus, wenn Mami es wagt, ihm was Gesundes mit gehackten Zwiebeln oder Säfte vorzusetzen. Die aktuelle Situation der Hausfrau sieht eher so aus: Die Kleinen kommen mittags aus der Schule, hängen ihre iPods und Gassprays an die Garderobe und verlangen Hähnchen-Nuggets oder solche dinosaurierförmigen Fischstäbchen. Dafür braucht man nur eine Fritteuse. Vielleicht könnten die TV-Verkaufssender die Einbauküche wiederbeleben, indem sie recht bald ein Modell mit integrierter Fritteuse anbieten.

EISCAFÉ VENEZIA GEGEN SUBWAY-SANDWICHES EINS ZU NULL

Essen in der Innenstadt

STADTPLANER machen bei Bürgern immer eine gute Figur, wenn sie urbanes Ambiente ankündigen. Wünscht ein Investor ein neues City-Parkhaus mit angeschlossener SUBWAY-Sandwich-Station, kleide man dies in die Worte *Plaza, Flaniermeile, Galleria, Cappuccino.* Das schafft erwartungsfrohe Bürger und den Betonmischern freie Durchfahrt. Südliches Flair ist das Kapital aller Einkaufsviertel.

Manche fühlen schon urbanes Kribbeln, wenn in der Fußgängerzone zottelige Künstler Dalís weiche Uhren aufs Trottoir malen oder musiziert wird. Gern gehört werden auch elektrowummernde Inka-Bands, die es sich tagsüber zwischen Kaufhof und Karstadt gemütlich machen. Wo immer eine peruanische Combo durch zipfelmützige Flötenweisen die Schaufenster erzittern lässt, sammelt sich alsbald eine andächtig lauschende Hörertraube. Gern wüsste ich, ob das kulturell auch andersrum funktioniert. Wenn sich am Fuße des Berges von Machu Picchu eine deutsche Lederhosenkapelle aufstellt und den Ponchovölkern ein bisschen Preußens Gloria bläst, kommen da auch hundert fußwippende Indios vorbei?

Zwei Mysterien umranken die musikalischen Lamahirten. Erstens: Nie sieht man sie irgendwoanders auftauchen. Schnallen sie ihre Instrumente auf den Rücken, verschwinden sie sekundenschnell in die Kanalisation, in die Schweiz oder sonstwohin. Zweitens: Man sieht sie auch nie etwas essen. Wenn man einem Akkordeonrussen zwei Euro stiftet, sieht man ihn bestimmt zwei Stunden später an Kaufhofs Bratwursttheke wieder.

Einkaufsstraßen sind ja die Hauptaustragungsorte des Volkssports «öffentliches Essen», also der mobilen Ernährung. Auf Platz eins und zwei der deutschen Charaktersportarten stehen zwar, glaube ich, immer noch die Männerdisziplinen Autowäsche und Gartenzwergzucht. Stark im Kommen dürfte aber die noch junge Disziplin «innerstädtischer Verzehr im Gehen» sein. Die Frauen bringen darin neuerdings enorme Leistungen. Ich war einmal in

Begleitung einer Dame durch eine Fußgängerzone unterwegs, während sie (die Dame) im Laufschritt ein Schinkenbrötchen verschlang. Auf meinen Vorschlag, sich für den von der Bäckerei liebevoll garnierten Snack (Gurke, Remoulade, Ei) doch etwas Zeit und Ruhe zu nehmen, antwortete sie, nein, sie möchte unterwegs essen: «… manchmal leben wir modernen Frauen eben etwas intensiver.» Ich entgegnete, schnelles Essen sei gar nicht gesund. Besonders intensiv leben kann man auch auf der Intensivstation.

Das Geschlecht, das der liebe Gott mit einer Handtasche und eigenem Tiefgaragenparkplatz ausgestattet hat, wird besonders von niederländischen Crêpebäckern magisch angezogen. Die Frau der Postemanzipation spricht: *Heute bleibt die Küche kalt, doch wer hungert, wird nicht alt, drum wird sich schnell ein Crêpe gekrallt.* Die flinken Pfannkuchencowboys sind meistens sommersprossige Pummelchen aus Eindhoven oder Venlo, aber die Frauen stehen bei ihnen Schlange. Im dicksten vorweihnachtlichen Einkaufsgewühl rumpelt man bisweilen alle drei Meter in hastende weibliche Einzelpersonen, welche sich durch Vorschnappen des Oberkiefers einen Nutellacrêpe von der Tragepappe in den Mund ziehen. Vermutlich kundennähebedingt parken die duftenden Crêpeanhänger am liebsten vor Schuhgeschäften.

Die zentralen Plätze unserer Citys sind seit vierzig Jahren monopolistisch okkupiert von Wurstbuden. Wo einst wohlwollende Landesfürsten ihren Bürgern marmorne Marktkreuze oder barocke Wasserspiele gestiftet haben, entschloss sich das 20. Jahrhundert zur Errichtung von Wurstbaracken. In den sechziger, siebziger Jahren zogen erstmalig Neckermann und Karstadt mit kubistischer Eierkartonarchitektur in die Innenstädte. Man stand damals nicht so auf Brünnchen und Kirchen. Als schließlich alles fertig war, dachten die Stadtväter plötzlich: Huch, wie scheußlich. Und weil auch Stadtväter wissen, dass viel Beton immer viel Fett nach sich zieht, meinten sie: Na ja, lasst uns wenigstens einen heißen, fettigen Bratwurst-Otto dazustellen.

Innerstädtische Wurstbuden zeigen ähnlich wie Mireille Mathieu seit dreißig Jahren ein völlig unverändertes Gesicht. Sie verweigern konstant jedes Facelifting, und irgendwann sind sie im Stadtbild verknorpelt. Meistens riecht auch ihr Bratfett, als wäre es in dreißig Jahren nicht gewechselt worden. Der unbeschwerte Einsatz von Vintage-Jahrgangsfetten im heimischen Pommeshandwerk scheint außerhalb jeder staatlichen Zensur zu schweben.

Die Bratwurstgriller haben trotzdem immer reichlich zu tun. Als Deutscher ist man kraft ominöser Erbveranlagung widerstandslos verrückt nach Bratwurstbrötchen mit Senf. Egal, ob Gewerkschaftsdemo, Marathonlauf oder Schrebergartenjubiläum, überall, wo's Rostbratwurst mit Brötchen und Senf gibt, stellen sich alle brav in eine Reihe. Demnächst soll ja wieder Volkszählung sein, wogegen jetzt schon allseits vollmundig protestiert wird. Ich schlage den Datenerhebern vor, für den benötigten Bürgergehorsam einfach gegen entsprechende Personalien jedem Zählwilligen eine Gratiswurst mit Senf aus dem Eimer zu spendieren. Nach Ende der Aktion brauchte man nur die verbrauchten Würste zu zählen, ich schwöre, 99,8 Prozent der Bundesbürger wären punktgenau erfasst.

Auf den Weihnachtsmärkten findet alljährlich eine große Leistungsschau der Altöllobby mit gleichzeitiger Olympiade öffentlichen Essens statt. Zu Füßen der Münster und Kathedralen sammeln sich Passanten im Schutz von Fichtenholzbüdchen und Heizpilzen, um fettige Krapfen oder triefende Krakauer aus der Faust zu verputzen. Seit einigen Jahren trägt der Wind die Rußwolken unserer dezemberlichen Reibekuchenfestivals bis nach England und Polen, von wo Reisebuskohorten anrücken, um am großen Adventsfrittieren und esoterischen Kleinhandwerk («Hornhautraspel mit Ihrer persönlichen Gravur 5,50 Euro») teilzuhaben. Franzosen und Mittelmeervölker bleiben den Christkindlmärkten traditionell fern. Vermutlich ist ihnen der altgermanische Budenzauber aus Zimt, Biodiesel und Eierpunsch seit jeher rätselhaft.

Außerhalb der Weihnachtszeit trifft man in der Stadt öfters auf durchreisende Schulklassen, die von ihren Lehrkräften gern auf pädagogische Stadtrallyes gescheucht werden. Die Einheimischen werden daraufhin von den Rallyeschülergruppen stets mit den immer gleichen Stadtführerfragen gelöchert, also: «In welchem Jahr ist die Altstadt komplett abgebrannt?» – «Welcher Heilige ist in der St.-Kowalski-Kirche begraben?» Ich finde, die Lehrer könnten ihren Schützlingen mal neue Fragebögen von mehr öffentlichem Interesse in die Hand drücken, zum Beispiel: «Wohin gehen die Inkabands nach Feierabend?» Oder: «Wie alt ist das Fett bei Bratwurst-Otto?»

Zum Abschluss des Bildungssightseeings strömen die Schulklassen zu Pizza Hut und den Burgerversorgern. Ich glaube, Teenager bilden zusammen mit Niederländern, Engländern und Amerikanern eine Volksgruppe, die kulinarisch nicht gern die Tapete wechselt. Auch unsere Schüler bevorzugen England und die USA. Man findet dort zuverlässig eine planwirtschaftliche Grundverpflegung durch Kentucky-Hühner, Wendy's und Burger King, die dafür sorgt, dass man landesweit in vertraute Windeln gewickelt wird.

In England ist sogar die mediterrane Branche überwiegend an gastronomische Großketten geschmiedet. Für das Lebensgefühl von Espresso und Piazza besucht man hauptsächlich die Starbucks-Cafés, wo man sich Frappuccinos mixen lässt. Oberhalb der 20 000-Einwohner-Marke besitzt jede Stadt außerdem eine Filiale der Restaurantkette Bella Italia. Dort sprechen teils russische, teils schottische Nachwuchskellner den Gast mit «Signory» an, und zu kulturatmosphärischen Zwecken wird alles, was sich bewegt, mit Rucola, Parmesan oder Pfeffer beschrotet. Damit das echte Bella-Italia-Feeling nicht allzu ungefedert rüberkommt, gibt man den Vorspeisen eine optische sowie geschmackliche Ähnlichkeit mit britischen Gemüsetörtchen. Sollte ein Gast trotz vollkommen knoblauchloser Küche Befürchtungen hinsichtlich seines Atems bekommen, reicht man zum Abschied Limoncellodrops.

Lokale Massenvorkommen von Ladenketten werden auch bei uns stellenweise immer noch als Fortschritt betrachtet. Großstadtbahnhöfe begrüßen ihre Reisenden gern mit Leuchtreklamen: «Hier 18 x McDonald's in Ihrer Nähe!» Irgendwo wird ein neuer Matratzendiscounter oder Computermarkt eröffnet, und überall hängen Plakate: «SUPER! MEDIAJUMBO JETZT SIEBENMAL IN KÖLN!» Warum nicht gleich hundert? Ich habe gehört, in London gäbe es eine Straßenkreuzung mit 200 Starbucks-Cafés in einem Kilometer Reichweite. Ist das so toll, all die Outletmetastasen? Wie gefällig scheint dem Auge die stumme Invasion der Seerosen über dem Teich, doch werden Matratzenmärkte und Starbucks-Cafés jemals die Seerosen des Städtebaus sein?

Irgendeine Stadt in Mittelitalien wurde für Reisende aus aller Welt mal ultraextravagant, weil sie jeder internationalen Junk-Food-Kette die Niederlassung verweigerte. Der Stadtrat verfügte, dass die Verpflegung «to go» in der eisernen Hand einheimischer Bars und Eisdielen blieb. Klasse Idee!

Zum Wohle des deutschen Volkes wirkt auch in unseren Städten eine blühende Vielfalt italienischer Eiscafés, die seit fünfzig Jahren aller Globalisierung und Standardisierung trotzen. Die kleinen orthodoxen Gelato-Clans versüßen uns die Sonnenstrahlen mit Espresso und Eistüten, hängen Anfang Dezember ein Schildchen «Frohe Weihnachten» ins Fenster und verschwinden in ihre verschneiten Dolomitentäler. Dort werden aber nicht die Füße untern Christbaum gelegt, sondern neue Gaumenstrategien ertüftelt, mit denen man im nächsten Jahr dem Sommer wieder das eiskalte i-Tüpfelchen aufsetzen kann.

Pünktlich zum ersten Frühjahrsgezwitscher sind die versammelten Senatores, Fontanellas und Brustolons aus den Dolomiten wieder auf dem Posten und locken mit sonnigen Einfällen à la Grapefruit-Prosecco oder Baileys-Gianduia. Weltmeisterlich finde ich auch die neue Generation von Prunkeisbechern, die vor Pomp und Glamour nur so knallt. Als ich noch ein Kind war, steckten nur kleine Papierschirme in den Eisbechern. Heute sagt man: «Bitte eine Coppa Tropical!», und nach zwei Minuten erscheint ein gefrorenes, musicalartiges Glitzergebirge aus Ananas- und Melonenkeilen, venezianischen Waffelspiralen, karnevalistischen Aluminiumgirlanden, fluoreszierendem Neonsirup und martialisch krachenden

Knusperflocken. Man taucht seinen Löffel in das achte Weltwunder, schließt die Augen, hört die Absätze schicker Damenschuhe über das Pflaster klackern und freut sich. Ach, viele Generationen von Stadtplanern werden noch die Hochschulen verlassen, ohne zu ahnen, was Urbanität bedeuten kann, was anhand eines Eisbechers so leicht zu erklären und so schwer zu verwirklichen ist!

Große Teile der Welt müssen sich leider immer noch mit den Zweigstellen des Eisimperiums Häagen-Dazs aus New York begnügen, wo die Coolness bekanntlich ihr Hauptquartier hat. Häagen-Dazs wurde in den neunziger Jahren zwischenzeitlich der Status eines *Kult-Eises* zugesprochen. Ich glaube, das Rezept, ein Kult-Eis zu werden, war damals recht simpel: einfach pro Portion fünf Schaufeln Zucker und ein Pfund Sahne, das Ganze Cookie-Fudge-Crispypingpong nennen und Preise von zwei Mark pro Kugel. Häagen-Dazs wurde allerdings nach ein paar Jahren von Ben-&-Jerry's-Eiscreme überholt, deren Produkte für Normalsterbliche finanziell unerreichbar sind. Ein Familienpapa, der seiner Rasselbande eine Runde Ben & Jerry's spendieren möchte, muss einen Kleinkredit aufnehmen. Die Bestellung dauert außerdem eine halbe Stunde, weil die Sorten psychedelische Bandwurmnamen tragen: «Guten Tag! Ich möchte ein Hörnchen mit Fizzy Acapulco Cherry Garcia, Brittle-Macadamia-Brownie-Chocolat-Toffee und New-York-Cheesecake-Maple-Candy.»

Die amerikanischen Monstereismarken sind mittels weltweiter Konsumgesetze mittlerweile in den Tiefkühltruhen von Tankstellen und Videotheken angekommen. Merkwürdig, dass fast alles, was in New York oder Singapur mal der Superbrenner war, nach fünf Jahren in Tankstellen und Videotheken landet.

Die herzhafte Küche von Bratwurst-Otto und die Artenvielfalt öffentlichen Essens werden neuerdings bedroht durch die Butterbrotkette SUBWAY-Sandwiches. Ich probierte kürzlich ein U-Bahn-Butterbrot. Es sind erstaunliche Stullen, die den Sinnesorganen keinerlei Angriffspunkte bieten. Im Sandwich-Sektor wird auch gern für mediterrane Stimmung gesorgt, meistens durch die Zugabe von Ciabatta, Thunfisch und Mozzarella. Diese Zutaten scheinen so ähnlich wie Frappuccino weltweit sofort die Vorstellung von venezianischen Gondeln und Piazza zu evozieren. Ich meine, dass das deutsche Stadtbild auf atmosphärische Vorspiegelungen dieser Kategorie getrost verzichten kann. Statt alljährlich mit großem Hallo neuen Globalramsch zu importieren, sollten die Stadtplaner lieber an Bahnhofsausgängen Werbetafeln installieren mit der Aufschrift: «SUPER! ZEHN VERSCHIEDENE EISDIELEN IN DIESER STADT!»

Der amerikanische Architekt Robert Venturi soll mal gesagt haben: «Wofür brauchen die Amerikaner eine Piazza? Die haben doch ihren Fernseher.» Unsere Stadtplaner sollen sagen: «Wofür brauchen wir Häagen-Dazs? Wir haben Gelato-Venezia! Und wofür brauchen wir SUBWAY-Sandwiches? Wir haben doch Bratwurst-Otto.»

SIND SIE EIN FEINSCHMECKER?

Sushi und Champagner

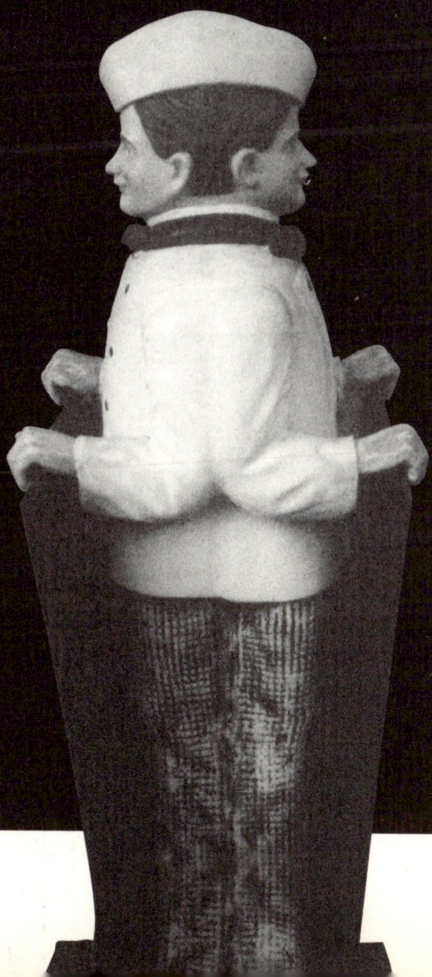

EIN PAAR JAHRE ist es her, da wurde ganz Deutschland in einem Wettbewerb aufgefordert, ein Äquivalent zum Wort «satt» im Bereich des Durstes zu finden, das heißt einen Ausdruck für «genug getrunken haben». Neuartig war, dass man plötzlich einen Bedarf für diese Wortschöpfung sah, obwohl viele Sprachkulturen schon Tausende Jahre prima ohne überlebt hatten. Die Siegerwortschöpfung verpuffte dementsprechend schnell im Mediengetöse. Große Kreativität zeigen die indoeuropäischen Sprachen aber immer bei Bezeichnungen für «zu viel getrunken haben». Der Durst geht selten aus, und das ist natürlich eine Supersache. Der liebe Gott schenkte den Menschen die Getränke bestimmt nicht nur für hier rein und da raus. Er wollte auch Spaß schenken. Der Möglichkeiten sind viele. Rennfahrer werden lustig, wenn man sie außen mit Champagner abduscht, Nutten muss man innen mit Champagner behandeln. Sogar ein Kriegsschiff wird in dem Moment lustig, wenn eine hübsche Politikergattin ihm eine Sektflasche an den Bug knallt. Sekt bzw. Champagner strahlt starke Bedeutung aus. Er muss dafür nicht mal wirklich präsent sein.

Wenn einer laut «Champagner» sagt, entsteht automatisch eine Laune, die das Gegenteil der Laune ist, die entsteht, wenn einer «Lungenkrebs» sagt. Bei der Erwähnung von «Rabenhorst»-Fruchtsaft denken auch alle sofort an Besuch am Krankenhausbett. Das persönliche Getränkemuster ist Kernteil menschlicher Identität. Wenn jemand fortwandern muss, zum Beispiel von Schweden nach Afrika oder vom 20. ins 40. Lebensjahr, wird er als Erstes versuchen, seine vertrauten Drinks mitzunehmen. Die Menschen scheuen weder Geld noch Mühe, um am anderen Ende der Welt Roibuschtee oder Warsteiner Pils zu genießen. Seit der Schwerpunktverschiebung von der Ackerbauernfamilie zum urban-konsumistischen Einzeldarsteller sind starke Bindungen an Säfte und Limonaden aufgetreten. Vor gut zehn Jahren erlebte Deutschland etwas, was die «Rückkehr der Kultgetränke» genannt wurde. Die Softdrink-Fabriken entschlossen sich damals zur Neuauflage diverser Limos der siebziger Jahre. Man durfte damals als Dreißigjähriger nicht zugeben, statt Bluna und Mirinda als Kind schwerpunktmäßig Pfefferminztee getrunken zu haben. Oft muss man was Bestimmtes trinken, damit man identifizierbar ist. In der katholischen Kirche läuft immer was mit Wein, im Kino läuft immer was mit Martinis. Bei James Bond wissen alle schon «soundso – geschüttelt, nicht gerührt».

Mit dem Essen läuft das ganz ähnlich. Das bedeutet auch viel! Es geht fast immer einmal vorne rein und einmal durch den Hinterkopf. Über viele Speisen herrscht freilich Einigkeit. Spaghetti essen alle, weil die lecker sind. Dann gibt es Hollandgemüse. Das schmeckt nach nichts. Dann gibt's noch Rosenkohl. Dazu sagen einige: «Huah!» Es gibt auch noch Sushi. Dazu sage ich: «Huah!» Und: «Schmeckt nach nichts!» Wer noch nie Sushi gegessen hat, braucht jetzt nicht prüfungshalber aus dem Haus zu rennen. Zur Geschmackssimulation ist es völlig ausreichend, ein Stück hartgekochtes Eiweiß mit etwas rohem Eiweiß und einem großen Löffel Meerrettich zu schlucken. Habe ich jetzt gerade «Huah!» gehört? Ich glaube, ja.

Das japanische Meeresgewickel sagt aber irgendwas über den, der das isst. Auch die Wohnungseinrichtung sagt etwas Spezifisches aus. Leute, die sich ihre Wohnungen sehr sparsam mit Liegestühlen von Le Corbusier und burmesischem Flechtwerk dekorieren, mögen meistens gern Sushi. Le-Corbusier-Möbel teilen mit Sushi und Sashimi verschiedene Eigenschaften. 1. toll teuer. 2. völlig zweckfrei. 3. geometrisch akkurat. 4. absolut nicht mit Fremdobjekten kombinierbar.

Sicher ist das wahr, dass die Japaner vom Sushi hundert Jahre alt werden, aber nach einer Sushi-Mahlzeit muss man sich erst mal eine Pizza machen, und nach einer Stunde Corbusier-Liege geht man zur Entspannung direkt auf die Couch.

Wahr ist bestimmt auch, dass Menschen definieren möchten, wer sie sind, und zwischendurch mal, wer sie nicht sind. Weder im Herzen noch bei Tisch mag einer auf Dauer allein sein.

Der Wahrheitsmarkt wird derzeit von Büchern geflutet, die *Lexikon der 500 populären Irrtümer* heißen. In diesen Schriften werden regelmäßig Behauptungen zurechtgerückt, von denen schon ewig bekannt ist, dass es sich um hinterwäldlerischen Kokolores handelt, der vor dreißig Jahren von Radio Eriwan verkündet wurde: dass etwa in Hundekuchen Hunde drin seien, dass Coca-Cola den Weihnachtsmann in Europa eingeführt habe oder dass der böse Wolf Kreide gefressen habe, um an die sieben Geißlein zu kommen. Extrem wahr dagegen scheint mir die populäre These zu sein, dass es Motorradfahrer tagein, tagaus nach Schnitzeln gelüstet. So unwiderstehlich wie die sieben Geißlein für den bösen Wolf ist paniertes Schweinefleisch für Biker. Man muss nur ein Schildchen mit «Hier Schnitzel!» an die Bundesstraße stellen, und im Nu wird man den Parkplatz voll blubbernder Harley-Davidsons und rülpsender Lederrüstungen wimmeln haben. Motorradfahrer verdanken ihr Image Filmen wie *Easy Rider* oder Reportagen über die Hells Angels, in denen sie die letzten ungebändigten Desperados der Moderne verkörpern. Bevorzugen sie deshalb vielleicht Bockwürste und Riesenschnitzel, also Speisen, die «rebellisch» über den Tellerrand herausragen, sich nicht an Grenzen halten wollen? Merkwürdig, dass bestimmte soziale Splittergruppen bombenfest an definierte Nahrungsmuster gekoppelt sind. Einem Betonmischerfahrer kann man kein Sushi andrehen. Der verlässt das Haus dreißig Jahre lang nicht ohne Schinkenbrot.

Und wenn man sich ein Kraftrad über 750 ccm kauft, bekommt man dann automatisch Appetit auf Pommes frites und Mikrowellenfrikos? Gibt es nirgendwo einen Motorradclub, der sich im Frühsommer unter einem blühenden Kastanienbaum in einem elsässischen Dörfchen trifft, um dort von einem karierten Picknickdeckchen etwas Gänseleber mit Apfelwein zu genießen? Biker personifizieren heute nicht mehr steppenwölfische Einzelgänger. Ich glaube, sie haben im Gegenteil ein tiefwurzelndes Bedürfnis nach Stammesritual und Zugehörigkeit. Weiß sonst einer, warum sie sich an jedem Schönwettersonntag in fünfzig Mann starken Orchestern bei *Moni's Racing Futterkrippe* am Nürburgring einfinden, um seit vierzig Jahren gleich gebliebene Fritteusenkreationen zu verputzen?

Der Mensch liebt Kontinuität. Kontinuität ist Urquell mancher Freuden. Man nehme das Gesicht des Baums in der Feldflur, verlässlich wiederkehrend im Quartett seiner Jahreszeiten. Vornean der Winter, rostig und morsch, doch bald schon die Maienblüte, aufgetürmt wie ein Schaumbad zwischen Himmel und Erde. Der satte, sorglose Sommer, des Herbstes Prunkgewand in Purpur und polierter Bronze. Wer zählt die Seelen, die unser Baum beglückt, ohne ein einziges Mal aus dem Vierklang seiner Gestalt zu schlüpfen?

Auf der Schattenseite der Kontinuität wohnt die Einförmigkeit, das stromlinienförmige Leben von Millionen Knechten und Mägden des Herrn, deren Biographien sich siebzig, achtzig Jahre im Kreise drehen. Jene ungezählten Existenzen, die in *jedem* Eiscafé *immer* Spaghettieis bestellen, die auf *jede* Party *immer* Kartoffelsalat mitbringen und die zu jedem Jahreswechsel punkt null Uhr die Mobilfunknetze zum Zusammenbruch bringen. Jene, die auch alle vier Jahre die Politiker wiedersehen möchten, die dafür Sorge tragen, dass sich nie etwas verändert. Am liebsten lebenslänglich Schwarzwälder Kirsch, Thomas Gottschalk und Schnitzel. Treibt es sie nach Außergewöhnlichem, kaufen sie ein *Guinness-Buch der Rekorde*. Liebt Gott solche, die den Deckel ihrer Lebensakte zuklappen mit der Notiz «Keine besonderen Vorkommnisse»? Ich weiß nicht.

Wenn man einem Betonmischerfahrer sagt, dass einem nach dreißig Jahren das Schinkenbrot zum Hals raushängt, antwortet er respektvoll: «Na, du bist sicher ein Feinschmecker ...» Diesem Kompliment weicht man bescheiden aus. Ich habe nie Leute kennengelernt, die sich selber als Feinschmecker bezeichnen, aber Feinschmeckerei als Sport und Weltanschauung gibt es schon. Ich war in gewissen Berufsjahren nur durch eine Mauer zwischen Küche und Restaurant von Hunderten Personen getrennt, die man ohne Diskriminierungsabsicht als Feinschmecker bezeichnen darf. Ich habe sie mir ähnlich wie Münzsammler und antiquarische Buchhändler als verschrobene Sonderlinge vorgestellt, die wie Andenkondore weit über der irdischen Wirklichkeit schweben. Ich habe es selbst erlebt. Also der Buchantiquar: Für den ist ein Buch mit Eselsöhrchen oder einem Schokoladenfleck keinen Kreuzer mehr wert, da kann es sich um ein handsigniertes Exemplar von Stefan Zweigs *Marie Antoinette* handeln. Ein grauer Uraltschmöker über *Die Reblausplage in der oberen Steiermark von 1848 und ihre Auswirkungen auf den Tretbootbau am Wörthersee* ist ihm dagegen ein literarisches Juwel, wenn es bloß nicht die geringste Gebrauchsspur aufweist. Ich kann das nicht verstehen. Sinkt der Antiquar eines Tages in die Gruft, geben seine Erben den ganzen Ramsch in den Container, weil von Stefan Zweig nichts dabei war.

Was ist mit dem Münzsammler? Der sitzt in einer gepanzerten Villa mit einer dunklen Vitrine voller seltener alter 50-Pfennig-Fehlprägungen, die nur darum wertvoll sind, weil andere Münzsammler sie unbedingt auch haben wollen. Bei dem Stichwort «limitierte Auflage» stürzen sie alle aus dem Haus, um die Neuerscheinung in ihre Vitrine zu schleppen. Die wenigen nagelneuen Euromünzen des Zwergstaates San Marino sollen alle innerhalb weniger Stunden aus dem freien Geldverkehr verschwunden sein, weil Hartgeldfetischisten sie sofort komplett abgegrast haben.

Der Feinschmecker verschmäht lächelnd Lasagne und Pizza, weil sie nicht kostbar und selten sind. Er verwechselt Geschmack mit Exklusivität und blecht ein Vermögen für ein kerzenerleuchtetes Gefuchtel aus Steinbutt und Champagner. Er kann nicht ahnen, dass die Großmütter, die noch hausgemachte Lasagne bereiten, viel, viel kostbarer und seltener sind als alle Steinbutte dieser Welt.

Eine gewisse Schnittmenge existiert zwischen Weinkennern und Feinschmeckern. Wer einen Kursus für Weinkennerschaft besuchen möchte, möge sich vorher nach Möglichkeit bei einem Kursus für Menschenkenner eintragen. Es trug sich zu, dass ich einmal in eine Abendrunde von ausgewiesenen Weincracks geladen wurde, die sich für die Gelegenheit eine Reihe kostbarer Châteaux entkorkt hatten. In der ersten Stunde sprachen sie nur über Wein, in der zweiten, dritten und vierten Stunde ebenfalls.

Die Spitzenköche haben übrigens Mordsrespekt vor den Weinkennern. Manchmal so sehr, dass sie das Würzspektrum ihrer Küche auf Salz und Pfeffer reduzieren, um eventuell begleitendem Weingenuss nicht in die Quere zu kommen. Ich bin grundsätzlich der Auffassung, dass man überall bunt und tüchtig zugreifen sollte, damit das Leben würzig bleibt. Auch erkenne ich an, dass man Schnitzel- und Sushi-Anhängern nicht in die Quere kommen sollte. Man soll sich aber nie genieren, die Klappe aufzumachen, wenn die Verpflegung schmeckt wie Schnee auf der Fensterbank. Dieter Bohlen bemerkte kürzlich, dass Austern wie salzige Kinderrotze schmecken. Der Wrestling-König Hulk Hogan hat mal eine Weißwurst probiert und rief: «Huah! Schmeckt nach gar nichts!» Gäbe es im Deutschen ein hübsches Wort für «genug gesagt haben», könnte man es hier jetzt schön platzieren.

DER DRACHE UND DER TIGER

Einkaufen in Tante Emmas Bambushütte

ACH, WAS IST NICHT alles ausgestorben, was uns vor dreißig Jahren das Leben versüßt hat! Ich denke an Fernsehansagerinnen, Klospülungen «mit Strippe» oder Hollywoodschaukeln. Anderen Dingen braucht man nicht nachzutrauern, bestimmten Krankheiten etwa wie dem «Sambuca-Syndrom». Am Sambuca-Syndrom erkrankten früher besonders junge Männer im Mittelmeer-Urlaub. Sie trugen gigantische Brandwunden über Brust und Hals, weil sie sich bei wüsten Saufpartys brennenden Anisschnaps über den Latz gekleckert hatten. Eine zweite Volkskrankheit, die seit zwanzig Jahren als ausgerottet gilt, dürfte das «Balkonien-Syndrom» sein. Früher litten viele Menschen vorrangig des kleinbürgerlichen Spektrums daran. Sie mussten sparsamkeitsbedingt die kompletten Sommerferien auf der Hollywoodschaukel oder im Schrebergarten totschlagen, während die Kowalskis von nebenan teuer nach Teneriffa abgedüst waren. Heute kennt man das nicht mehr. Heute düsen alle. Wer auf Glotze gerade keine Lust hat, der klettert preiswert in den Jumbo und wird ohne viel Federlesens in sonnenverwöhnte Gefilde transportiert, wo Eingeborene mit ausgeknackten Schneidezähnen auf buckligen Hornviechern reiten und auf eingeschaltete Videokameras warten. Je weiter entfernt, desto besser. Eine Freundin meiner Mutter wird demnächst die Antarktis besuchen.

Auch die ausgefallensten Winkel, für deren Besuch man früher Herzöge in Stützstrümpfen und federgeschmückte Kalifen um Erlaubnis bitten musste, sind heute schlüsselfertig zu besichtigen. Die Ozean-Hopper kehren aber nicht wie zum Beispiel Alexander von Humboldt mit profunden Einsichten und wissenschaftlicher Fracht für ein ganzes Leben zurück, sondern stellen bei ihrer Heimkehr fest, dass sich ihre geistige Erosion noch vergrößert hat, und wollen bald wieder woandershin. Die meisten Globetrotter suchen sich allerdings Fun- und Klamaukstaaten aus, wo man Kreditkarten benutzen und relativ sicher sein kann, eine ausreichende Zahl seinesgleichen anzutreffen. Monotonie in der Südsee.

Fernreisen zu Remmidemmistränden und Saufinseln sind in *SZ* oder *FAZ* lesenden Personenkreisen seit längerem nicht mehr en vogue. Man tuckert ohne Krach und Eile über heimische Bio-Bauernhöfe und besucht vergessene Landkartenphantome wie Quedlinburg oder Bad Mergentheim. Dass es in Mexico City, Anchorage oder Djakarta einfach «super» ist und man dort «super» T-Shirts in Dosen kaufen kann, erfährt man problemlos in jedem Jugendcafé vom Nachbartisch. Auch der Hauptbahnhof von Wellington/Neuseeland sieht nicht viel anders aus als der neue Bahnhof in Potsdam.

Kleine Minderheiten setzen ihren Fuß auch mal in Risikorepubliken, wo es kein Bed & Breakfast und keine Strohhalmgetränke mehr gibt, Nepal zum Beispiel. Die Reisesprachführer in der Buchhandlung haben auch nicht mehr die Allerweltsfragen parat, wie etwa: «Wo geht es hier bitte zum Strand?» Sie haben jetzt andere Standardsätze drauf. «Nga thodpa schaltschas rak» heißt zum Beispiel auf Ladakhi «Ich habe Durchfall». Der höfliche Ladakhi antwortet: «Solcha don!» – «Bitte trinken Sie Tee!»

Ein Land, dessen Entfernung ausreicht, damit Weltenbummler ein Auge drauf werfen, das aber in Reisebüros nicht oft verlangt wird, ist China. Einen Besuch Chinas haben nicht viele in ihren Mastbaum geritzt. Dabei kommen von dort die irrsten Meldungen. Shanghai etwa soll eine sehenswerte Mischung aus Las Vegas und Ostberlin sein. Gore-Tex-Touristen oder Dinosaurierforscher liefern uns gelegentlich Bilder aus der chinesischen Peripherie. An der Grenze zur Mongolei gibt es ein jährliches Musikfest, das die etwa zehnfache Größe von Rock am Ring hat und wo die Fans Snacks mit ranziger Yakbutter zu essen bekommen. Die Mongolen sind ganz verrückt nach ranziger Yakbutter. Europäische Musikfans berichten übrigens, dass ihre Frischbutter bei den Mongolen Ekelgeschüttel hervorruft, europäische Rockmusik dagegen Begeisterungsstürme.

Die Söhne Maos arbeiten zurzeit an einem Staudamm, dessen endgültiger Wassergehalt so groß sein wird, dass Wissenschaftler befürchten, die Lage der Erdachse könne dadurch abkippen. Vier Fünftel des Stadtgebiets von Peking liegen durch die Staubwolken der Kohlekraftwerke in quasi immerwährender Sonnenfinsternis. Man braucht außerdem circa einen Tag, um hindurchzufahren. Das allgemeine Gedrängel in Peking liegt beim Fünffachen deutscher Grenzwerte. In den Parkanlagen stehen Menschen am helllichten Tage unter den Bäumen und machen Tai-Chi, solche Leibesübungen, die man von den Rangierhilfen auf Decks von Flugzeugträgern kennt. Wenn die Chinesen mit Tai-Chi fertig sind, gehen sie in die Biergärten, die dort Teegärten heißen. Bleibt man dort zwei Stunden bewegungslos sitzen, kommt ganz von selbst ein alter Mann vorbei, der einem mit einer Reinigungsfeder das Sekret aus den Ohren stochert. Kürzlich fand in der Volksrepublik China auch die erste nationale Wahl der «Miss Plastic Surgery» statt, bei welcher die Jungfrau mit den gelungensten Schönheitsoperationen gekürt wurde.

Am allerverwegensten sind die Söhne und Töchter hinter der Großen Mauer aber, wenn es ums Essen und Trinken geht. In starken Spirituosen sind bisweilen Reptilien eingelegt. Die Hausbar einer kantonesischen Familie wird wohl aussehen wie das Kellerlabor von Opa Munster. Vor einigen Jahren vernahm ich im Radio die Meldung, dass ein chinesischer Bauer aus einer Schnapsflasche getrunken habe, in welcher zur Geschmacksverfeinerung eine Schlange eingelegt war. Als das Bäuerlein den Korken öffnete, kam die Schlange aber herausgewischt und gab dem Durstigen einen Vampirkuss!

Dann ist China aber auch wieder ein Land wie aus einem Roman von Michael Ende, voller Drachen, puscheliger Pandabären, Bonsai-Bäumchen, Erdnussen und kindlichen Kaisern. Märchenbücher und Mao-Bibeln, Madness und Meditation, all das liegt Seite an Seite im Reiche der Mitte. Um zu überprüfen, ob das alles wahr ist, müsste ich schon selbst hinfahren. Aber dann sag ich mir: Na ja, vielleicht wird es, wenn die Erde mal schief liegt, in der Antarktis schön warm, dann fahr ich erst mal dahin, und zu Hause geht's mir auch nicht schlecht.

Weil ich reisescheu, aber neugierig auf China bin, verreise ich gern innerhalb meines Wohnorts. Laotse sagt: «Ohne aus dem

Haus zu treten, erkenne ich die ganze Welt!» Ich spaziere in jeden chinesischen Spezialitätenladen, der neu eröffnet, denn ich weiß, auch dort schlafen blankes Entsetzen und fernöstliche Zauberei in einem Bett. Wofür in die Ferne schweifen? Konfuzius spricht: «Es steckt genauso viel Wahrheit in einem Reiskorn wie in einem Gebirge.» Im China-Food-Laden findet trotz der Grabesstille immer eine Kirmes für alle fünf Sinne statt, mit Geisterbahn, Fabeltieren und allen möglichen Miniatursensationen.

Zunächst mal der opulente Duft überall! Leute, die in Landhausschnickschnackläden einkaufen, wo es immer nach Lavendel und Bergamotte riecht, oder die im Karstadt-Restaurant essen gehen, treten beim Chinamann gar nicht erst ein, weil sie die Geruchsschwelle nicht überwinden. Ist es eine Mischung aus Anis, Urin nach einer Spargelmahlzeit und vollgekotzten Teppichfliesen aus einem Partykeller der siebziger Jahre? Ich weiß nicht recht, von wo diese betäubenden Aerosole kommen. Im Verdacht habe ich einen Karton, der direkt neben dem Eingang steht. Sein Inhalt besteht aus einem Stapel tiefgefrorener grauer Wischlappen. Es handelt sich um Stockfisch, ursprünglich eine Spezialität der skandinavischen Länder. Ich schätze, Leif Eriksson hat vor tausend Jahren mal bei einer seiner Weltreisen einem Kaiser der Zhing-Dynastie ein Gratispröbchen geschenkt. Dem Kaiser lag also der Karton zu Füßen, und er sagte dazu, was jeder sensible Nichtwikinger zum Stockfisch sagt: «Würg!» Jetzt liegen sie hier. Gegenüber dem Stockfisch sitzt der Kassierer. Ist es ein Mann, sagt er: «Gute Tag», ist es eine Frau, sagt sie: «Miau.»

«Grüß Gott», antwortet man freundlich und ist ruck, zuck verschwunden in den verknoteten Gängen mit Chilipasten und Currymischungen. Feine Sachen gibt es da zu entdecken! Die Komplexität indonesischer Sambal-Zubereitungen dürfte sogar das totale Wirrwarr des französischen Einkommensteuersystems übertreffen. Was auf den Chilipasten hintendrauf steht, kann kein Mensch entziffern. Ich muss daher alle zwei Monate ein unbekanntes neues kaufen, das ich sofort öffne, um festzustellen, ob es sich auf der Scharfrichterskala eher um Nusspli oder um Napalm handelt. Ich dosiere reichlich und unbekümmert, so, wie Präsident Nixon Entlaubungsmittel über Vietnam ausprobiert hat, denn ich stehe auf der Seite von Billy Wilder, der gesagt hat: «Some like it hot.» Einer, der sich für einen Schelm hielt, hat mir mal hinterrücks mit einer Überdosis Sambal Oelek ein Nudelgericht angeschärft, um sich daran zu ergötzen, wie ich nach der nächsten Gabel in die Luft springe. Doch der Schelm wurde enttäuscht. Ich blieb cool wie ein Whisky on the rocks in der Hand von J. R. Ewing.

Neben den unverzichtbaren roten Pasten gibt es mysteriöse graue Pasten, deren Zutatenliste in tibetanischem Kauderwelsch auf der Rückseite klebt. Was mag da drin sein? Der Farbe nach könnte es der pürierte Bodensatz des Hafenbeckens von Hongkong sein. Dieses Völkchen kocht sich ja so einiges. Immer wieder sieht man Bilder von fernöstlichen Kaufhäusern, wo erwürgte Nattern gleich bündelweise über die Theke gereicht werden wie bei uns die Bockwürstchen auf dem Feuerwehrfest. Fast überall ist Natriumglutamat drin. Ohne Glutamat wäre China nicht vorstellbar. Der Stoff soll zu den seltsamsten Nebenwirkungen führen. Angeblich wird man davon aufgeschwemmt. Von Mao Tse-tung habe ich mal ein Foto gesehen, auf dem er mit einigen Leibwächtern im Jangtsekiang rückenschwimmt. Obwohl er nur selten das Bad in der Menge genommen hat, ist er anscheinend gern mal baden gegangen. Er treibt ganz weit oben wie im Toten Meer, sodass sein gelber Bauch weit herausragt. Das rührt sicherlich von dem ganzen Pulverzeug. Man wird auch ganz hippelig, das ständige Kung-Fu-Gewirbel wird wohl auch damit zusammenhängen.

Vollkommen unbedenklich sind die indischen Gewürzpasten der Marke Patak's. Hier weht eine Brise vorderindischer Schwüle in ihrer poetischsten Darreichungsform. Wer gerade vorhatte, eine Last-Minute-Reise in sumpfige Länder mit ausgefallenen Schuppentieren und bröseligen Dschungelruinen anzutreten, und keinen Flieger mehr bekommen hat, findet hier vollwertigen Ersatz: ab in die Videothek, *Indiana-Jones*-Film leihen, eine Tüte Sauerrahmchips vom IKEA-Lebensmittelshop holen und ein Glas Patak's Madras-Curry-Relish-Extra-Hot dazu aufmachen. DVD einlegen, Moskitonetz übers Sofa hängen, und schon surft man wie auf tausend Nagelbrettern nach Bangladesh!

Also, im Saucenregal nicht wahllos zugreifen! Links oder rechts, rot oder grau – gut aufgepasst, rien ne va plus, die Reisesser lieben das Glücksspiel! Wer den Film *Die durch die Hölle gehen* mit Robert De Niro gesehen hat, der hält die Augen auf beim Asiamann! Pein und Verderben sind nur einen Handgriff von der Seligkeit entfernt. Wer wissen will, wie weiße Abtönfarbe mit sauren Gürkchen schmeckt, der kaufe «Lady's Choice Sandwich Spread». Der Schierlingsbecher des Sokrates ist dagegen der reine Waldmeister-Wackelpeter. Immer wieder reisen ja westliche Politiker in die Volksrepublik China und überlegen sich vorher haargenau, ob sie was zu den dortigen Menschenrechten sagen sollen. Leider ist es aber noch nicht vorgekommen, dass ein westlicher Diplomat sich mal vor der Pekinger Volkskammer aufgebaut und gesagt hat: «Listen, all you Schlitzis, Lady's Choice Sandwich Spread, die Weltgemeinschaft findet das nicht gut.»

Die Chinesen stehen natürlich auf Farbstoff, nur ihre eigene Hautfarbe, die haben sie nicht so gern. Mayonnaisen kolorieren sie lieber weiß als gelb.

Vor dem Kühlregal steh ich immer wie Tarzan in New York. Ganz oben liegen Klarsichtbeutel mit getrockneten Sardellen. Tütenweise fünfzig, sechzig lustige Salzfischchen mit Glotzaugen, die einen total lebendig ansehen. Fröhliche und furchtsame Gesichter sind darunter, als wären sie gerade aus dem Zoogeschäft unterwegs ins neue Zuhause. Appetitlich tummeln sie sich in ihrer Tüte wie Haribo-Colafläschchen. Was macht man damit? Ich stelle mir vor, wie chinesische Schulkinder direkt nach Schulschluss alle zum Büdchen rennen und sich für den Rest ihres Taschengelds eingesalzene Sardellen kaufen. Die vermampfen sie unter großem Gelärme in der Straßenbahn. An der Endstation nimmt sich der Fahrer einen Besen und sammelt die abgebissenen Köpfe ein.

In einem weißen Eimer mit gelbem Wasser schwimmt Tofu. Mit Tofu kann man auf bis zu dreihundert Arten keinen Geschmack erzeugen. Eigentlich unerklärbar, wie diese gasbetonartige Landplage im Schafskäse-Layout den Weg aus dem Baumarkt in die Lebensmittelbranche geschafft hat. Tofu ist eine Reliquie der achtziger Jahre, als die Fundamental-Ökos Märtyrerprodukte wie Dinkel und Quinoa in Umlauf brachten. Gott sei Dank hat die hedonistische Postmoderne unter dem Slogan «Das Leben ist schön» die meisten dieser Knabbereien wieder in die Hardcore-Abteilung der Reformhäuser verwiesen. Tofu ist jedenfalls der Fantomas im Fleischersatz und erscheint in tausend furchtbaren Kostümen. Neuerdings gibt's sogar Tofuspaghetti. Neulich habe ich gehört, dass das geronnene, modifizierte, fermentierte, gesalzene, gepresste, gewässerte, gefrorene, wiederaufgetaute, völlig naturbelassene Produkt jetzt «fleischanalog» heißt. Das ist innovativ und erstaunlich, doch es schmeckt dadurch nicht besser. Wenn man das eines Tages herausgefunden hat, werden die Tofu-Promoter es möglicherweise «fleischdigital» nennen.

Unsere Chinesen haben sich indes den Spaß nicht verderben lassen. Sie lachen pausenlos, wahrscheinlich, weil sie ihren Tofu nicht selbst essen müssen. Scherzartikel kennen sie auch. In einem Körbchen neben der Kasse liegen Ein-Mann-Portionsbeutel mit «Nudel-Trockengerichten». Die sind für chinesische Soldaten in der Monsunzeit gemacht. Man reißt die Tüte auf, hält sie zwei Minuten in den Monsunregen, und schon hat man laut Tüte ein schmackhaftes Nudelgericht. Schmackhaft ist natürlich scherzhaft gemeint, denn die Hauptzutat ist Chilipulver. Wenn man lange genug am Hintereingang des Chinamarkts wartet, sieht man, dass die Beutel mit Gefahrguttransportern geliefert werden. Schüttet man den Beutelinhalt auf den Rasen, wächst dort zwei Jahre kein Hälmchen mehr. Und kann der Chinese Kalauer umsetzen? Er kann. Jeder Fünf-Kilo-Reissack ist mit einem – höhö – Reisverschluss – höhö – versehen.

Am besten ist natürlich Ume-Pflaume. Ume-Pflaume – hört sich an wie der Nachname einer SPD-Sozialpolitikerin aus den achtziger

Jahren: «Die Kassenbeiträge werden laut Ministerin Ume-Pflaume im nächsten Quartal nicht ansteigen.» Der Pflaumenwein lagert hoch oben über der Kasse. Schlangen sind keine drin. Ich habe allerdings gehört, wenn die russischen Kinder an der mongolischen Grenze eine Kleiner-Feigling-Party machen wollen, mischen sie Nagellackentferner mit Ume-Pflaume und betrinken sich. Danach gehen sie alle sturzbesoffen im Baikalsee baden, der ja ökologisch umgekippt sein soll.

Ganz oben im Regal türmen sich Kartons mit Reisdämpfgeräten und Fächern, mit denen man in Thailand den Reis befächelt. Basmati-Fächeln und Lächeln ist in Thailand der große Volkssport. Es muss aber Basmati mit Fächer sein. Nur mit ihnen kann man den Reis so kochen, dass er luftig und soft wie das Gefieder eines jungen Schwans wird. Basmatireis finde ich eine gute Sache, denn er ist viskos und pappig. Ziemlich von der Bildfläche verschwunden ist ja Uncle-Ben's-Reis. Seit bei der Avantgarde *sticky rice* angesagt ist, steht Uncle Ben ziemlich im Regen mit seinem harten, körnigen Kantinenreis. Der fällt zwar locker von der Gabel, aber man muss bergziegenartig drauf herumkauen. Komische kulinarische Sackgasse, dieser Uncle-Ben's-Reis.

In dem Film *Killing Fields* sieht man einen kambodschanischen Söldner der Roten Khmer, der seinen Reis zwischen den Fingern liebevoll knetet und modelliert, bevor er sich darüber hermacht. Danken wir's den Roten Khmer und unseren China-Restaurants, dass sie uns den Genuss klebrigen und klumpigen Reises gelehrt haben.

Wenn man beim Chinamann seine acht Kostbarkeiten zusammenhat und sich Richtung Kasse schlängelt, kommt man noch an allerlei Non-Food-Firlefanz vorbei. Den kann man sich in der Junggesellenbude an die Wand nageln oder beim Polterabend zerdeppern, zum Beispiel hellblaue Müsli-Schälchen, Papierschirme oder Samurai-Schwerter. Einmal habe ich auch so ein Drachenkostüm gesehen, in das man zu zweit hineinsteigen und dann zu Bambusflötenmusik eine pantomimische Szene tanzen muss. Des Drachen-

Sparringspartner ist die Tigerfigur. Was in den USA das Komikerduo Jerry Lewis und Dean Martin waren, sind in China der Drache und der Tiger. Gern würde auch ich einmal einen Drachentanz aufführen. Ich stelle mir eine Fabel vor, in der der Drache immer wieder aus der Heimat fortgeht, um die Welt kennenzulernen. Anschließend kommt er nach Hause, berichtet dem Tiger seine Erlebnisse, aber bald ist ihm langweilig, und er reist wieder ab. So geht das ein paarmal hin und her. Schließlich kommt der Drache zum fünften Male heim, doch die Hummeln in seinem Hintern wird er nicht los. Da nimmt ihn der Tiger zur Seite und bedeutet ihm: «Ja, lieber Drache, jetzt hast du viel gesehen: Die eingesalzenen Sardellen haben viele Gesichter, doch nur einen Geschmack. Basmatireis schmeckt besser als Uncle-Ben's-Reis. Es steckt genauso viel Wahrheit in einem Reiskorn wie in einem Gebirge! Wenn einem so viel Weisheit widerfährt, das ist schon ein Gläschen Ume-Pflaume wert!»

TRAUMBERUF KOCH

Über Pappkameraden und echte Köche

GIBT ES über ihre Entstehung und Fortpflanzung eine naturkundliche Ausstellung oder ein Museum? Wer hat sie erfunden? Wo erschienen sie zum ersten Mal?

Ihr Verbreitungsgebiet sind wenig frequentierte Gasthäuser an Bundesstraßen und rummelige Gässchen in reisebusgeplagten Rhein- und Moseldörfern, teils auch im Ausland. Sie sind zwischen 30 Zentimetern und zwei Metern groß, und je größer sie ausfallen, desto geringer ist das Vertrauen, das man ihnen schenken möchte. Ungeheures orthopädisches Schuhwerk ziert ihre Füße. Ihr Gesicht guckt einfältig bis schelmisch oder sogar wahrsagerisch. Hier und da wird die gekniffene Mimik von einem Handgestus unterstrichen, der etwas wie «exzellent», «de luxe» oder «Geheimtipp» signalisieren soll. Die Pappköche. Interessanterweise haben sie kaum Nachbarspezies aus der Ärztebranche oder bei den Dachdeckern. Gibt es irgendwo auf der Welt eine Arztpraxis, die an der Eingangstür die Patienten mit einem Pappdoktor lockt?

Meistens haben die Pappköche eine Kreidetafel in der Hand oder ans Knie geschweißt, auf welcher eine *heiße Empfehlung* steht: Spießbraten Ia mit Röstzwiebeln und Fritten, Waffeln mit heißen Kirschen oder Spaghetti bolognese. Wie gesagt, ihre Herkunft liegt im Nebel, und ihre Gegenwart steht im Zwielicht. Vermutlich ist der Pappkoch in wackliger Vorzeit als echter, lebendiger Vermittler einer qualitätvollen Speisewirtschaft aufgetreten. Man stelle sich eine brave Gaststube vor, herein kommt ein Gast, die Taschen voll Geld und die Eingeweide voll Hunger. Der Wein steht schon am Tisch, da tritt für die werte Kundschaft kurz der Smutje aus dem Urschlamm seiner Küche hinaus und empfiehlt dem Gast das Beste des Tages, echtes Face-to-Face-Business, wie's zu Kaisers Zeiten eben üblich war. So wird's wohl zugegangen sein.

Wer heutzutage einen geschürzten Pappkameraden in die Landschaft postiert, der ruft hinaus: «Also, Leute, hier ist es billig und nicht gerade Hochglanzformat. Der Koch unter diesem Dach ist ein Windhund und ein Hütchenspieler seines Handwerks. Trucker, Reisebusse, Japaner, meine Mikrowelle wartet auf euch! Was ihr heut nicht esst, kriegt übermorgen ein anderer.» Ambitionierte Restaurants halten stets einen Sicherheitsabstand zu Pappköchen ein. Nur unauffälliges Gebaren züchtet anspruchsvolle Gäste heran. Der verantwortungsvolle Gastwirt, welcher meinetwegen eine Königsdorade mit Zitronentagliatelle verkaufen will, der signalisiere: Hier war es schon immer etwas teurer, dafür gibt's auch ein bisschen weniger.

Die Verbreitung des Pappkochs ist scharf deckungsgleich mit der Verbreitung von Volksstämmen, die die Hauptaufgabe der Essensbereitung in der preiswerten Sättigung sehen, halt Deutschland, Osteuropa, Tourismuszonen. Im angloamerikanischen Raum ist der Pappkoch bisweilen zu einem gewaltigen Clown mutiert, der sich in zehn Metern Höhe auf dem Dach postiert. Im romanisch geprägten Europa abseits der großen Touristenströme werden kaum Pappköche gesichtet. Einzelne versprengte Exemplare verbringen die warme Jahreszeit am Gardasee und auf den Balearen. Die Ureinwohner Italiens, Frankreichs und der Iberischen Halbinsel besitzen scheinbar die kryptische Gabe, dem Billigmampf wenig ökologische Nischen zu lassen. Sicherlich ein Pluspunkt im Wettstreit der Kulturen des 21. Jahrhunderts. In der Meeresforschung sagt man, dass nördlich des zwanzigsten Breitengrads keine Haiangriffe auf Menschen mehr vorkommen. Ich glaube, man wird behaupten können, dass links der Linie Wien–Mailand–Straßburg–Lille vor ernsthaften Restauranttüren keine Pappköche mehr vorkommen.

Seltener gesichtet werden leibhaftige, lebendige Berufsköche. Vergleichbar mit Milben oder Erdstrahlen, existieren sie zahlreich und mitten unter uns, aber man sieht meist nur die Ergebnisse ihrer Arbeit. Sie lassen sich erst aufspüren, wenn man sich hartnäckig auf die Suche nach ihnen begibt. Ihre Werkstätten werden von ihren Vorgesetzten verborgen gehalten. Obwohl in den meisten Berufsküchen hygienisch nicht viel anderes geschieht als an jedem

Privatherd, verlegt man sie am liebsten in Hinterhöfe oder Keller. Falls sie Fenster zum Tageslicht haben, verklebt man diese mit Alufolie oder stellt Kühlschränke davor. Ich lernte einmal eine Restaurantküche kennen, deren Herd direkt hinter einer Tiefgaragendurchfahrt stand. Alle möglichen Lebensmittelfabrikanten werben mittlerweile mit «gläsernen Produktionen» und schicken ganze Besichtigungsgruppen durch ihre «transparenten» Werkstätten, nur die Köche hält man hübsch versteckt. Dadurch bekommen viele Kollegen eine nosferatuartige Blässe, was zusammen mit ihrer seltenen Sichtbarkeit dazu führt, dass manche Zivilisten Köche für Halbweltgestalten wie Hammondorgel-Alleinunterhalter oder Spielhallenbesucher halten. Köche in Arbeitsuniform werden in freier Wildbahn immer angeglotzt wie eine Nonne im Baumarkt. Wenn man mal einen zu sehen bekommt, wird gerne ein wenig jovial geflachst: «Öhö, guck mal, ein Koch. Na, Herr Koch, was gibt's denn heut Schönes …?»

Leider weiß fast niemand, dass Köche eigentlich kaum zum Kochen kommen. Ihr Arbeitstag ist nämlich ausgefüllt mit Mischtätigkeiten aus Zauberkünstler, Maurer und Verputzer, Tierpräparator, Chirurg, Einzelkämpfer, Lagerist, Elektriker, Feinmechaniker, Maler und Lackierer, Physik- und Chemielaborant, Verpackungskünstler, Verfahrenstechniker, Jongleur, Gerichtsmediziner, Raumpfleger, Gewichtheber, Grundlagenforscher, Werkzeugmacher, Hochofenarbeiter, Metallbauer, Florist, Marathonläufer und Überlebenskünstler. Der Küchenchef braucht in der Regel noch Zusatzqualifikationen als Sozialtherapeut, Drill-Instructor und Top-Logistiker.

Ah, Mythos Küchenchef! Männliche Chefköche kenne ich ungefähr dreierlei. Die ersten scheinen mir die zahlreichsten. Sie sind meistens nett, rauchen den lieben langen Tag und telefonieren mit Lieferanten. Stundenlang zwischen Aschenbecher und Telefon festgeklemmt, werden sie in der Küche nur selten gesichtet. Ihre klassischen Zuständigkeiten, Schadensregulierung und Unruhestiften, übertragen sie ihrem Stellvertreter.

Die zweite Kategorie: der cholerische Brüllaffe. Als Pfannenschmeißer und Azubi-Schleifer dominiert er, glaube ich, das im Volke etablierte Image eines Küchenchefs. Tauchte nicht schon im Dornröschen-Märchen ein Chefkoch auf, der seinem Lehrjungen eine Backpfeife verpassen wollte? Ach, nein, er wollte ihn nur an den Haaren ziehen. Na ja, seit den Tagen der Brüder Grimm ist seine Zahl bestimmt zurückgegangen, aber seine statistische Häufigkeit scheint immer noch oberhalb von 1 zu 25 zu liegen. Gern hört der Schreihals-Chefkoch seine eigene Stimme. Er hat als kleiner Nachwuchslehrling kaum etwas anderes kennengelernt als Stress und Getöse und gibt das jetzt an die Nachwelt weiter. Er hält dies für sein normales Berufsbild und weiß dementsprechend nicht, dass Küche auch ohne Overkillatmosphäre und Kasernenhofsound funktionieren kann. Er findet, dass Lehrlinge erst mal ein Jahr Geschirrspülen lernen müssen, und liebt «Waldorfsalat» und «Russisch Ei». Er wird wohl erst aufhören zu schreien, wenn er alleine in der Küche steht. Möge dies bald eintreten!

Die dritte Abteilung arbeitet ausschließlich in der Suprême-High-Fidelity-Prime-Selection-Küche. Es handelt sich um chefarztähnliche stumme Imperatoren, die sich allein durch Bewegung der Augenbrauen kompromisslos mit ihrem Personal verständigen können.

Die geballte Sammlung von Superköchen in Deutschland findet sich offensichtlich in Baden-Württemberg. Vielleicht liegt es daran, dass man für Spitzengastronomie mehr technischen Perfektionismus als Liebe braucht. Die Leute unten im «Ländle» sind immer die Größten, wenn's um Präzision und Perfektion geht. Wären zum Beispiel das Drehen von Joints oder Sandwichsex Aufgaben, für die man weniger Liebe und Hingabe als Präzision bräuchte, wären die Schwaben und Schwarzwälder wahrscheinlich auch darin die Größten.

Alle Küchenchefs beneiden gleichwohl den heiligen Padre Pio, der die Fähigkeit besessen haben soll, an zwei Orten gleichzeitig zu erscheinen. Das Schlimme an Köchen ist nämlich, dass man sie ununterbrochen beaufsichtigen muss. In der ersten unbeobachteten Sekunde machen sie, was sie wollen, also eine rauchen bzw. nach eigenem Gutdünken arbeiten. Dies bedeutet in aller Regel Vereinfachung der vorgeschriebenen Verfahren.

Der feuchtgewickelte Laie stellt sich Küchenbetrieb immer als dröhnendes Actionspektakel vor, und so ganz daneben liegt er damit freilich nicht. So ähnlich allerdings, wie ich staune, dass Pornostars in Talkshows immer von «ihrer Arbeit» sprechen, staune ich über die hübschen Reportagen, die die Fernsehanstalten neuerdings aus Berufsküchen bringen. Kamerateams diverser Privatsender wollen gar nicht mehr aufhören, die Köchinnen und Köche unseres Landes zu besuchen, wo dann «Kochen vor Ort» rasant in Szene gesetzt wird inklusive gestuntetem Küchenstress und Live-Pannen.

Ich meine, dass trotz aller TV-dokumentarischer Anstrengung die Werksatmosphäre eines À-la-carte-Betriebs noch nie wahrhaft ins Bild gesetzt wurde. Man filmt irgendwie fröhliche Trockenschwimmerei. Es ist wie verhext, aber der Grund dafür wird fast derselbe sein, aus dem interviewte Pornostars ihre «Arbeit» auch nie weiter präzisieren müssen. Zum entscheidenden Ort bzw. im entscheidenden Augenblick wird die Kamera zurückgezogen bzw. dringt nicht vor. Der Verfasser dieser Zeilen hält es jedenfalls im Stillen für ebenso journalistisch unmöglich wie sittlich bedenklich, seriöse Bildreportagen über das Genre herzustellen. Er glaubt allerdings, dass es für eine Simulation realistischen Restaurantküchen-Ambientes eine hübsche Annäherung wäre, den Film *Das Boot* noch einmal zu drehen und allen Darstellern Kochjacken überzustreifen.

Im Zuge der großen Fernsehkocherei erfreut sich der Berufswunsch «Koch» unter Jugendlichen neuer Beliebtheit. Ein Grund ist sicherlich, dass weite Teile der Jugend sich heute recht früh beruflich entweder Richtung «Hartz IV» oder «Superstar» orientieren, und ein paar Superstarköche sind ja immer präsent. 97 Prozent der Berufsköche sind tapfere Söldner wie Kongo-Otto, nur geringer bezahlt. Sie haben jeden Tag eine tragikomische Schlacht zu schlagen, von der kaum einer einen Schuss zu hören bekommt.

Im DDR-Fernsehen kannte man eine aus heutiger Sicht groteskschöne Sendung mit dem Titel *Der Tip des Fischkochs.* Der dortige Hauptdarsteller verkörperte aufs herrlichste den Archetyp seines Berufsstands: ein total vermuffter, dicklich-schütterer Ü-50-Puddingfuzzy mit Atompilzhütchen, Wurstfingern und Stottersprache. Logo, dass die postmodernen Fernsehköche alle möglichen Images annehmen wollen, bloß das nicht. Klar können auch sie im täglichen Berufsschützengraben ihren Mann stehen. Dennoch pflegen sie selbst im dicksten Stress lieber das Image eines Skilehrers, Altrockers oder Szene-Discjockeys.

Ein fulminantes Selbstbewusstsein entwickeln echte Köche meistens hinsichtlich ihrer Bratkartoffeln. Deren Zubereitung wird in praktisch allen Wirtshäusern mit ajatollahmäßigem Eifer praktiziert. Alle Köche sind nämlich todsicher, ihre Rezeptur sei die vor dem Herrgott einzig erlaubte. In der einen Küche ist es bei Peitschenstrafe verboten, Bratkartoffeln mit Zwiebeln zu würzen. Macht man's trotzdem, wird mit Tarzangebrüll umhergeschrien, die Gäste wollten das hier nicht, das wäre «Bahnhofsgaststätte», das wurde «noch nie so gemacht», was einem denn einfiele usw. Hundert Meter weiter, im nächsten Restaurant, müssen in die Bratkartoffeln Zwiebelwürfel hinein, sonst wird man standrechtlich geteert und gefedert. Dafür bloß kein Paprikapulver! Oh, gegen Paprikapulver sind die Leute allergisch, Paprikapulver ist Zigeuner- und Kanakenküche, blabla. Selbstverständlich muss herumtrompetet werden, dass die Gäste aus 70 Kilometern Entfernung «nur für unsere Bratkartoffeln» angereist kämen und dass es solche «nirgendwo sonst» gäbe. Die jeweilige steinalte Bratkartoffeldoktrin geht meistens auf einen längst verstorbenen Stammkunden aus den sechziger Jahren zurück. Irgendein angestammter Gebrauchtwagenhändler oder Heldentenor, der «jeden Abend» in «seinen Ratskeller» kam, um «sein» Steak mit hausgemachten Bratkartoffeln zu bestellen.

In der Tat sind gastronomische Bratkartoffeln fast immer von deftigster Knusprigkeit. Das rührt aber fast nie von einem Geheimrezept her, sondern von vorgebackenen Fertigkartoffeln aus dem Beutel, meist denjenigen der Tiefkühlmarke Aviko. Wenn's superschnell gehen muss, lassen sie sich in der Fritteuse binnen 60 Sekunden top-crunchy ausbacken. Je schwärzer das Fett, desto schneller geht das. Großhändlers Pommes-frites-Salz drauf, «Geheimrezept» fertig.

Berufsköche lieben überhaupt Fritteusen. In diesem zauberhaften Tauchbad kriegt man alles *sehr schnell sehr heiß sehr knusprig*, und in der Branche steht das für die heilige Dreifaltigkeit. Ich habe Kantinenköche erlebt, die mit ansehnlichen Ambitionen in eine neue Küche gestartet waren. Ihre Psyche war jedoch nicht stabil genug, den Verlockungen der Fritteusenkunst standzuhalten. Mit der Zeit überließen sie den weiblichen Küchenhilfen die Aufstellung der Rohkosttheke (Eisbergsalat/Gurke), und nach zwei, drei Jahren hatten sie den Dreh heraus, sogar Erbsen und Möhren in der Fritteuse zuzubereiten. In der eingesparten Zeit könnte man ja eine rauchen gehen.

Trotz alledem gibt's kaum einen Koch, der an seiner Kunst zweifeln würde, da kann der Gast ihm seine Suppe ins Gesicht husten. Manche Smutjes köcheln ein Leben lang an jeder geschmacklichen Realität vorbei. Den Kamikaze-Köchen ist in letzter Zeit allerdings das Reality-Fernsehen zu Leibe gerückt, um einigen von ihnen mal in die Wirklichkeit zurückzuhelfen. Ist überhaupt lustig, dass das Fernsehen vierzig Jahre die Leute mit *Denver-Clan* und *Rosamunde Pilcher* von jeder Realität weggezogen hat, und jetzt, wo die Bürger mit der Echtwelt nicht mehr klarkommen, kommen die TV-Stationen mit Sozialhelfern: «He, Sie! Kommen Sie mal zu sich! Sie schulden Ihrer Bank 200 000 Euro!» – «Werte Dame, Ihr Gewicht liegt jetzt bei 250 Kilogramm!» – «Dein paniertes Fischfilet schmeckt wie Panzerkreuzer Potemkin! Da müssen wir was machen!»

Die gastronomischen Tester sowie die Prüfungsmitglieder der Handwerkskammern haben das allerallergrößte Selbstwertgefühl unter den Köchen. Den professionellen Prüfungskommissionen obliegt alljährlich die Ernennung Tausender Nachwuchsköche. Nun regiert bei den Prüfungskommissionen immer noch der mittlerweile 250-jährige Uraltglaube, die französische Hochküche bliebe das unzerstörbare Maß allen diesbezüglichen Handwerks. Ausgezeichnete Befriedigung verschafft es ihnen, aufgeweckte Nachwuchsköche mit altfranzösischen Klassikern (zum Beispiel Omelette oder Zwiebelsuppe mit Blätterteighaube) vor die Wand fahren zu lassen. Neulich war wieder so eine Omeletteszene im Fernsehen zu bewundern: Ein talentierter Absolvent der Küchenzunft hatte seine Schule gründlich durchgepaukt. Der Gelbflossenthunfisch war ihm nicht minder vertraut wie der indische Tandoor-Ofen. Nun tritt der junge Tausendsassa vor den Prüfer, einen muffigen Paradetypen aus Oldtimertagen, dem es Spaß bereitet, den Vorzeige-Azubi am französischen Omelette zu messen. Der Prüfling beherrscht leider kein korrektes Omelette. Er kennt nicht mal die passende Pfanne, weil seine neuzeitlichen Gäste seit 40 Jahren kein Omelette mehr bestellt haben. Da grinst der Küchenmeister, tja, klassische Küche mangelhaft, also, die Jugend von heute …

Eine Tatsache wollen wir gern nochmal zementieren: Die überragende *Cuisine à la française* hat sich vor keiner Autorität dieser Welt zu verantworten. Vielleicht darf man die französische Papille als sensibelste der Welt auszeichnen. In Zeiten globaler Kulturimporte jedoch, da schon Büromenschen daheim mit Urdbohnen und Hopfenspargel herummanövrieren, trete ich dafür ein, die Franzosenküche als *eine Möglichkeit unter vielen* einzuordnen. Trotz mancher Punk-Entgleisung der Allerweltsgastronomie kommt es hier und da zu gelungenen Crossovers. Dumpfes Vergöttern alter Salonherrlichkeiten wäre zu hinterfragen. Der Omelettekult sei überhaupt keine Messlatte mehr. Er hat heute etwas Schwiemeliges von Tanztee, Eiskonfekt und Chambre séparée. Ist es möglicherweise für unsere jungen Küchenarbeiter nicht gleichermaßen wertvoll, zu erlernen, wie man akzeptable karibische Bohneneintöpfe oder korrekte Glasnudeln kocht?

Obwohl, viele Köche mögen eigentlich keinen unnötigen Aufwand bei ihrer Tätigkeit, beispielsweise beim Würzen. Es ist mir unerklärlich, in wie vielen Küchen die Gewürzpalette meilenweit vom Herd entfernt lagert. In unzähligen Küchen muss man gut 30 Meter zurücklegen, nur um ein Rehragout mit einem Lorbeerblatt zu bestücken. Die Küchenkunst muss im grauen Altertum mal ein Metier der Intelligenz gewesen sein. Massenweise wurden Klosterkochbücher verfasst, und glitzernde Namen wie Aristophanes oder Lukullus geistern noch durch das Themenfeld. Irgendwann später sackte der Kochberuf scheinbar in das Arbeitermilieu ab, wo die Denkarbeit sich ans Schubkarrenschieben anpasst. Alles so einfach wie möglich. «Köche sind faul», meinte kürzlich so ein Sponti-Fernsehkoch – und findet das lustig!

Schon sonderbar: Allein eine Kartoffel hätte handwerklichen Anspruch genug, sie in zwei, drei Diplomarbeiten auszubreiten. Ein holländischer Tiefkühlpommesfabrikant weiß heute mehr über die Kartoffel als ein Berufskoch. In vielen Küchen kommt es aber zu nicht mehr gedanklichen Höhenflügen als in jedem Big-Brother-Container.

Um bei seiner Arbeit nicht allzu sehr ins Nachdenken zu verfallen, bedient sich der Koch eines im Arbeiterstand beliebten akustischen Zerstreuungsapparates. Inzwischen hat er sich zu einem totalitären *brain-softener* entwickelt, der in etlichen Zünften die Gehirnströme so weit reduziert hat, dass eigenständige Verantwortung am Arbeitsplatz fast komplett verzichtbar wird. Der Apparat versorgt seinen Benutzer über einen zehnstündigen Arbeitstag mit zwanzig Phil-Collins- und Bryan-Adams-Schlagern, acht mal zehn Minuten Verkehrsmeldungen vom Kreuz Dortmund/Unna, sechzig Lotto- und Media-Markt-Werbungen, zehnmal Börsenkursen und circa zwanzig Wetterberichten von lebenswichtigen Zivilisationspunkten wie dem Feldberg im Schwarzwald oder vom Erbeskopf im Hunsrück.

Hat weiter oben jemand behauptet, dass Köche etwas ähnlich Tragikomisches wie Hammondorgelmusiker darstellen? Gar nicht falsch. Tja, ich glaube, da geben sich zwei Existenzen die Hand.

Der Ex-Tanzmusiker Heinz Strunk hat eine beeindruckende Schilderung seines ehemaligen Berufsstands geschrieben. Darin sagt er: «Tanzmusik hat nichts mit Kunst zu tun, sie hat noch nicht einmal besonders viel mit Musik zu tun.» Ich sehe in diesem Statement eine schöne Verwandtschaft mit den Köchen. Ich tausche jetzt zum letzten Mal in dieser Dokumentation ein paar Vokabeln und sage: «Der Kochberuf hat nichts mit Kunst zu tun, er hat noch nicht mal viel mit Kochen zu tun.»

In den meisten Kantinen lässt sich das Metier betreiben, indem man Lebensmittel in «einen zubereiteten Zustand» versetzt. In raffinierteren Werkstätten wird man eher an Modellbau oder fernöstliche Basteltechniken denken. Ich habe auch Tschingderassabumm-Restaurants erlebt, da war «Kochen können» synonym mit «hereinkommende Bestellungen möglichst schnell anrichten», also das, was die Branche «Bons raushauen» nennt.

Nun wird das eine oder andere Schlauköpfchen per Zeigefinger auf mich weisen und rufen: «Dieser Mann hat viele garstige Küchen gesehen. Weiß er nicht, dass wir große Könner und weise Männer und Frauen unter unseren Köchen haben? Und dass man unter anderen Flaggen in Europa die Kochkunst würdigt und praktiziert, wie sie es verdient?» Doch, das weiß er. Er weiß aber auch, dass er nicht mit ihnen tauschen möchte. Die tüchtigen Kochkünstler werden auch in den gelobten Ländern nicht viel besser entlohnt als äthiopische Kaffeebauern, und er wünscht ihnen von Herzen, dass Zeiten anbrechen, in denen statt der Finanzmakler mal gewissenhafte Köche zu Eliten erklärt werden.

Bleibt eigentlich nur eine Frage: Gibt es einen Unterschied zwischen Köchen und Hausfrauen?

Ich glaube, ich weiß ihn: Hausfrauen schneiden Schnittlauch mit der Schere, dafür kennen Köche keine Philadelphia-Torte.

WIE KOCHT MAN EINE GUTE TOMATENSAUCE?

Radiointerview mit
Carmela Primucci

RADIOINTERVIEW mit Carmela Primucci, Siegerin des *XI. Concorso del Sugo al Pomodoro*, der jährlich in Italien veranstaltet wird. Signora Carmela ist circa fünfzig Jahre alt, klein und kräftig. Im Gespräch blickt sie öfters aufwärts wie zur heiligen Madonna, ihr Akzent ist ähnlich jenem Giovanni Trappatonis. Die Himmelsrichtungen ihrer geographischen Erörterungen zeigt sie ausschweifend mit den Armen an.

Moderator: *Herzlich willkommen, liebe Zuhörer. Heute begrüßen wir Signora Carmela Primucci. Sie ist Siegerin des diesjährigen italienischen Sugowettbewerbs. Beim Concorso del Sugo al Pomodoro wird die beste Tomatensauce Italiens gewählt. Während in den vergangenen Jahren der Fokus der Jury auf der Würzigkeit lag, steht dieses Jahr eher die Fruchtigkeit im Vordergrund. Signora Primucci, Sie haben zwanzig Jahre in Francoforte und Gelsenkirchen eine Pizzeria betrieben. Dieses Jahr sind Sie «Miss Sugo» geworden, wie die Italiener sagen. Signora Carmela, was ist das Geheimnis Ihrer Tomatensauce?*

Signora Carmela: Certo, certo. Iste einfach. Nehmen Sie eine Kochbuch. Dort steht in Rezept für Tomatensauce, nehmen Sie eine Kilo frische Tomaten. Nehmen Sie die Buch und klemmen Sie unter wacklige Möbels-tück, oder schicken Sie es auf Kanarische Inseln. Da wachsen ja immer noch diese Pomodori auf Schaumstoff. Sind Christbaumkugeln, in Karton für Tomate gepackt. Ich habe zwei Enkel, wenn ich denen erzähle, oh, da oben im Norden wachsen die Tomaten auf Gummikissen mit Tröpfchen von Düngemittel, schmecken wie Heizungswasser, dann sehen die mich an, wie wenn ich bin eine Tintenfisch. Aber es ist wahr! Oder schauen Sie mal die Niederlande an. Den Niederländern hat man vor zehn Jahren gesagt: «Eure Tomaten sind wie Styropor.» Da haben sie sich am Kopf gekratzt, und jetzt lassen sie etwas Grün an den Tomaten. Schmeckte immer noch wie Matratzenfüllung. Neulich sagte Agraringenieur von Holland, deutsche Kunden wollen Tomate so haben. Wollen rote Tomate und feste Fleische. Kunden wollen aber jetzt nicht nur runde Tomate, wollen auch mal Abwechslung. Eiförmige Tomate oder birnenförmige Tomate. Warum sagte Ingenieur nie, Leute wollen auch mal Tomate mit Geschmack? Aber Tomate von Kanarische Inseln? Schrecklich, schrecklich. Hat Minister von Kanarische Inseln kein Telefono, dass man mal Bescheid sagen kann? Frische Tomate wird ja nur noch genommen, wo sich Verbraucher nicht wehren kann, in Altersheim oder in Jugendherberge …

Nehmen Sie italienische Tomate aus Dose. Sugo immer Dose oder Flasche, capito … Sie staunen? Aber iste doch ganz logico. Für den Mensch ist beste Weg, die Alpen zu überqueren, in Postkutsche, nicht Auto, iste viel zu schnell, auch nicht zu Fuße, iste ans-trengend, faticoso … Für Tomate ist eben beste Weg über Alpen in der Konserve, viel Bestrahlung, capito? Bei uns in Napoli oder Sicilia tankt sie bis letzte Sekunde der Sonnenschein. Dann kommte freundliche Fabrike und macht prima Blechhülle. Pronto! Ist Sonne in Dose abgefüllt. Ich habe gehört, in Souvenirgeschäft in Nordengland gibt es Dampf von alte Dampflokomotive in Dose. In Amerika können Sie Klapperschlangengeklapper in Dose kaufen. Tomatenkonserve ist eben Sonne in Dose.

Moderator: *Und was kommt dann?*

Signora Carmela: Wie lange kocht der Sugo? Non lo so …vielleicht sechs Stunden, vielleicht acht, oder eine ganze Tag. Ich weiß nichte. Wenn iste fertig, hat Harmonia von alte Ehepaar. Iste gleichzeitig süß und sauer. Sugo iste Dialektwort und bedeutet «Fruchtsaft», heißte *dolce,* nicht wahr. Hier iste mein Consiglio an junge Ehefrau: Oh, setze die Tomaten morgens auf, wenn dein Mann hat sich frisch rasiert. Halte Flamme piano, piano, und lass pomodori köcheln, a fuoco lento. Wenn dein Mann kommt s-päte nach Hause und hat wieder schwarze Bartschatten, ist deine Sugo fertig. Ooh, iste nichte gut, wenn iste die Flamme zu s-tark, dann gehte Gusto und Sapore verloren. Tomatensauce muss kochen wie eine ruhige Vulkan, er schlummert nur. Sugo muss leise köcheln, wie kleine Lavafeuerchen auf Abhang von Ätna, nicht wahr. Wenn Sugo nach oben spritzt wie Vesuv bei Pompeji, iste alles kaputt. Und Sugo brauchte viel Öl, viel Öl. Öl muss oben schwimmen wie bei Tankerkatastrophe von Exxon Valdez.

Wie kommte nun, dass gute Geschmack zeigt sich, wenn iste wieder aufgewärmt? Come mai? Das iste große Rätsel von Natur. Warten Sie einen Tag, ruhig vierundzwanzig Stunden. Tomate sieht gern Sonne, aber der Sugo sieht gern Mond, hat meine Nonna immer gesagte. Bisogna riscaldare il piatto. Das aufgewärmte Gericht, jaja! Hat Wissenschaft je nachgesehen, was geschieht dorte? Man weiß heute so viele. Man beobachtet Zeitlupe, wie sich S-taubmäuse unter dem Bette sammeln. Man kennt Entfernung zu nächste Galaxie, heißte Proxima Centauri, iste Nachbarin von unsere Milchs-traße. Und ein Tomatensugo? Wie kommt es, dass er ist morgen erst perfekt? Wer hat einmal untersucht das aufgewärmte und das lauwarme Gericht? Iste gar nicht so ratsam, die S-peisen so heiß aufzutragen. In Mailand kochte man Minestrone morgens, la mattina presto, presto, lässt sie abkühlen, um sie für Pranzo gerade angewärmt zu Tische zu bringen. Oder probieren sie Melanzane alla Parmigiana.

Aber Menschen haben keine Zeite mehr … keine Zeite! Die Physiker sagen, glaube ich, Zeite ist die S-panne zwischen zwei Ereignisse. Le Scienze, Wissenschaft, haha! Sehen Sie mal diese Foto hier! Iste bei euch wieder so eine elektrische Küchenwunder in die Geschäfte, Vorwerk Thermomix TM 31. Gran Progresso!

Man kann mit Vorwerk Thermomix TM 31 Spargel, Zucchini, Pinienkerne, Schinken, Oliven und Rucola in fünfzehn Sekunden zusammenpürieren. Was bedeutet das – eine ganze Land in fünfzehn Sekunden pürieren? Iste das Ereignis, das Applaus verdient? Oh, dio! Oben auf Supermacchina Thermomix ist Dampfgaraufsatz «Varoma». Der perfekte Pastagenuss in einem Topf, steht in Prospekt. Oh, Madonna, che schifo! Iste auch ausgezeichnete worden, guarda, sehen Sie mal, *red-dot design award winner*. Haha! Musse ich nochmal lachen. Nun sehen Sie diese Foto hier!

Das iste Trattoria von meine Neffe Francu in Palermo. Kommt

der Bürgermeister und der Richter jede Freitag zu ihm essen, Pesce fresco, in seine Trattoria *Da Francu.* Hat nicht Thermomix in seine Küche, meine Neffe. Seine Kochtöpfe sind desolati, achtzig Jahre alt, Aluminio, völlig verbeult. Mein Neffe hat nur noch fünfzehn Zähne, das iste Politik schuld, und hat dünne Haare bekommen. Aber er hat beste Sugo in Palermo!!!! Ooh … kommt nie Jury zu ihm mit Designpreis! Meine Nichte Adelina, ecco la fotografia, bella ragazza, hat in Germania s-tudiert, in Tübin-gen, ist in Nähe von S-toccarda. Ganze Nachmittag hat sie mit ihrer Freundin aus Umbrien in S-tudentenwohnheim gekocht, *torta di spinaci* und *crespelle alla nonna.* Und deutsche S-tudenten machen sich Zuppa von Knorr und raufen sich die Haare und rufen: Oooh, Adelina, jetzt kochst du schon vier Stunden Spinatkuchen. Und Adelina ruft: Wie kann sein, dass ihr eure Cena in zwei Minuten bereit habt …? Was ist das für eine Wort – *knorr – knorr* … was bedeutet knorr? Wo waren wir s-tehengeblieben?
Moderator: *Das Geheimnis Ihres Sugo.*
Signora Carmela: Affetto – Liebe. Sehen Sie, mein Neffe iste vor fünfzehn Jahren nach Schweden gegangen. Er wollte Trattoria in S-tockholm aufmachen. Kaum iste er mit Flugzeug gelandet, s-tellt auch schon Sugo auf, wie von Mamma, sagt er sich. Er hat seine Lieblingskochtopf mitgenommen. Er wartet ab, was passiert – che vergogna! Schmeckt nicht wie zu Hause! Also fliegt er subito zurück, a casa, nach Palermo. Er holt eigene Öl und Tomaten von zu Hause. Ab nach Schweden, avanti, neuer Versuche – wieder niente, nichts. Fliegte nochmal nach Hause, nimmt Kräuter, Salz und Zwiebeln, alles in Flugzeug. Francu kocht und probiert, tagelang, notte e giorno. Aber in S-tockholm können Sie keinen Sugo kochen. Irgendwas iste mit Luft und Aqua in Schweden! Ist nicht buono. Jetzt ist wieder in Palermo, caro Francu, meine liebe Francu. Wie haben sie ihn umarmt!

Siculus coquus, haben alte Römer gesagt, Sizilianer iste eine Koch. Ja, è giusto, das ist wahr. Aber, ach, die Italiener, sie können keine Imperio mehr errichten. Gehen nicht vor die Türe. Italiener werden überall draußen nur nach Mamma fragen und ihre Tomaten mitnehmen. Wir sind keine Eroberer mehr. Nehmen Sie Mussolini. Erinnern Sie sich, wie der Duce in Abessinien auf die Nase gefallen ist? Seine Soldaten wollten nur nach Hause, zu Mamma! Schauen Sie Britannia, die Engländer. Sie haben ganze Weltreich erobert, haben klaglos alles gegessen, was man ihnen angeboten hat. Wo immer sie sind vor Anker gegangen, da gingen sie an die S-trand und haben genommen, was war da. Curry, Tee, Truthahn, alles uguale, war egal. Und wir? Wenn geht Italiener morgens aus dem Haus, fragt er nur, che cosa c'è per cena? Was gibte heute Abend Gutes zu essen? Geht er in Ausland, zittert er sofort. Was gibt in der Fremde zu essen?

Hier iste Liste von die Vorräte von Squadra Azzurra, unsere Fußball-Nationalmannschaft. Sind 1998 zur Weltmeisterschaft nach Frankreich gefahren. Haben sie von zu Hause mitgenommen: 27 Zentner Pasta, 300 Kilogramm Parmesankäse, 80 Parmaschinken zu je zwölf Kilogramm, 500 Kilogramm Pomodori und 120 Liter Olivenöl. Auch ein Uomo atletico muss doch gute essen! Eine S-pieler wollte sein erstes Tor seiner Mamma widmen. Ist das nicht schön? Sì, sì, die Liebe liegte irgendwo auf die Zunge. Vielleicht speichert Zunge die Liebe wie Tomate die Sonne. Was antworten die Menschen, wenn man sie fragt nach ihre Lieblingss-peise? Die Richter, die Mafiosi, die Armen und die Reichen, die Ignoranten und die Feinschmecker, tutti, sie antworten: «Als ich war kleine Bambino, das Liebste war die Pudding von meine Mutter», oder «die Frittata von die Großmutter». Die Hälfte von eine Leibgerichte ist die Person, die Sie am meisten liebt. Iste die Affetto, Amore, capito? Wenn Sie sind alt, haben Sie noch die Memoria von Geschmack. In den Kathedralen von Feinschmeckerei, da wird geschnörkelt und gewickelt, costosissimo, zehn Gänge auf die Tisch, Tavola grande, teuerste Grunds-toffe, delicatezze. Auch Wein iste großartig. Aber die Amore, die ist nicht zu verkaufen. Gäste sitzen da, zerlegen die Fisch und die Gemüse, machen s-pitze Gesichte. Wenn sie gehen abends a casa, träumen sie schon von nächste Restaurant. Oh, ich denke an die Bohnensuppe von Mamma und an Zitronenkrapfen von selige Nonna (bekreuzigt sich).

Moderator: *Können Sie sich vorstellen, wie der Koch der Nationalmannschaft eine Tomatensauce gemacht hat?*

Signora Carmela: Certo, certo, ganze Fußballmannschaft s-teht um seine Kochtopf und macht große Confusione, alle schreien durcheinander: Oh, meine Mamma hat es so gemacht. Und anderer schreit: Nein, meine Mamma nimmte immer eine bisschen Vino rosso. Und dann wirfte der Koch alle hinaus und s-treitet mit Trainer. Oh Dio, Italiener können sich nicht benehmen, es ist unglaublich … Ja, ich muss immer über Nudelwerbung in Televisione lachen, von Barilla und Buitoni. Hübsche Ragazza saust auf Vespa durch Centro Storico oder sitzen alle in Toskana auf die Terrazza und naschen Oliven. Hihi. Und italienische Frauen auf die Pestogläser und Espressotüten, immer in kurze Kleidchen mit dünne Träger, bella bocca, und Fotografia in Schwarzweiß – ganz «puro». Macchè! Solche Frauen habe ich in Italia noch nie gesehen! Wo haben sie die her – aus Argentina? Wir Italiener gehen immer alle zusammen ins Ristorante, ci vengono tutti, ganze große Famiglia. Die Televisione quakt, iste gerade Fußball, Bambini zupfen an die Großmamma herum, große Confusione … oh, gli Italiani amano la confusione … Und dann: Fünfzehn Personen bes-tellen große gemischte Antipasto! Padrone wird total verrückt, flucht furchtbar hinten in die Cucina. Und schwatzen alle durcheinander… gekochter Schinken, gemischter Schinken, Pesce in Umido, Zitronen, Oliven, Melone, Carciofi, Pomodori. Und nachher, haben alle gegessen, wenn alles finito, drücken sie Zigarette im Fischteller aus. Dio mio! Aber Prosciutto della Casa war wunderbar, das wissen sie noch nach drei Monaten. Dann gehen sie wieder hin, und Padrone freut sich, aah, benvenuti, sì, sì, iste so gute gewesen.

Moderator: *Kommen wir nochmal zu Ihrer Auszeichnung für die Tomatensauce …*

Signora Carmela: Ja, Tomate muss natürlich von gute Qualität sein. Iste Pomodoro San Marzano. Irgendwann kommt schlaue

Forschungsteam von Laboratorio in meine Giardino, waren auf Suche nach perfekte Tomate. Sie wollten Gusto ideale von Pomodoro für Labor erarbeiten, für pulverisierte Zuppa. Da haben sie tausend Proben genommen, sind gekommen mit Lineal und Lupe, mit Röhrchen und Zangen, tutti gli orti intorno a Napoli, Vesuvio und Palermo, haben sie alles durchsucht. Und dann sind sie in Labor gegangen und haben Tomaten unter Mikroskop gesteckt. Und wissen Sie, was? Dann haben sie perfekte Tomatengeschmack herausbekommen und eine Zuppa destilliert. Aber Leute wollten es nicht. Perfekte Gusto will keiner kaufen. Das Pulver von Labor war nicht buono. Ist das nicht komisch?

ERNÄHRUNGSMINISTER REICHT SCHON

Das Fünf-Punkte-Sofortprogramm

IN DER SATIRISCHEN Mottenkiste liegt noch eine abgelaufene Weisheit herum, die lautet: «Deutsche im Urlaub brauchen auf alle Fälle heimische Küche, sonst wird gemeckert. Geht der Deutsche mal auf Reisen, hat er gern gewohnte Speisen, überall schön Sauerkraut mit Schlachtplatte usw.»

Im Zeitalter der Billigfliegerei scheint mir das teilweise noch auf Mallorca zuzutreffen. Aber mal abgesehen von Jägermeisterkneipen und einigen blau-weißen Wurststadeln ist das selbst da passé. Außerdem braucht man sich vom Ballermann-Döner nur ein paar Schritte in die von britischen Urlaubstrupps besetzten Strandabschnitte zu begeben, um festzustellen, dass die Inseltommys auch ihre eigenen Mallorcafritten haben.

Das Kontinentenspringen der Touristenströme hat offensichtlich vielmehr zu einer weltweiten Ausbreitung der Pizza geführt, die seit dem Ende Mussolinis eigentlich gar nicht mehr weiß, wo sie hingehört. Na ja, die Pizza ist ja auch geduldig wie eine Moskauer Nutte. Ihr ist es völlig gleich, wo man sie hinschickt und was man auf sie drauflegt. Als vor einigen Jahren der Leibkoch Saddam Husseins infolge abrupten Regierungswechsels arbeitslos wurde, soll auch er eine Pizzeria in Südkurdistan eröffnet haben. Und neulich habe ich auf einer Sauerkrautdose gelesen: Auch für Pizza!

Ich glaube, Pizza ist auf gutem Weg zum Weltgrundnahrungsmittel. Oberhalb einer Backtemperatur von 250 Grad bleiben ch nur noch die zwei Sinnesempfindungen *warm* und *salzig* übrig, und für 90 Prozent des Weltdurchschnittsgeschmacks ist das ja auch ausreichend.

Erstaunlich ist allerdings das gesellschaftliche Absinken der Fertigpizzen. In den Wunschlisten der Single-Frauen für den Idealpartner lese ich unter der Rubrik «Liebestöter» neben den Klassikern Rückenbehaarung und Tennissocken immer öfter «Tiefkühlpizza». Wenn aktuelle Dokumentationen aus Messie-Haushalten oder von kommunikationsgestörten Internetsüchtigen berichten, kommen fast immer beträchtliche Mengen leergegessener Pizzakartons mit ins Bild. Die seelsorgerisch Tätigen unseres Landes möchten sich Gedanken machen, ob nicht das Konsumieren dieser Produkte eine gewisse seelische Stabilität voraussetzt. Die Menschen leben heute auf leichtem Fuß, Maßhalten ist nicht mehr so ihr Ding. Wenn sie eine Pizza oder eine Limonade gut finden, nehmen sie davon, bis sie grün im Gesicht werden. Für Übungen der Selbstdisziplin buchen sie Erlebnistage bei den Klostermönchen.

Neulich lese ich auf einem harmlosen Fruchtsaftfläschchen den Hinweis, dass von diesem Produkt Suchtgefahr ausgehe. Suchtwarnungen vor Mango-Bananen-Shakes, das ist neu und amüsant, aber ich finde, solche Beschriftungen sind für Autos schon seit dreißig Jahren fällig. Doch weiter: An der Tür der Lottoannahmestelle hängt jetzt ein Schild «Glücksspiel ist keine Lösung bei persönlichen Problemen! Beratungstelefon …».

Kurios ist, dass die Politik jährlich den Verbraucherschutz weiter verschärfen will, aber die Hersteller schon länger erkannt haben, dass man vor allem den Verbraucher vor sich selbst schützen muss. Wegen dieser einen bekloppten Oma, die vor zehn Jahren ihren frisch gebadeten Hund in der Mikrowelle trocknen wollte, kleben jetzt in allen entsprechenden Geräten Warnschilder. Kauft man sich heute einen Weihnachtsbaum, hat die Gärtnerei vorsichtshalber ein kleines Zettelchen drangehängt: «Dekorationsartikel – nicht zum Verzehr geeignet!» Sicher werden die Gesundheitsorgane auch bald den sucht- und sozialgefährdeten Pizzahaushalten Hilfestellung anbieten. Dr. Oetker und die Bringdienste werden vielleicht verdonnert werden, ihre Kartons zu beschriften: «FERTIGPIZZA IST KEINE LÖSUNG BEI PERSÖNLICHEN PROBLEMEN! BERATUNGSHOTLINE …»

Aber bestimmt gäbe es auch andere Wege, dem Bürger bei seinen Pizzaproblemen zu helfen.

Überhaupt wird die liebe Leserin bzw. der liebe Leser schon auf den ersten Seiten dieses Thesenpapiers erkannt haben, dass der Verfasser mit hübschen Vorschlägen, wie wir schon in wenigen

Wochen eine sauberere und gerechtere Weltgemeinschaft kriegen, nicht gegeizt hat. Jeder macht so was. Fast alle seriösen Sachbücher von Nachrichtensprechern, Nahost-Experten und sonstigen Infotainment-Heilsstiftern enthalten ein abschließendes Extrakapitel der Kategorie «Wenn ich Bundeskanzler wäre …». Darin stellen sie unter fiktiver Annahme diktatorischer Vollmachten ihre Pläne gegen das drohende globale Desaster nochmal zusammen. Hier wäre also auch für mich die verbliebene Zeit zu nutzen, die wichtigsten Punkte meines persönlichen planetarischen Rettungsprogramms aufzulisten. Ich aspiriere jedoch nicht auf das Amt des Bundeskanzlers. Als Bundeskanzler wird man jedes Mal aus dem Sommerurlaub abgerufen, bloß weil zu Hause einem Minister eine Tube Senf geplatzt ist. Ich finde, Ernährungsminister reicht schon. In diesem Amt bekommt man sicher von den Schokoladenherstellern immer Adventskalender geschenkt und darf in allen Lebensmittelfabriken gratis herumnaschen. Ich möchte auch nichts abschaffen. Abschaffen kostet immer Arbeitsplätze. Ich habe zwar große Lust, so manches gesetzlich zu eliminieren, die Redewendung «ein Stück weit» zum Beispiel, eine scheußliche Floskel aus der Betroffenheitsszene. Doch was würde passieren? Man würde sofort ein Untersuchungsgremium bilden, das unweigerlich zum zuständigen Ministerium in Berlin rennt und vorrechnet, dass von dieser Redewendung ein Stück weit Arbeitsplätze abhängig sind. Also schön konstruktiv sein, dann kriegt man vielleicht einen Preis bei «Jugend forscht». Im Amte des Ernährungsministers würde ich deshalb …

FREUNDLICHE FRAUENSTIMME: LIEBE LESERIN, LIEBER LESER! BITTE BEACHTEN SIE, DASS UNSER BUCH IN CIRCA ZEHN MINUTEN GESCHLOSSEN WIRD! WIR MÖCHTEN SIE BITTEN, MIT IHRER LEKTÜRE ZUM ABSCHLUSS ZU KOMMEN UND SICH ZUM ENDE ZU BEGEBEN! WIR WÜRDEN UNS FREUEN, SIE ZU EINEM SPÄTEREN ZEITPUNKT WIEDER BEI UNS BEGRÜSSEN ZU DÜRFEN! WIR BEDANKEN UNS FÜR IHR VERSTÄNDNIS!

Nun gut, jetzt muss es fix gehen. Hier also mein Fünf-Punkte-Programm zur sofortigen Aufwertung der deutschen Ernährungssituation:

Erstens: das Verwahrlosungsrisiko durch Fertigpizzen.

Auf einen Bundesbürger kommen schon jährlich neunzig Tiefkühlpizzen, Bringdienstprodukte nicht eingerechnet! Es wäre längst Zeit, unseren Berliner Politikern neben die berühmte «Schuldenuhr» auch eine Pizzauhr zu hängen, damit sie zwischendurch nachsehen können, was ihre Untertanen Ungesundes vertilgen. Dem Problem würde ich ferner durch strenge behördliche Zuteilung begegnen. Pizzabringdienste oder entsprechende Tiefkühlware bekommt man nur noch durch Sozialscheine vom Pizza-Amt. Das Pizza-Amt wird eine Unterabteilung des Einwohnermeldeamtes. Die haben da sowieso nicht viel zu tun, und beim Sozialamt haben die Leute immer Schwellenangst. Man muss sensibel mit dem Bürger umgehen. Die Anlaufstellen für Hartz IV heißen eben auch Job-Center. Normalerweise müssten sie ja «Schon-länger-ohne-Job-Center» heißen. Fertigpizza gibt es wie gesagt nach Antrag auf einen Schein. Die Pizzascheine gibt es für einen begrenzten Zeitraum oder maximal drei pro Monat. Zuteilung durch das Amt erfolgt nur bei Volljährigkeit und in Notsituationen (längerer Handwerkerbesuch, Brandschaden, Wasserrohrbruch, Karneval).

Zweitens: der Fritteusenführerschein.

Wer ein Lebensmittel-Fettbad zu gewerblichen Zwecken oder zur Verpflegung größerer Personenzahlen betreibt, muss einen staatlichen Kursus belegen. Inhalt: Haltbarkeit der diversen Fette, Sinnesorgane, Emissionsschutz, Mikroklima, Windmeteorologie, Ernährungslehre, allgemeine bürgerliche Verantwortung. In Belgien und den Niederlanden brummen zehnmal so viele Fisch- und Frittenbuden wie bei uns. Trotz vorherrschender Westwinde kommt aus diesen Ländern nicht ein stinkiges Wölkchen zu uns geflogen. In unseren Stadtzentren herrscht im Dezember gelegentlich Smogstufe 3. Wie isses nur möglich? Das Wildwestreglement für Pommes-frites- und Frühlingsrollenzubereitung möge hierzulande abgestellt werden. Für Kettensägen, Kampfhunde und Cocktailmixer gibt es auch schon entsprechende Kurse, und solche Geräte sind für die Bürger weit harmloser als fahrende Frittenbuden.

Drittens: Errichtung von Bio-Weihnachtsmärkten.

Ach was, ich träume jetzt nicht von fair gehandeltem Glühwein. Ich meine nur, warum ist das nichtessbare Angebot auf Weihnachtsmärkten schon neunzigprozentig im alternativen Bereich, aber die Verpflegung überall auf Trash-Standard? Eine Alternative sollte man probehalber in einer Ökohochburg wie Freiburg einführen. Wenn Bahnchef Mehdorn einen schönen Sonderzug dahin fahren lässt, steige ich bestimmt ein!

Viertens: TÜV-Idiotentest für gastronomisches Küchenpersonal.

Ab sofort werden alle Küchenarbeiter jährlich einer Prüfung unterzogen. Folgende Punkte seien obligatorisch: Nudeln gar kochen, Spinat auftauen und zubereiten, bevor man ihn auf eine Pizza gibt! Sinngemäße Verwendung von Salz, Zucker, Pfeffer. Erkennen von frischem Porree, Möhren, Birnen. Ausbildung zum Koch nur nach Sehtest und bei Fähigkeit zu aufrechtem Gang. Ausgebildete Köche bleiben die ersten zehn Berufsjahre vom TÜV-Test verschont.

Fünftens: Einrichtung von separaten Low-Fat-Geschäften für kalorienhysterische Fitnessfreaks.

Der Vertrieb von Light-, Diät-, Low-Fat-, Ballaststoff- sowie Wellnessprodukten und sonstigem probiotischem Trallafitti finde bitte schön in speziell dafür eingerichteten Esoterikläden statt. Supermärkte werden übersichtlicher, der Feierabend startet pünktlicher! Was macht man in unseren Tagen für eine schwindelerregende Jagd auf die zwei unschuldigen Substanzen Kohlendioxid und Fett. In Brüssel sitzen bestimmt schon ein paar verwaltungseifrige Robespierres in den Startlöchern, die nur darauf warten, in der kompletten europäischen Union endlich das Fett zu verbieten. Die Diskriminierung von Fett auf Wurst- und Quarkzubereitungen erinnert mich ohnehin an einen gewissen scheußlichen Slogan eines gewissen scheußlichen Regimes. «Deutsche wehrt euch, kauft kein Fett!», scheinen die Diätpromoter uns nahelegen zu wollen. Diesen Promotern rufe ich zu: Bevor ihr den Fettmarkt dichtmacht, macht eine eigene Szene auf! Es gibt schon an vielen Ecken Tätowierstudios, Thai-Massagen und deutsch-kurdische Begegnungszentren. Ich geh da zwar nicht rein, aber diese Angebote machen die Städte bunter. Warum nicht auch Diät-Shops, vielleicht sogar mit angeschlossener Single-Börse und Kochkursen!

Durch diese unbürokratischen Eingriffe wäre sicherlich der Weg zu blühenden Landschaften ein Stück geebnet. Ziel und Motto unserer Taten möge jedoch immer sein, was aus dem Munde von einem stammt, der im Getümmel dieser Schrift auch versehentlich «a Watsch'n» abbekommen hat:

«Die Welt sollte werden wie ein gemütlicher Nachmittag in einem Wirtshaus, wo die Leut gut essen und trinken und a Gaudi haben.»